中國證券投資實務

主編○郭秀蘭、王冬吾、陳琸

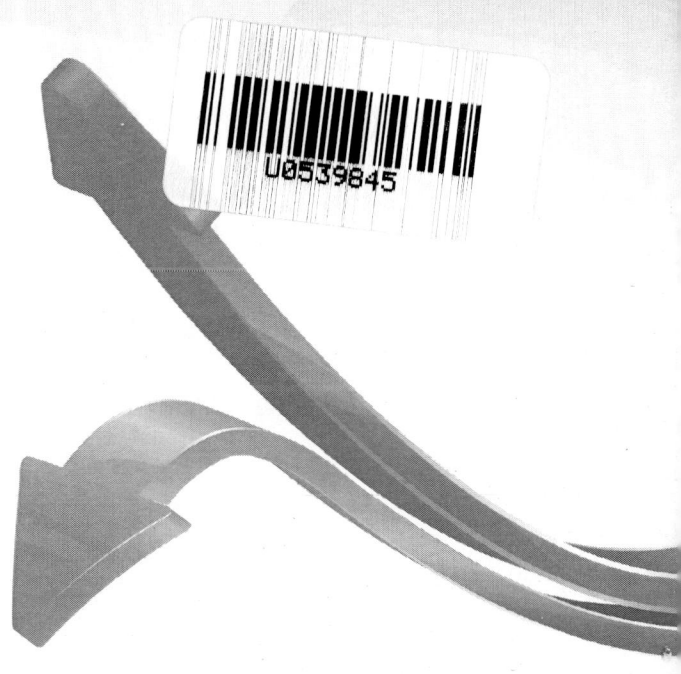

崧燁文化

前 言

　　本書主要包括證券投資認知、證券投資交易以及證券投資分析三個部分，其主要內容如下：

　　第一部分，證券投資的認知部分。什麼是股票？什麼是債券？股票和債券有什麼不同？……諸如此類問題是每個初入證券市場的投資者都會產生的疑問，而第一部分內容就是對上述問題進行的解答。通過對這部分內容的學習和訓練，學習者將形成強大的證券投資基礎知識儲備，為以後實施證券交易和分析行為奠定基礎。

　　第二部分，證券投資的交易部分。在認識了什麼是證券投資後，如何投資，即去哪兒開戶、如何開戶、開戶後怎樣才能買賣證券產品等一系列的證券交易問題隨即而來。這部分內容就是向初入證券市場的投資者詳細介紹在中國證券市場進行投資交易的交易對象、交易規則以及交易方法等內容。

　　第三部分，證券投資的技術分析部分。國內生產總值（GDP）增長率、資產負債結構、市盈率、多空雙方等這些專業詞彙大量地湧現在新聞、互聯網或者各種財經書籍報告中，它們是什麼意思呢？有什麼作用呢？證券投資技術分析部分將為學習者解答這方面的疑惑。通過這部分內容的學習和訓練，投資者將樹立正確的投資意識，建立科學的投資行為，並掌握投資過程中的基本分析技術。

　　為了便於實訓教學，本教材將證券投資行為分解成項目、任務及具體活動，以此為主線，以學生為主體，進一步突出對學生證券投資技能方面的培養。因此，本教材的編寫體現出如下特點：

　　一是知識碎片化。本教材在編寫過程中，首先整合證券投資全流程中所使用的全部知識，再對其按照投資行為發生的前後順序進行分解、細化，最終以知識碎片的形式呈現，從而便於學習者學習和掌握每一個投資動作。

　　二是可操作性。本教材是實訓性質的教材，強調學生的有效參與，因此在教材的結構體例上，注重學生情感體驗，精心設計教學技能活動。教材通過情景引入、知識

點儲備和技能訓練，螺旋式推進學生對各項技能對培養。

　　本教材在編寫過程中參閱了大量的國內外相關文獻資料，借鑑和引用了部分網絡案例資料以及部分專家學者的研究成果，在此對文獻作者表示衷心的感謝！

　　中國經濟的持續發展必然會推動證券投資市場的不斷進步，由於編者水準有限，本教材難免存在不足之處，還望廣大讀者予以指正！

編者

目 錄

項目一　證券投資基礎

任務一　證券投資產品——股票 …………………………………………（3）
活動一　初識股票 …………………………………………………（4）
活動二　股票的價值與價格 ………………………………………（11）

任務二　證券投資產品認知——債券 ……………………………………（18）
活動一　債券的特徵和分類 ………………………………………（19）
活動二　政府債券和國家債券 ……………………………………（24）
活動三　金融債券與公司債券 ……………………………………（29）
活動四　國際債券 …………………………………………………（36）

任務三　證券投資產品——基金 …………………………………………（40）
活動一　證券投資基金 ……………………………………………（40）
活動二　證券投資基金構成主體 …………………………………（48）
活動三　證券投資基金的費用與資產估值 ………………………（54）
活動四　證券投資基金的收入、風險、信息披露與投資 ………（57）

項目二　證券交易

任務四　建立證券經紀關係 ………………………………………………（65）
活動一　股票開戶 …………………………………………………（66）
活動二　基金開戶 …………………………………………………（73）
活動三　證券經紀業務概述 ………………………………………（78）

任務五　委託買賣 ·· (88)
　　活動一　股票交易 ·· (89)
　　活動二　新股申購 ·· (102)
　　活動三　債券交易 ·· (107)
　　活動四　全國銀行間債券交易 ·· (110)
　　活動五　基金交易 ·· (116)

任務六　投資收益 ·· (129)
　　活動一　股票收益 ·· (130)
　　活動二　債券收益 ·· (136)
　　活動三　基金費用 ·· (142)
　　活動四　基金價格 ·· (146)
　　活動五　基金收益 ·· (149)

項目三　證券投資分析

任務七　有價證券的估值 ·· (155)
　　活動一　單利與複利的計算 ·· (156)
　　活動二　年金的計算 ·· (159)
　　活動三　債券的估值 ·· (163)
　　活動四　股票的估值 ·· (167)

任務八　證券投資基本面分析 ·· (174)
　　活動一　把脈宏觀經濟形勢 ·· (175)
　　活動二　挖掘潛力行業 ·· (184)
　　活動三　解讀公司財務報表 ·· (192)

任務九　證券投資技術分析 ……………………………………………………（208）
　　活動一　技術分析的認知 …………………………………………………（209）
　　活動二　K線理論及其應用 ………………………………………………（213）
　　活動三　切線理論及其應用 ………………………………………………（218）
　　活動四　形態理論及其應用 ………………………………………………（226）
　　活動五　技術指標理論及其應用 …………………………………………（232）

參考文獻 ………………………………………………………………………（238）

附錄 ……………………………………………………………………………（239）

項目一
證券投資基礎

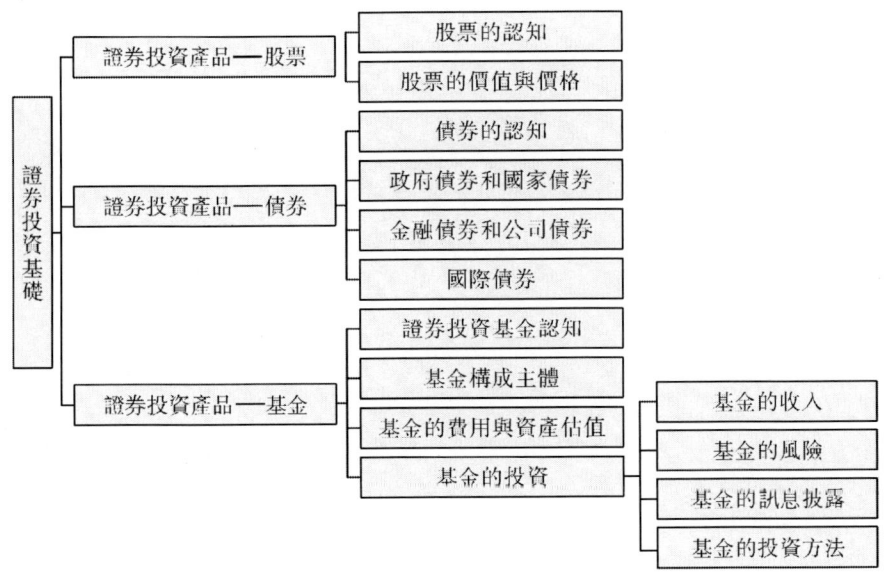

任務一　證券投資產品——股票

【知識目標】

掌握股票的定義、性質、特徵和分類方法；

掌握普通股票與優先股票、記名股票與不記名股票；

熟悉有面額股票與無面額股票的區別和特徵；

熟悉優先股的定義、特徵；

瞭解發行或投資優先股的意義；

瞭解優先股票的分類及各種優先股票的含義。

【能力目標】

能夠區分股票票面價值、帳面價值、清算價值、內在價值的不同含義與其之間的聯繫；

能夠掌握股票的理論價格與市場價格的聯繫與區別；

能夠分析影響股票價格的主要因素。

【情境引入】

小張：老師您好，我今年剛上大學，父母為了讓我對所學的金融專業知識學以致用，給了我10萬元讓我進行投資，我該如何投資呢？我對投資學的相關知識還是一無所知啊！

王老師：投資是一門非常深奧的學科，要做投資，先要學習證券投資相關知識，先從股票開始瞭解吧！

小張：好的，謝謝老師，那我先從股票的相關知識開始學習吧。

股票是股份公司發給股東證明其所入股份的一種有價證券，它可以作為買賣對象和抵押品，是資金市場主要的長期信用工具之一。股票作為股東向公司入股，獲取收益的所有者憑證，持有它就擁有公司的一份資本所有權，成為公司的所有者之一。股東不僅有權按公司章程從公司領取股息和分享公司的經營紅利，還有權出席股東大會、選舉董事會，參與企業經營管理的決策。因此，股東的投資意願可以通過其行使股東參與權而得到實現，同時股東也要承擔相應的責任和風險。

股票是一種永不償還的有價證券，股份公司不會對股票的持有者償還本金。一旦購入股票，就無權向股份公司要求退股，股東的資金只能通過股票的轉讓來收回，同時將股票所代表著的股東身分及其各種權益讓渡給受讓者，而其股價在轉讓時受到公

司收益、公司前景、市場供求關係、經濟形勢等多種因素的影響。所以說，投資股票是有一定風險的。

活動一　初識股票

【知識準備】

知識點1：股票的要素及性質

（一）股票的要素

股票是一種股份有限公司發行的，用以證明投資者的股東身分和權益，並據以獲取股息和紅利的憑證。《中華人民共和國證券法》（以下簡稱《證券法》）第一百二十九條：股票採用紙面形式或者國務院證券監督管理機構規定的其他形式。股票應當載明下列主要事項：

①公司名稱；②公司成立日期；③股票種類、票面金額及代表的股份數；④股票的編號。股票由法定代表人簽名，公司蓋章。發起人的股票，應當標明發起人股票字樣，如圖1-1所示。

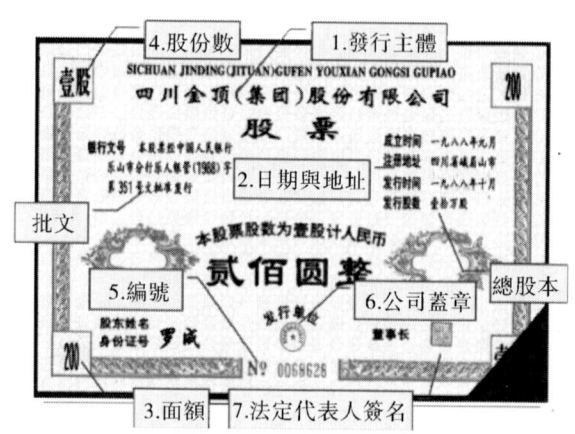

圖1-1　股票式樣

（二）股票的性質

（1）股票是有價證券。持有有價證券，一方面表示擁有一定價值量的財產，另一方面也表明有價證券持有人可以行使該證券所代表的權利。股票具有有價證券的特徵：①雖然股票本身沒有價值，但股票是一種代表財產權的有價證券；②股票與它代表的財產權有不可分離的關係。

（2）股票是要式證券。股票應具備《中華人民共和國公司法》（以下簡稱《公司

法》）規定的有關內容，如果缺少規定的要件，股票就無法律效力。

（3）股票是證權證券。證券可分為設權證券和證權證券。設權證券是指證券所代表的權利本來不存在，而是隨著證券的製作而產生，即權利的發生是以證券的製作和存在為條件的。證權證券是指證券是權利的一種物化的外在形式，它是權利的載體，權利是已經存在的。

（4）股票是資本證券。股票是投入股份公司資本份額的證券化，屬於資本證券。股票獨立於真實資本之外，在股票市場進行著獨立的價值運動，是一種虛擬資本。

（5）股票是綜合權利證券。股票不屬於物權證券，也不屬於債權證券，而是一種綜合權利證券。股東權是一種綜合權利，股東依法享有資產收益、重大決策、選擇管理者等權利。

知識點 2：股票的特徵

（1）收益性。收益性是股票最基本的特徵。股票的收益來源可分成兩類：一是來自股份公司，二是來自於股票流通。

（2）風險性。股票風險的內涵是指股票投資收益的不確定性，或者說實際收益與預期收益之間的偏離程度。但風險不等於損失。

（3）流動性。判斷流動性強弱的三個方面：市場深度、報價緊密度、價格彈性（恢復能力）。

（4）永久性。永久性是指股票所載有的權利的有效性是始終不變的，因為它是一種無期限的法律憑證。

（5）參與性。參與性是指股票持有人有權參與公司重大決策的特性。

知識點 3：股票的類型

（一）普通股票和優先股票
按股東享有權利的不同，股票可以分為普通股票和優先股票。
1. 普通股票
普通股票是最基本、最常見的一種股票，其持有者享有股東的基本權利和義務。普通的股票的權利完全隨公司盈利的高低而變化。在公司盈利較多時，普通股票股東可獲得較高的股利，但在公司盈利和剩餘財產的分配順序上列在債權人和優先股票股東之後，故承擔的風險也比較高。

2. 優先股票
優先股票的股息率是固定的，其持有者的股東權利受到一定限制。但在公司盈利和剩餘財產的分配上比普通股票股東享有優先權。

（二）記名股票和不記名股票

股票按是否記載股東姓名，可分為記名股票和不記名股票（也稱「無記名股票」）。

1. 記名股票

股份有限公司向發起人、法人發行的股票，應當為記名股票。

記名股票有如下特點：

（1）股東權利歸屬於記名股東。

（2）可以一次或分次繳納出資。中國《公司法》規定，設立股份有限公司的條件之一是發起人認購和募集的股本達到法定資本最低限額。

採取發起設立方式設立股份有限公司的，註冊資本為在公司登記機關登記的全體發起人認購的股本總額。一次繳納的，應當繳納全部出資；分期繳納的，應當繳納首期出資。全體發起人首次出資金額不得低於註冊資本的20%，其餘部分由發起人自公司成立之日起兩年內繳足。

以募集方式設立股份有限公司的，發起人認購的股份不得少於公司股份總數的35%。

（3）轉讓相對複雜或受限制。

（4）便於掛失，相對安全。

2. 不記名股票

發行不記名股票的，公司應當記載其股票數量、編號及發行日期。

不記名股票有如下特點：

（1）股東權利歸屬股票的持有人。

（2）認購股票時要求一次繳納出資。

（3）轉讓相對簡便。

（4）安全性較差。

（三）有面額股票和無面額股票

1. 有面額股票

所謂有面額股票，是指在股票票面上記載一定金額的股票。這一記載的金額也稱為票面金額、票面價值或股票面值。中國《公司法》規定，股份有限公司的資本劃分為股份，每一股的金額相等。

有面額股票的特點：

（1）可以明確表示每一股所代表的股權比例。

（2）為股票發行價格的確定提供依據。中國《公司法》規定股票發行價格可以按票面金額，也可以超過票面金額，但不得低於票面金額。有面額股票的票面金額就是股票發行價格的最低界限。

2. 無面額股票

無面額股票是指在股票票面上不記載股票面額，只註明它在公司總股本中所占比

例的股票。目前世界上很多國家（包括中國）的公司法規定不允許發行這種股票。

無面額股票有如下特點：

（1）發行或轉讓價格較靈活；

（2）便於股票分割。

 案例分享

美國政府終成花旗集團最大股東

美國花旗集團在 2009 年 2 月 27 日表示，已與美國政府就股權轉換事宜達成協議。美國政府將按照 1∶1 的比例，將手中的部分優先股轉換為普通股，轉換上限為 250 億美元。如果這一協議順利實施，美國政府在花旗中的持股比例將升至 36%，成為其最大股東。

根據協議內容，美國政府會以每股 3.25 美元的價格將其持有的部分優先股轉換為普通股，該價格較花旗前一交易日收盤價 2.46 美元有 32% 的溢價。

聲明發出當日，花旗股價以 1.74 美元大幅低開，較前一交易日收盤價下跌 31%，盤中更一度重挫 50%，最終以每股 1.50 美元收盤，創造 1990 年 11 月以來新低。若以收盤價計算，美國政府 250 億美元的轉股投入，當天帳面損失即達到 134.6 億美元，縮水超過一半。

此前，美國政府共持有 450 億美元的花旗優先股，收益率為年率 5%。根據協議，轉股後的剩餘優先股將轉換為年收益率 8% 的股權。

在花旗與政府達成的協議後，穆迪公司將花旗的優先債務評級由 A2 下調至 A3，標準普爾則將花旗債務評級展望由「負面」提升至「穩定」。標普分析師表示：「接下來的兩年裡，花旗將經歷艱難的信貸週期，這很可能導致其收入的減少和波動，不排除花旗進一步接受政府援助的可能性。」

自金融危機以來，美國政府已三次對花旗伸出援手，投入總計 450 億美元資金及超過 3,000 億美元的資產擔保。但至今為止，花旗的經營業績尚無起色。2009 年以來，花旗股價已累計下跌 78%。花旗公布的 2008 年第四季度財報顯示，該公司全年累計虧損超過 200 億美元，創下該集團年度虧損的歷史紀錄。

（資料來源：中國證券報）

 知識拓展

股利政策

股利政策（Dividend Policy）是指公司股東大會或董事會對一切與股利有關的事項，所採取的較具原則性的做法，是關於公司是否發放股利、發放多少股利以及何時

發放股利等方面的方針和策略，所涉及的主要是公司對其收益進行分配還是留存以用於再投資的策略問題。

（1）現金股利。現金股利指股份公司以現金分紅方式將盈餘公積和當期應付利潤的部分或全部發放給股東，股東為此應支付利息稅。穩定的現金股利政策對公司現金流管理有較高的要求，通常將那些經營業績較好，具有穩定較高現金股利支付的公司股票稱為藍籌股。

（2）股票股利。股票股利也稱送股，是指股份公司對原有股東採取無償派發股票的行為，把原來屬於股東所有的盈餘公積轉化為股東所有的投入資本，實質上是留存利潤的凝固化、資本化，股東在公司裡佔有的權益份額和價值均變化。獲取股票股利可暫免納稅。

（3）四個重要日期

①股利宣布日，即公司董事會將分紅派息的消息公布於眾的時間。

②股權登記日，即統計和確認參加本期股利分配的股東的日期，在此日期持有公司股票的股東方能享受股利發放。

③除息除權日，通常為股權登記日之後的1個工作日，本日之後買入的股票不再享有本期股利。從理論上說，除息日股票價值應下降與每股現金股利相同的數額，除權日股票價格應按送股比例同步下降。

④派發日，即股利正式發放給股東的日期。

知識拓展

股票分割與合併

股票分割又稱拆股、拆細，是將1股股票均等地拆成若干股。股票合併又稱並股，是將若干股股票合併為1股。

從理論上說，不論是分割還是合併，並不影響股東權益的數量及佔公司總股權的比重，因此，也應該不會影響調整後的股價。也就是說，如果把1股分拆為2股，則分拆後股價應為分拆前的一半；同樣，若把2股並為1股，並股後股價應為此前的兩倍。

但事實上，股票分割與合併通常會刺激股份上升，其中原因頗為複雜，但至少存在以下理由：股票分割通常適用於高價股，拆細之後每手股票總金額下降，便於吸引更多的投資者購買；並股則常見於低價股。

知識拓展

增發、配股、轉增股本和股份回購

（1）增發。指公司因業務發展需要增加資本額而發行新股。上市公司可以向公眾

公開增發，也可以向少數特定機構或個人增發。增發之後，公司註冊資本相應增加。

增資之後，若會計期內在增量資本未能產生相應效益，將導致每股收益下降，則稱為稀釋效應，會促成股價下跌；從另一角度來看，若增發價值高於增發前每股淨資產，則增發後可能會導致公司每股淨資產增厚，有利於股價上漲；再有，增發總體上增加了發行在外的股票總量，短期內增加了股票供給，若需求無相應增長，股價可能下跌。

（2）配股。配股是面向原有股東，按持股數量的一定比例增發新股，原股東可以放棄配股權。現實中由於配股價通常低於市場價格，配股上市之後可能導致股價下跌。在實踐中我們經常發現，對那些業績優良、財務結構健全、具有發展潛力的公司而言，增發和配股意味著將增加公司經營實力，會給股東帶來更多回報，股價不僅不會下跌可能還會上漲。

（3）轉增股本。轉增股本是將原本股東權益的資本公積轉為實收資本，股東權益總量和每位股東占公司的股份比例均未發生任何變化，唯一的變動是發行在外的總股數增加了（圖1-2）。

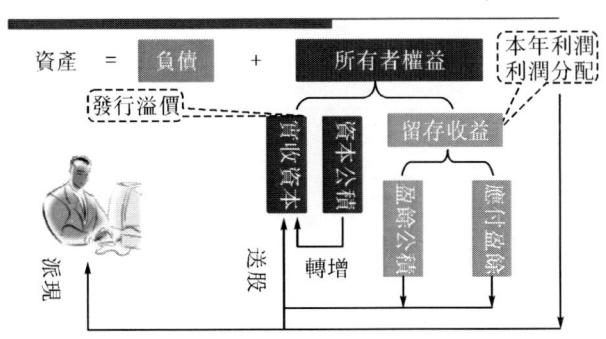

圖1-2　現金股利，轉增股本，資本公積金轉增股本

（4）股份回購。上市公司利用自有資金，從公開市場上買回發行在外的股票，稱為股份回購。

中國《公司法》規定，公司不得收購本公司股份，但是有下列情形之一的除外：減少公司註冊資本；與持有本公司股份的其他公司合併；將股份獎勵給本公司職工；股東因對股東大會做出的公司合併、分立決議持異議，要求公司收購其股份的。

>>同步練習

片段一：

小張到銀行去取一年前存入的10萬元錢。當他拿到2,016元的利息時，嘆了口氣，覺得利息實在是太少了。正巧這時他碰到一位在炒股的朋友，朋友勸他到股市一試身手。於是，小張就跟著朋友一起到了證券市場，在朋友的幫助下開了戶頭，並用這10萬元購買了某傳媒公司的股票。

片段二：

剛過三天，股票價格上漲，他就賺了 5,000 元，又過一段時間公司進行年度派息分紅，小張又進帳了 1,000 元。小張很是興奮，10 萬元在銀行存了一年才得 2,016 元利息，而在股市短短幾天就賺了 6,000 元。

片段三：

小張決定在股市好好地搏一搏。半年過去了，小張的股票價格雖然也上漲，但是該傳媒公司卻傳出由於成本提高、企業經營不善的消息，小張持有的股票一路下跌，不僅把賺來的錢賠了進去，而且投進去的 10 萬元也開始出現虧損了。

問題 1：什麼是股票？公司為什麼要發行股票？

問題 2：小張曾經的 6,000 元收入包括哪些部分？

問題 3：是不是投資股票一定能賺錢的？

問題 4：根據記名股票與無記名股票的特點完成特點對比表

表 1-1　　　　　　　　　　　特點對比表

對比項目	記名股票	無記名股票
股東權利歸屬		
繳納出資次數		
轉讓難易		
安全性高低		

 想一想

1. 股票最基本的特徵是什麼？
2. 股東權是一種綜合權利，股東依法享有的權利包括哪些？

【技能訓練】

實訓目的：掌握股票權益分配的相關知識。

實訓器材：東方財富等股票操作軟件平臺。

實訓要求：以個人為單位完成具體的實訓內容，要求有分析過程和結果。

實訓步驟：

步驟一，以個人為單位分發實訓具體內容和要求；

步驟二，根據該部分的操作流程對實訓內容進行實操；

步驟三，學生之間相互討論；

步驟四，教師公布結果並進行點評。

實訓內容：

中聯重科 2010 年度 A 股權益分派實施公告——2011-07-08

1. 利潤分配方案：10 轉 3 派 2.6（含稅）（實施）

2. 股權登記日：2011 年 7 月 14 日
3. 除權除息日：2011 年 7 月 15 日
4. 股息將於 2011 年 7 月 15 日通過 A 股股東託管證券公司直接劃入其資金帳。
5. 轉增股份於 2011 年 7 月 15 日直接記入 A 股股東證券帳戶

請回答：股利宣布日、股權登記日、除權除息日和股利派發日時具體哪一天？

活動二　股票的價值與價格

【知識準備】

知識點 1：股票的價值

1. 股票的票面價值

股票的票面價值又稱面值，即在股票票面上標明的金額。該種股票被稱為有面額股票。

如果以面值作為發行價，稱為平價發行，此時公司發行股票募集的資金等於股本的總和，也等於面值總和。發行價值高於面值稱為溢價發行，募集的資金中等於面值總和的部分計入資本帳戶，以超過股票票面金額的發行價值發行股份所得的溢價款列為公司的資本公積金。

2. 股票的帳面價值

股票的帳面價值又稱股票淨值或每股淨資產，在沒有優先股的條件下，每股帳面價值等於公司淨資產除已發行在外的普通股票的股數。但是通常情況下，每股帳面價值並不等於股票價格。

3. 股票的清算價值<帳面價值

股票的清算價值是公司清算時每一股份所代表的實際價值。

4. 股票的內在價值

股票的內在價值即理論價值，也即股票未來收益的現值。

知識點 2：股票的價格

股票的價格又稱股票行市，是只在證券市場上買賣的價格，其價格由價值決定，但股票本身並沒有價值，是只是因為能夠給持有者帶來收益（股息和資本利得）。股票交易實際上是對股票未來收益權的轉讓，其價格是對未來收益的評定。

1. 股票的理論價格

股票代表的是持有者的股東權。這種股東權的直接經濟利益表現為股息、紅利收

入。股票的理論價格，就是為獲得這種股息、紅利收入的請求權而付出的代價，是股息資本化的表現。股票的理論價格等於預期股息的貼現價值之和，如零增長模型。

2. 股票的市場價格

股票的市場價格由價值決定，同時受到許多因素的影響，其中供求關係是最直接影響價格的因素，其他因素都是通過作用於供求關係而影響價格。股票的內在價值決定股票的市場價格，股票的市場價格總是圍繞其內在價值波動。股票的市場價值一般是指股票在二級市場上交易的價格。股票市價表現為開盤價、收盤價、最高價、最低價等形式。

 想一想

股票的市場價格由什麼決定？舉個例子說明股票市價具體表現為哪幾種形式。

知識點3：影響股票價格的基本因素

影響股票價格的因素許多，有經濟的、政治的以及其他方面的。但股票作為在市場上交易的商品，從根本上說，其價格像一般商品一樣也是取決於內在的價值與外部的供求關係兩個方面。這是股票價格的決定與商品價格的決定的共同點，兩者不同的地方是股票的內在價值特殊，供求關係也特殊。決定股票內在價值的不僅有每股的最初投資量，還有企業微觀的經濟因素、國家及國際的宏觀經濟因素，以及社會政治因素。

（一）公司經營狀況

股票自身價值是決定股價最基本的因素，而這主要取決於發行公司的經營業績、資信水準以及連帶而來的股息紅利派發狀況、發展前景、股票預期收益水準等。因此公司治理水準和管理層質量、公司競爭力、財務狀況和公司改組、合併等因素會給公司股票帶來實質性的影響。

（二）行業與部門因素

行業在國民經濟中地位的變更，行業的發展前景和發展潛力，新興行業引來的衝擊等，以及上市公司在行業中所處的位置、經營業績、經營狀況、資金組合的改變及領導層人事變動等都會影響相關股票的價格。

（三）宏觀經濟、政策因素

宏觀經濟發展水準和狀況是影響股票價格的重要因素。宏觀經濟影響股票價值的特點是波及範圍廣、干擾程度深、作用機制複雜和股價波動幅度較大。

1. 經濟增長

當一國或地區的經濟運行勢態良好時，大多數企業的經營狀況也較良好，它們的股價會上升；反之股價會下降。

2. 經濟週期循環

社會經濟運行經常表現為擴張與收縮的週期性交替,每個週期一般都要經過高漲、衰退、蕭條、復甦四個階段。股價的變動通常比實際經濟的繁榮或衰退領先一步。所以股價水準已成為經濟週期變動的靈敏信號或稱先導性指標。

3. 貨幣政策

中央銀行一旦實行寬鬆的貨幣政策,資金面就會寬鬆,可待資金就會增加,股價趨於上漲。

（1）中央銀行提高法定存款準備金率,商業銀行可貸資金減少,市場資金趨緊,股份下降；中央銀行降低法定存款準備金率,商業銀行可貸資金增加,市場資金趨鬆,股份上升。

（2）中央銀行通過採取再貼現政策手段,提高再貼現率,收緊銀根、使商業銀行得到的中央銀行貸款減少,市場資金趨緊；再貼現率又是基準利率,它的提高必定使市場利率隨之提高。

（3）中央銀行通過公開市場業務大量出售證券,收緊銀根,在收回中央銀行供應的基礎貨幣的同時又增加證券的供應,使證券價格下降。

4. 財政政策

財政政策對股票價格的影響包括：

（1）通過擴大財政赤字、發行國債籌集資金,增加財政支出,刺激經濟發展。

（2）通過調節稅率影響企業利潤和股息。

（3）干預資本市場各類交易適用的稅率,如利息稅、資本利得稅、印花稅等。

（4）國債發行量會改變證券市場的證券供應和資金需求,從而間接影響股價。

5. 市場利率

（1）絕大部分公司都負有債務,利率提高,利息負擔加重,公司淨利潤和股息相應減少,股價下降；利率下降,利息負擔減輕,公司淨盈利和股息增加,股價上升。

（2）利率提高,其他投資工具收益相應增加,一部分資金會流向儲蓄、債券等其他收益固定的金融工具,對股票需求減少,股價下降。若利率下降,對固定收益證券的需求減少,資金流向股票市場,對股票的需求增加,股價上升。

（3）利率提高,一部分投資者要負擔較高的利息才能借到所需資金進行證券投資。

6. 通貨膨脹

通貨膨脹對股票價格的影響較複雜,它既有刺激股票市場的作用,又有抑制股票市場價格的作用。

7. 匯率變化

傳統理論認為,匯率下降,即本幣升值,不利於出口而有利於進口；匯率上升,即本幣貶值,不利於進口而有利於出口。匯率變化對股價的影響要看對其整個經濟的影響。

13

8. 國際收支狀況

一般而言，若一國國際收支連續出現逆差，政府為平衡國際收支會採取提高國內利率和提高匯率的措施，以鼓勵出口、減少進口，因此股價下跌；反之，股價上漲。

 想一想

股票的市場價格最主要受哪些因素的影響？

知識點 4：普通股票與優先股票

一、普通股股票

普通股股票是表明在一個公司中擁有所有權和投票權的金融證券。普通股股票是標準的股票，是最基本、最重要的股票，也是風險最大的股票。

（一）普通股股東的權利

1. 公司重大決策參與權

股東基於股票的持有而享有股東權，這是一種綜合權利，其中首要的權利是持有者可以股東的身分參與股份公司的重大事項決策。

股東大會應當每年召開一次，當出現董事會認為必要或監事會提議召開等情形時，也可召開臨時股東大會。股東出席股東大會，所持每一股份有一表決權。股東大會做出的決議必須經出席會議的股東所持表決權過半數通過。股東大會做出修改公司章程、增加或減少註冊資本的決議，以及公司合併、分立、解散或者變更公司形式的決議，必須經出席會議的股東所持表決權的 2/3 以上通過。股東大會選舉董事、監事，可以依照公司章程的規定或者股東大會的決議，實行累積投票制。累積投票制是指股東大會選舉董事或者監事時，每一股份擁有與應選董事或者監事人數相同的表決權，股東擁有的表決權可以集中使用。股東可以出席股東大會，也可以委託代理人出席。

對於規定的上市公司重大事項，必須經全體股東大會表決通過，並經參加表決的社會公眾股股東所持表決權的半數以上通過，方可實施或提出申請。規定的上市公司重大事項分為 5 類：增發新股、發行可轉債、配股；重大資產重組，購買的資產總價較所購買資產經審計的帳面淨值溢價達到或超過 20%；股東以其持有的上市公司股權償還其所欠該公司的債務；對上市公司有重大影響的附屬企業到境外上市；在上市公司發展中對社會公眾股股東利益有重大影響的相關事項。

2. 公司資產收益權和剩餘資產分配權

這個權利表現在：①普通股股東有權要求從股份公司的稅後淨利中分配股息和紅利，但全體股東約定不按照出資比例分取紅利的除外；②普通股股東在股份公司解散清算時，有權要求取得公司的剩餘資產。

中國有關法律規定，公司繳納所得稅後的利潤，在支付普通股股票的紅利之前，應按如下順序分配：彌補虧損、提取法定公積金、提取任意公積金。

按中國《公司法》規定，公司財產在分別支付清算費用、職工的工資、社會保險費用和法定補償金，繳納所欠稅款，清償公司債務後的剩餘財產，按照股東持有的股份比例分配。公司財產在未按照規定清償前，不得分配給股東。

3. 其他權利

普通股股東的還有以下權力：

（1）股東有權查閱公司章程、股東名冊等。

（2）股東持有的股份可依法轉讓。

（3）公司為增加註冊資本發行新股時，股東有權按照實繳的出資比例認購新股。

優先認股權是指當股份公司為增加公司資本而決定增加發行新的股票時，原普通股股東享有的按其持股比例、以低於市價的某一特定價格優先認購一定數量新發行股票的權利。賦予股東這種權利有兩個主要目的：一是能保證普通股股東在股份公司中保持原有的持股比例；二是能保護原普通股股東的利益和持股價值。

享有優先認股權的股東可以有三種選擇：一是行使權利來認購新發行的普通股票；二是如果法律允許，可以將該權利轉讓給他人，從中獲得一定的報酬；三是不行使此權利而聽任其過期失效。

（二）普通股票股東的義務

中國《公司法》規定，公司股東應當遵守法律、行政法規和公司章程，依法行使股東權利，不得濫用股東權利損害公司或其他股東的利益；不得濫用公司法人獨立地位和股東有限責任損害公司債權人的利益。公司股東濫用股東權利給公司或者其他股東造成損失的，應當依法承擔賠償責任。公司股東濫用公司法人獨立地位和股東有限責任逃避責任，嚴重損害公司債權人利益的，應當對公司債務承擔連帶責任。公司的控股股東、實際控制人、董事、監事、高級管理人員不得利用其關聯關係損害公司利益，如違反有關規定，給公司造成損失的，應當承擔賠償責任。

二、優先股股票

（一）優先股股票的定義

優先股股票與普通股股票相對應，是指股東享有某些優先權利（如優先分配公司盈利和剩餘財產權）的股票。

首先，對股份公司而言，發行優先股票的作用在於可以籌集長期穩定的公司股本，又因其股息率固定，可以減輕股息的分派負擔。另外，優先股票股東無表決權，這樣可以避免公司經營決策權的改變和分散。其次，對投資者而言，由於優先股票的股息收益穩定可靠，而且在財產清償時也先於普通股票股東，因而風險相對較小，不失為一種較安全的投資對象。

（二）優先股股票的特徵

（1）股息率固定。普通股票的股息是不固定的，它取決於股份公司的經營和盈利水準。

（2）股息分派優先。在股份公司盈利分配順序上，優先股排在普通股票之前。

(3)剩餘資產分配優先。當股份公司因解散或破產進行清算時，在對公司剩餘資產的分配上，優先股股東排在債權人之後、普通股股東之前。

(4)一般無表決權。優先股股東的權利是受限制的，最主要的是表決權的限制。

(三)優先股股票的種類

1. 累積優先股股票和非累積優先股股票

這種分類的依據是優先股股息在當年未能足額分派時，能否在以後年度補發。

所謂累積優先股股票，是指歷年股息累積發放的優先股股票。

非累積優先股股票，是指股息當年結清、不能累積發放的優先股股票。非累積優先股股票的特點是股息分派以每個營業年度為界，當年結清。

2. 參與優先股股票和非參與優先股股票

這種分類的依據是優先股在公司盈利較多的年份裡，除了獲得固定的股息以外，能否參與或部分參與本期剩餘盈利的分配。

參與優先股股票是指優先股股東除了按規定分得本期固定股息外，還有權與普通股股東一起參與本期剩餘盈利分配的優先股股票。

非參與優先股股票，是指除了按規定分得本期固定股息外，無權再參與對本期剩餘盈利分配的優先股股票。非參與優先股股票是一般意義上的優先股，其優先權不是體現在股息多少上，而是在分配順序上。

3. 可轉換優先股股票和不可轉換優先股股票

這種分類的依據是優先股股票在一定的條件下能否轉換成其他品種。

可轉換優先股股票，是指發行後在一定條件下允許持有者將它轉換成其他種類股票的優先股股票。在大多數情況下，股份公司的轉換股票是由優先股轉換成普通股，或者由某種優先股轉換成另一種優先股。

不可轉換優先股股票，是指發行後不允許其持有者將它轉換成其他種類股票的優先股股票。不可轉換優先股股票與轉換優先股股票不同，它沒有給投資者提供改變股票種類的機會。

4. 可贖回優先股股票和不可贖回優先股股票

這種分類的依據是在一定條件下，該優先股股票能否由原發行的股份公司出價贖回。

股份公司一旦贖回自己的股票，必須在短期內予以註銷。

5. 股息率可調整優先股股票和股息率固定優先股股票

這種分類的依據是股息率是否允許變動。

股息率可調整優先股股票，股息率的變化一般又與公司經營狀況無關，而主要是隨市場上其他證券價格或者銀行存款利率的變化做調整。股息率可調整優先股股票的產生，主要是為了適應國際金融市場不穩定、各種有價證券價格和銀行存款利率經常波動以及通貨膨脹的情況。

 **知識拓展**

影響股票價格的其他因素

(1) 政治及其他不可抗力的影響,包括:戰爭;政權更迭等政治事件;政府重大經濟政策的出抬;國際社會政治經濟的變化;自然災害。

(2) 心理因素。

(3) 穩定市場的政策和制度安排。

(4) 人為操縱因素(會引起股票價格短期的劇烈波動)。

【技能訓練】

實訓目的:掌握股票權益分配的相關知識。

實訓器材:東方財富等股票操作軟件平臺。

實訓要求:以個人為單位完成具體的實訓內容,要求有分析過程和結果。

實訓步驟:

步驟一,以個人為單位分發實訓具體內容和要求;

步驟二,根據該部分的操作流程對實訓內容進行實操;

步驟三,學生之間相互討論;

步驟四,教師公布結果並進行點評。

實訓內容:

1. 分析三大貨幣政策對股價影響,完成表1-3。

表1-3

	存款準備金比率		再貼現率		公開市場操作	
政策	上調	下調	上調	下調	賣出證券	買入證券
股價						

2. 分析匯率變化對股價影響。

如果匯率下降,本幣升值,請分析出口企業股價如何變化?進口企業股價如何變化?股市如何變化?

任務二　證券投資產品認知——債券

【知識目標】

掌握債券、政府債券的定義、性質特徵、分類；

掌握金融債券、公司債券和企業債券的定義和分類；

掌握國際債券的定義和特徵；

掌握外國債券和歐洲債券的概念、特點。

【能力目標】

能夠熟練區分債券與股票的異同點；

能夠分析債券的基本性質與影響債券期限和利率的主要因素；

能夠掌握國庫券、赤字國債、建設國債、特種國債、實物國債、貨幣國債、記帳式國債、憑證式國債、儲蓄國債的特點；

能夠分析中國特別國債的發行目的和發行情況；

能夠分析中國金融債券的品種和發行概況；

能夠區分外國債券和歐洲債券的特點。

【情境引入】

幫小張出主意他該選擇什麼投資方式？

近期股市行情不好，小張決定撤出資金尋找其他的投資方式。於是小張回到股市，出售了手中的股票，虧損了一些錢，但總算收回了大部分的錢，小張長長吁了一口氣。考慮到自己工作忙，小張想尋找更穩一點、收益比銀行利息高的投資渠道，選哪種投資呢？小張又犯難了。

老師：同學們，你能為小張出點子嗎？

學生：購買債券。

老師：好，購買債券，那麼大家對它瞭解嗎？接下來我們就來學習這種投資方式。

活動一　債券的特徵和分類

【知識準備】

知識點1：債券的性質和特徵

債券是一種有價證券，是社會各類經濟主體為籌集資金而向債券投資者出具的、承諾按一定利率定期支付利息並到期償還本金的債權債務憑證。債券上規定資金借貸的權責關係主要有三點：一是所借貸貨幣的數額；二是借款時間；三是在借貸時間內應有的補償或代價是多少，即債券的利息。

債券包含四個方面的含義：第一，發行人是借入資金的經濟主體；第二，投資者是出借資金的經濟主體；第三，發行人需要在一定時期付息還本；第四，債券反應了發行者和投資者之間的債權、債務關係，而且是這一關係的法律憑證。

（一）債券的基本性質

（1）債券屬於有價證券。首先，債券反應和代表一定的價值。其次，債券與其代表的權利聯繫在一起。

（2）債券是一種虛擬資本。

（3）債券是債權的表現。

（二）債券的票面要素

1. 債券的票面價值

債券的票面價值是債券票面標明的貨幣價值，是債券發行人承諾在債券到期日償還給債券持有人的金額。

債券的票面價值要標明的內容主要有：要標明幣種，要確定票面的金額。票面金額大小不同，可以適應不同的投資對象，同時也會產生不同的發行成本。票面金額定得較小，有利於小額投資者，購買持有者分佈面廣，但債券本身的印刷及發行工作量大，費用可能較高；票面金額定得較大，有利於少數大額投資者認購，且印刷費用等也會相應減少，但使小額投資者無法參與。因此，債券票面金額的確定也要根據債券的發行對象、市場資金供給情況及債券發行費用等因素綜合考慮。

2. 債券的到期期限

債券到期期限是指債券從發行之日起至償清本息之日止的時間，也是債券發行人承諾改選合同義務的全部時間。決定償還期限的主要因素：資金使用方向、市場利率變化、債券變現能力。

3. 債券的票面利率

影響票面利率的因素：一是借貸資金市場利率水準；二是籌資者的資信；三是債

券期限長短。

4. 債券發行者名稱

這一要素指明了該債券的債務主體。

需要說明的是，以上四個要素雖然是債券票面的基本要素，但它們並非一定在債券票面上印製出來。在許多情況下，債券發行者是以公布條例或公告形式向社會公開宣布某債券的期限與利率。此外，債券票面上有時還包含一些其他要素，如分期償還、選擇權、附有贖回選擇權、附有出售選擇權、附有可轉換條款、附有交換條款、附有新股認購條款等。

（三）債券的特徵

1. 償還性

償還性是指債券有規定的償還期限，債務人必須按期向債權人支付利息和償還本金，但曾有國家發行過無期公債或永久性公債，這種公債無固定償還期。持券者不能要求政府清償，只能按期取息。

2. 流動性

流動性是指債券持有人可按需要和市場的實際狀況，靈活地轉讓債券以提前收回本金和實現投資收益。

3. 安全性

債券投資不能收回的兩種情況：

第一，債務人不履行債務，即債務人不能按時足額履行約定的利息支付或者償還本金。

第二，流通市場風險，即債券在市場上轉讓時因價格下跌而承受損失。

4. 收益性

在實際經濟活動中，債券收益可以表現為兩種形式：一種是利息收入，即債權人在持有債券期間按約定的條件分期、分次取得利息或者到期一次取得利息；另一種是資本損益，即債權人到期收回的本金與買入債券或中途賣出債券與買入債券之間的價差收入。

知識點 2：債券分類

（一）按發行主體分類

1. 政府債券

政府債券的發行主體是政府。中央政府發行的債券稱為國債，其主要用途是解決由政府投資的公共設施或重點建設項目的資金需要和彌補國家財政赤字。有些國家把政府擔保的債券也劃歸為政府債券體系，稱為政府保證債券。

2. 金融債券

發行主體是銀行或非銀行的金融機構。金融機構一般有雄厚的資金實力，信用度

較高，因此，金融債券往往也有良好的信譽。它們發行債券的主要目的：籌資用於某種特殊用途；改變本身的資產負債結構。

3. 公司債券

公司債券是公司依照法定程序發行、約定在一定期限還本付息的有價證券。

(二) 按計息與付息方式分類

1. 零息債券

零息債券也稱零息票債券，指債券合約未規定利息支付的債券。通常，這類債券以低於面值的價格發行和交易，債券持有人實際上是以買賣（到期贖回）價差的方式取得債券利息。

2. 附息債券

附息債券的債券合約中明確規定，在債券存續期內，對持有人定期支付利息（通常每半年或每年支付一次）。按照計息方式的不同，這類債券還可細分為固定利率債券和浮動利率債券，有些付息債券可以根據合約條款推遲支付定期利率，故稱為緩息債券。

3. 息票累積債券

與附息債券相似，息票累積債券也規定了票面利率，但是，債券持有人必須在債券到期時一次性獲得還本付息，存續期間沒有利息支付。

(三) 按債券形態分類

1. 實物債券

實物債券是一種具有標準格式實物券面的債券。在標準格式的債券券面上，一般印有債券面額、債券利率、債券期限、債券發行人全稱、還本付息方式等各種債券票面要素。有時債券利率、債券期限等要素也可以通過公告向社會公布，而不在債券券面上註明。

提示：無記名國債屬於實物債券。特點：不記名、不掛失、可上市流通。

2. 憑證式債券

憑證式債券的形式是債權人認購債券的一種收款憑證，而不是債券發行人制定的標準格式的債券。

特點：可記名、掛失、不能上市流通。

3. 記帳式債券

記帳式債券是沒有實物形態的債券，利用證券帳戶通過電腦系統完成債券發行、交易及兌付的全過程。

特點：可記名、可掛失、安全性較高。

(四) 按擔保性質分類

1. 抵押債券

抵押債券以不動產作為抵押發行。債券發行人在發行一筆債券時，通過法律上的適當手續將債券發行人的部分財產作為抵押，一旦債券發行人出現償債困難，則出賣

這部分財產以清償債務。

2. 擔保信託債券

擔保信託債券也叫「流動抵押公司債」，它以公司持有的各種動產或有價證券為抵押品而發行的公司債券。

3. 保證債券

該債券由第三者作為還本付息的擔保人。擔保人一般為各級政府、金融機構、公司等具有雄厚經濟實力和信譽良好的機構。

3. 信用債券

信用債券也叫無擔保債券，只憑發行者信用而發行，如政府債券。

 知識拓展

債券與股票的比較

1. 債券與股票的相同點
（1）兩者都屬於有價證券。
（2）兩者都是籌措資金的手段。
（3）兩者的收益率相互影響。

2. 債券與股票的區別
（1）權利不同：債券是債權憑證，債券持有者與債券發行人之間的經濟關係是債權、債務關係，債券持有者只可按期獲取利息及到期收回本金，無權參與公司的經營決策。股票則不同，股票是所有權憑證，股票所有者是發行股票公司的股東，股東一般擁有表決權，可以通過參加股東大會選舉董事，參與公司重大事項的審議和表決，行使對公司的經營決策權和監督權。

（2）目的不同：發行債券是公司追加資金的需要，它屬於公司的負債，不是資本金。發行股票則是股份公司創立和增加資本的需要，籌措的資金列入公司資本。

（3）期限不同：債券有償還期，而股票具有永久性。

（4）收益不同：債券靠利息獲益，而股票的收益來自紅利股息。

（5）風險不同：股票風險較大，債券風險相對較小，因為：

第一，債券利息是公司的固定支出，屬於費用範圍；股票的股息紅利是公司利潤的一部分，公司有盈利才能支付，而且支付順序列在債券利息支付和納稅之後。

第二，倘若公司破產，清理資產有餘額償還時，債券償付在前，股票償付在後。

第三，在二級市場上，債券因其利率固定、期限固定，所以市場價格也較穩定；而股票無固定期限和利率，受各種宏觀因素和微觀因素的影響，市場價格波動頻繁，漲跌幅度較大。

 想一想

請思考：什麼主體有擔保人的資格？什麼主體有發行無擔保債券的資格？

【技能訓練】

實訓目的：掌握債券的分類。

實訓器材：金融實訓室。

實訓要求：以個人為單位根據具體的實訓內容完成債券種類辨識。

實訓步驟：

步驟一，以個人為單位分發實訓具體內容和要求；

步驟二，根據該部分的操作流程對實訓內容進行實操；

步驟三，學生之間相互討論；

步驟四，教師公布結果並進行點評。

實訓內容：請根據債券分類的知識點辨識圖 2-1 和圖 2-2 中的債券屬於哪種債券類型。

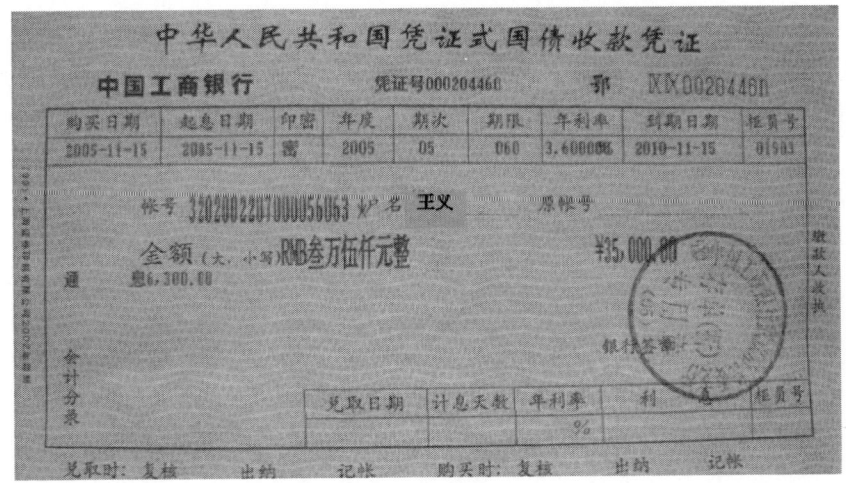

圖 2-1

```
1. 簡稱：06儲蓄01
2. 券種形式：電子式固定利率附息債
3. 票面價值：100員人民幣
4. 期限：3年
5. 票面利率：3.14%
6. 起息日：2006年7月1日
7. 到期日：2009年7月1日
8. 付息方式：按年付息
9. 付息日：每年7月1日
10. 發行時間：7月1日至7月15日
11. 可否提前兌付：半年後可以兌付
```

圖 2-2

活動二　政府債券和國家債券

【知識準備】

知識點1：政府債券

政府債券是國家為了籌措資金而向投資者出具的、承諾在一定時期支付利息和到期還本的債務憑證。政府債券的舉債主體是國家。從廣義的角度來看，廣義的政府債券屬於公共部門的債務，與它相對應的是私人部門的債務。從狹義的角度來看，政府是國家政權的代表，狹義的政府債券屬於政府部門的債務，與它相對應的是非政府部門的債務。

1. 政府債券的性質

第一，從形式上看，政府債券是一種有價證券，它具有債券的一般性質。

第二，從功能上看，政府債券最初僅僅是政府彌補赤字的手段，但在現代商品經濟條件下，政府債券已成為政府籌集資金、擴大公共事業開支的重要手段，並且隨著金融市場的發展，逐漸具備了金融商品和信用工具的職能，成為國家實施宏觀經濟政策、進行宏觀調控的工具。

2. 政府債券的特徵

（1）安全性高。在各類債券中，政府債券的信用等級是最高的，通常被稱為「金邊債券」。投資者購買政府債券，是一種較安全的投資選擇。

（2）流通性強。由於政府債券的信用好、競爭力強、市場屬性好，所以，許多國家政府債券的二級市場十分發達，一般不僅允許在證券交易所上市交易，還允許在場

外市場買賣。

（3）收益穩定。政府債券的付息由政府保證，其信用度最高、風險最小，對於投資者來說，投資政府債券的收益是比較穩定的。此外，因政府債券的本息大多數固定且有保障，所以交易價格一般不會出現大的波動，二級市場的交易雙方均能得到相對穩定的收益。

（4）免稅待遇。

 **想一想**

1. 政府債券安全性高、流通性強，並享受免稅待遇，所以其收益高。這種說法對嗎？為什麼？
2. 政府債券的用途和功能包括哪些？

知識點2：國家債券

（一）國債的分類

1. 按償還期限分類

國債的償還期限是國債的存續時間，以此為標準，習慣上分為短期國債、中期國債和長期國債。

短期國債一般指償還期限為1年或1年以內的國債，在國際上，短期國債的常見形式是國庫券，它是由政府發行用於彌補臨時收支差額的一種債券。

中期國債是指償還期限在1年或10年以下的國債，政府發行中期國債籌集的資金或用於彌補赤字，或用於投資，不再用於臨時週轉。

償還期在10年或10年以上的稱為長期國債。

2. 按資金用途分類

根據舉借債務對籌集資金使用方向的規定，國債可以分為赤字國債、建設國債、戰爭國債和特種國債。

赤字國債是指用於彌補政府預算赤字的國債。彌補赤字的手段有多種，除了舉借國債外，還有增加稅收、向中央銀行借款、動用歷年結餘等。

3. 按流通與否分類

國債可以分為流通國債和非流通國債。

4. 按發行本位分類

依照不同的發行本位，國債可以分為實物國債和貨幣國債。實物債券是指具有實物票券的債券，它與無實物票券的債券（如記帳式債券）相對應；而實物國債是指以某種商品實物為本位而發行的國債。

（二）中國的國債

20世紀50年代，中國發行過兩種國債：一種是1950年發行的人民勝利折實公債，

另一種是 1954—1958 年發行的國家經濟建設公債。

進入 20 世紀 80 年代以後，中國國債品種有以下幾種：

1. 普通國債

（1）記帳式國債。記帳式國債的發行分為：證券交易所市場發行、銀行間債券市場發行以及同時在銀行間債券市場和交易所市場發行（又稱為跨市場發行）三種情況。個人投資者可以購買交易所市場發行和跨市場發行的記帳式國債，而銀行間債券市場的發行主要面向銀行和非銀行金融機構等機構投資者。

記帳式國債的特點：①可以記名、掛失，以無券形式發行可以防止證券的遺失、被竊與偽造，安全性好；②可上市轉讓，流通性好；③期限有長有短，但更適合短期國債的發行；④通過交易所電腦網絡發行，可以降低證券的發行成本；⑤上市後價格隨行就市，具有一定的風險。

（2）憑證式國債是指由財政部發行的，有固定面值及票面利率，是通過紙質媒介記錄債權債務關係的國債。

（3）儲蓄國債（電子式）是指財政部面向境內中國公民儲蓄類資金發行的，以電子方式記錄債權的不可流通的人民幣債券。儲蓄國債試點期間，財政部將先行推出固定利率、固定期限儲蓄國債和固定利率變動期限儲蓄國債兩個品種。

儲蓄國債（電子式）是 2006 年推出的國債新品種，具有以下幾個特點：①針對個人投資者，不向機構投資者發行；②採用實名制，不可流通轉讓；③採用電子方式記錄債權；④收益安全穩定，由財政部負責還本付息，免繳利息稅；⑤鼓勵持有到期；⑥手續簡化；⑦付息方式較為多樣。

憑證式國債和儲蓄國債（電子式）都在商業銀行櫃臺發行，不能上市流通，但都是信用級別最高的債券，以國家信用作保證，而且免繳利息稅。兩者不同之處在於：

第一，申請購買手續不同。投資者購買憑證式國債，可持現金直接購買；購買儲蓄國債（電子式），須開立個人國債託管帳戶並指定對應的資金帳戶後購買。

第二，債權記錄方式不同。憑證式國債債權採取填製「中華人民共和國憑證式國債收款憑證」的形式記錄，由各承銷銀行和投資者進行管理；儲蓄國債（電子式）以電子記帳方式記錄債權。

第三，付息方式不同。憑證式國債為到期一次還本付息；儲蓄國債（電子式）付息方式比較多樣。

第四，到期兌付方式不同。憑證式國債到期後，須由投資者前往承銷機構網點辦理兌付事宜，逾期不加計利息；儲蓄國債（電子式）到期後，承辦銀行自動將投資者應收本金和利息轉入其資金帳戶，轉入資金帳戶的本息資金作為居民存款，按活期存款利率計付利息。

第五，發行對象不同。憑證式國債的發行對象主要是個人，部分機構也可認購；儲蓄國債（電子式）的發行對象僅限於個人，機構不允許購買或者持有。

第六，承辦機構不同。

儲蓄國債（電子式）與記帳式國債都以電子記帳方式記錄債權，但具有下列不同之處：

第一，發行對象不同。記帳式國債機構和個人都可以購買，而儲蓄國債（電子式）的發行對象僅限個人。

第二，發行利率確定機制不同。記帳式國債的發行利率是由記帳式國債承銷團成員投標確定的；儲蓄國債（電子式）的發行利率是財政部參照同期銀行存款利率及市場供求關係等因素確定的。

第三，流通或變現方式不同。記帳式國債可以上市流通，可以從二級市場上購買，需要資金時可以按照市場價格賣出；儲蓄國債（電子式）只能在發行期認購，不可以上市流通，但可以按照有關規定提前兌取。

第四，到期前變現收益預知程度不同。記帳式國債二級市場交易價格是由市場決定的，到期前市場價格（淨價）有可能高於或低於發行面值。而儲蓄國債（電子式）在發行時就對提前兌取條件做出規定，也就是說，投資者提前兌取所能獲得的收益是可以預知的，而且本金不會低於購買面值（因提前兌付帶來的手續費除外），不承擔由於市場利率變動而帶來的價格風險。

 知識拓展

中國普通國債的發行總體情況

中國目前普通國債的發行總體情況大致是：①規模越來越大；②期限趨於多樣化；③發行方式趨於市場化——1991年之前中國普通國債發行主要採用行政攤派的發行方式，從1991年開始引入承購包銷的發行方式，從1996年開始引入招標發行方式；④市場創新日新月異。

2. 其他類型國債

（1）特別國債。特別國債是為了特定的政策目標而發行的國債。中國的特別國債目前發行過兩次：第一次，經第八屆全國人大常委會第三十次會議審議批准，財政部於1998年8月向四大國有獨資商業銀行發行了2,700億元長期特別國債，所籌集的資金全部用於補充國有獨資商業銀行資本金；第二次，2007年十屆全國人大常委會第二十八次會議決定：批准發行15,500億元特別國債，用於購買約2,000億美元外匯，作為即將成立的國家外匯投資公司的資本金。

（2）長期建設國債。長期建設國債是財政部自1998年起向四大國有商業銀行定向發行的十年期附息國債，專項用於國民經濟和社會發展繼續的基礎設施投入。

知識點 3：地方政府債券

1. 地方政府債券的發行主體

地方政府債券是指地方政府根據信用原則、以承擔還本付息責任為前提而籌集資金的債務憑證，是指有財政收入的地方政府及地方公共機構發行的債券。地方政府債券的發行主體是地方政府及地方政府所屬的機構。

2. 地方政府債券的分類

地方政府債券分為一般債券（普通債券）和專項債券（收益債券）。前者是指地方政府為緩解資金緊張或解決臨時經費不足而發行的債券，後者是指為籌集資金建設某項具體工程而發行的債券。

3. 中國的地方政府債券

中國特色的地方政府債券，即以企業債券的形式發行地方政府債券。

 案例分享

財政部代發安徽 40 億元地方債 全部競爭性招標

財政部 24 日公布的通知顯示，財政部代理發行的 2009 年安徽省政府債券（一期），為 3 年期固定利率附息債，計劃發行面值總額 40 億元，全部進行競爭性招標。

安徽債一期將於 2009 年 3 月 31 日上午 10：00—11：00 進行競爭性招標，4 月 1 日開始發行並計息，4 月 3 日發行結束，4 月 8 日起上市交易。招標方式採用單一價格荷蘭式招標方式，標的為利率，全場最高中標利率為當期債券票面利率。

本期債券通過全國銀行間債券市場、證券交易所市場發行，各交易場所交易方式為現券買賣和回購。本期債券上市後，可以在各交易場所間相互轉託管。

安徽債一期利息按年支付，每年 4 月 1 日支付利息，2012 年 4 月 1 日償還本金並支付最後一年利息。財政部代為辦理本期債券還本付息。

（資料來源：中國政券報）

 想一想

根據上面案例，地方債可以由地方政府自主發行嗎？如果不可以，要用什麼方式去發行？

【技能訓練】

實訓目的：掌握普通國債不同品種間的區別。

實訓器材：多媒體教室。

實訓要求：以個人為單位完成根據具體的實訓內容。

實訓步驟：
步驟一，以個人為單位分發實訓具體內容和要求；
步驟二，根據該部分的操作流程對實訓內容進行實操；
步驟三，學生之間相互討論；
步驟四，教師公布結果並進行點評。
實訓內容：請根據學習內容完成普通國債不同品種間的區別
1. 請分析憑證式與記帳式國債的區別？
2. 請分析儲蓄國債與記帳式國債的區別？
3. 完成表 2-1。

表 2-1　　　　　　　　　普通國債不同品種的區別

比較項目	憑證式國債	記帳式國債	儲蓄國債
交易場所			
認購辦法			
發行對象			
可否流通			
付息方式			
對付方式			

活動三　金融債券與公司債券

【知識準備】

知識點 1：金融債券

所謂金融債券，是指銀行及非銀行金融機構依照法定程序發行並約定在一定期限內還本付息的有價證券。從廣義上講，金融債券還包括中央銀行債券，只不過它是一種特殊的金融債券。其特殊性表現在：一是期限較短；二是為實現金融宏觀調控而發行。

中國的金融債券有以下幾種：

1. 中央銀行票據

中央銀行票據簡稱央票，是央行為調節基礎貨幣而向金融機構發行的票據，是一種重要的貨幣政策日常操作工具，其期限為 3 個月至 3 年。

2. 政策性金融債券

政策性金融債券是政策性銀行在銀行間債券市場發行的金融債券。

政策性銀行包括：國家開發銀行、中國進出口銀行、中國農業發展銀行。

金融債券的發行也進行了一些探索性改革：一是探索市場化發行方式；二是力求金融債券品種多樣化。

從1999年起，中國銀行間債券市場以政策性銀行為發行主體開始發行浮動利率債券。浮息債券以上海銀行間同業拆放利率（Shibor）為基準利率。Shibor是中國貨幣市場的基準利率，是以16家銀行的報價為基礎，剔除一定比例的最高價和最低價後的算術平均值，2007年1月4日正式運行。目前對外公布的Shibor共有8個品種，期限為隔夜到1年。

3. 商業銀行債券

（1）金融債券：金融機構法人在全國銀行間債券市場發行。

（2）商業銀行次級債券：商業銀行次級債券是指商業銀行發行的、本金和利息的清償順序列於商業銀行其他負債之後，先於商業銀行股權資本的債券。

（3）混合資本債券：

《巴塞爾協議》並未對混合資本工具進行嚴格定義，僅規定了混合資本工具的一些原則特徵，而賦予各國監管部門更大的自由裁量權，以確定本國混合資本工具的認可標準。

混合資本債券是一種混合資本工具，它比普通股票和債券更加複雜。中國的混合資本債券是指商業銀行為補充附屬資本發行的、清償順序位於股權資本之前但列在一般債務和次級債務之後、期限在15年以上、發行之日起10年內不可贖回的債券。

按照現行規定，中國的混合資本債券具有四個基本特徵：

第一，期限在15年以上，發行之日起10年內不得贖回。

第二，混合資本債券到期前，如果發行人核心資本充足率低於4%，發行人可以延期支付利息。

第三，當發行人清算時，混合資本債券本金和利息的清償順序列於一般債務和次級債務之後、先於股權資本。

第四，混合資本債券到期時，如果發行人無力支付清償順序在該債券之前的債務或支付該債券將導致無力支付清償順序在混合資本債券之前的債務，發行人可以延期支付該債券的本金和利息。

4. 證券公司債券

2004年10月，經商中國證監會和中國銀監會，中國人民銀行制定並發布《證券公司短期融資券管理辦法》。證券公司短期融資券是指證券公司以短期融資為目的，在銀行間債券市場發行的約定在一定期限內還本付息的金融債券。

5. 保險公司次級債務

2004年9月29日，中國保監會發布了《保險公司次級定期債務管理暫行辦法》。

保險公司次級定期債務是指保險公司經批准定向募集的、期限在5年以上（含5年）、本金和利息的清償順序列於保單責任和其他負債之後、先於保險公司股權資本的保險公司債務。該辦法所稱的保險公司是指依照中國法律在中國境內設立的中資保險公司、中外合資保險公司和外資獨資保險公司。中國保監會依法對保險公司次級定期債務的定向募集、轉讓、還本付息和信息披露行為進行監督管理。

與商業銀行次級債務不同的是，按照《保險公司次級定期債務管理暫行辦法》，保險公司次級債務的償還只有在確保償還次級債務本息後償付能力充足率不低於100%的前提下，募集人才能償付本息；並且，募集人在無法按時支付利息或償還本金時，債權人無權向法院申請對募集人實施破產清償。

6. 財務公司債券：銀行間債券市場發行

2007年7月，中國銀監會下發《企業集團財務公司發行金融債券有關問題的通知》，明確規定企業集團財務公司發行債券的條件和程序，並允許財務公司在銀行間債券市場發行財務公司債券。

知識點2：公司債券

公司債券是公司依照法定程序發行的、約定在一定期限還本付息的有價證券。公司債券屬於債券體系中的一個品種，它反應發行債券的公司和債券投資者之間的債權債務關係。公司債券的類型有以下幾種：

1. 信用公司債券

信用公司債券是一種不以公司任何資產作擔保而發行的債券，屬於無擔保證券範疇。一般來說，政府債券無須提供擔保，因為政府掌握國家資源，可以徵稅，所以政府債券安全性最高。金融債券大多數也可免除擔保，因為金融機構作為信用機構，本身就具有較高的信用。公司債券不同，一般公司的信用狀況要比政府和金融機構差，所以，大多數公司發行債券被要求提供某種形式的擔保。但少數大公司經營良好，信譽卓著，也會發行信用公司債券。信用公司債券的發行人實際上是將公司信譽作為擔保。為了保護投資者的利益，可要求信用公司債券附上某些限制性條款，如公司債券不得隨意增加、債券未清償之前股東的分紅要有限制等。

2. 不動產抵押公司債券

不動產抵押公司債券。不動產抵押公司債券是以公司的不動產（如房屋、土地等）作抵押而發行的債券，是抵押證券的一種。公司以房契或地契作抵押，如果發生了公司不能償還債務的情況，抵押的財產將被出售，所得款項用來償還債務。另外，用作抵押的財產價值不一定與發生的債務額相等，當某抵押品價值很大時，可以分作若干次抵押，這樣就有第一抵押債券、第二抵押債券等之分。在處理抵押品償債時，要按順序依次償還優先一級的抵押債券。

3. 保證公司債券

保證公司債券是公司發行的由第三者作為還本付息擔保人的債券，是擔保證券的一種。擔保人是發行人以外的其他人（或稱第三者），如政府、信譽好的銀行或舉債公司的母公司等。一般來說，投資者比較願意購買保證公司債券，因為一旦公司到期不能償還債務，擔保人將負清償之責。在實踐中，保證行為常見於母子公司之間，如由母公司對子公司發行的公司債券予以保證。

4. 收益公司債券

收益公司債券是一種具有特殊性質的債券，它與一般債券相似，有固定到期日，清償時債權排列順序先於股票。但它又與一般債券不同，其利息只在公司有盈利時才支付，即發行公司的利潤扣除各項固定支出後的餘額用作債券利息的來源。如果餘額不足支付，未付利息可以累加，待公司收益增加後再補發。所有應付利息付清後，公司才可對股東分紅。

5. 可轉換公司債券

可轉換債券是可轉換公司債券的簡稱，又稱可轉債，是一種可以在特定時間、按特定條件轉換為普通股票的特殊企業債券。可轉換公司債券兼有債權投資和股權投資的雙重優勢。

6. 附認股權證的公司債券

附認股權證的公司債券是公司發行的一種附有認購該公司股票權利的債券。這種債券的購買者可以按預先規定的條件在公司發行股票時享有優先購買權。

按照附新股認股權和債券本身能否分開來劃分，這種債券有兩種類型：一種是可分離型，即債券與認股權可以分開，可獨立轉讓，即可分離交易的附認股權證公司債券；另一種是非分離型，即不能把認股權從債券上分離，認股權不能成為獨立買賣的對象。按照行使認股權的方式，這種債券可以分為現金匯入型與抵繳型。現金匯入型指當持有人行使認股權時，必須再拿出現金來認購股票；抵繳型是指公司債券票面金額本身可按一定比例直接轉股，如現行可轉換公司債的方式。

對於發行人來說，發行附認股權證的公司債券可以起到一次發行、二次融資的作用。其不利影響主要體現在：第一，相對於普通可轉債，發行人一直都有償還本息的義務。第二，如果債券附帶美式權證，會給發行人的資金規劃帶來一定的不利影響。第三，無贖回和強制轉股條款，從而在發行人股票價格高漲或者市場利率大幅降低時，發行人需要承擔一定的機會成本。

附認股權證的公司債券與可轉換公司債券不同，前者在行使新股認購權之後，債券形態依然存在；而後者在行使轉換權之後，債券形態隨即消失。

7. 可交換債券

可交換債券是指上市公司的股東依法發行、在一定期限內依據約定的條件可以交換成該股東所持有的上市公司股份的公司債券。可交換債券和發行要素與可轉換債券相似，包括票面利率、期限、換股價格和換股比率、換股期限等。對投資者來說持有

可交換債券與持有標的上市公司的可轉換債券相同，投資價值與上市公司價值相關，在約定期限內可以以約定的價格交換為標的股票。

可交換債券與可轉換債券的不同之處：第一，發債主體和償債主體不同，前者是上市公司的股東，通常是大股東，後者是上市公司本身；第二，適用的法規不同，在中國發行可交換債券的適用法規是《公司債券發行試點辦法》，可轉換債券的適用法規是《上市公司證券發行管理辦法》，前者側重於債券融資，後者更接近於股權融資；第三，發行目的不同，前者的發行目的包括投資退出、市值管理、資產流動性管理等，不一定要用於投資項目，後者和其他債券的發債目的一般是將募集的資金用於投資項目；第四，所換股份的來源不同，前者是發行人持有的其他公司的股份，後者是發行人未來發行的新股；第五，股權稀釋效應不同，前者換股不會導致標的公司的總股本發生變化，也不會攤薄每股收益，後者會使發行人的總股本擴大，攤薄每股收益；第六，交割方式不同，前者在國外有股票、現金和混合3種交割方式，後者一般採用股票交割；第七，條款設置不同，前者一般不設置轉股價向下修正條款，後者一般附有轉股價向下修正條款。

知識點3：中國的企業債券與公司債券

（一）企業債券

發行人：中國境內有法人資格的企業。

中國的企業債券是指在中華人民共和國境內具有法人資格的企業在境內依照法定程序發行、約定在一定期限內還本付息的有價證券。但是，金融債券和外幣債券除外。

中國企業債券的發展大致經歷了4個階段：

第一階段，萌芽期。1984—1986年是中國企業債券發行的萌芽期。

第二階段，發展期。1987—1992年是中國企業債券發行的第一個高潮期。

第三階段，整頓期。1993—1995年是中國企業債券發行的整頓期。

第四階段，再度發展期。從1996年起，中國企業債券的發行進入了再度發展期。在此期間，企業債券的發行也出現一些明顯的變化：

（1）在發行主體上，突破了大型國有企業的限制。

（2）在發債募集資金的用途上，改變了以往僅用於基礎設施建設或技改項目，開始用於替代發行主體的銀團貸款。

（3）在債券發行方式上，將符合國際慣例的路演詢價方式引入企業債券一級市場。

（4）在期限結構上，推出了中國超長期、固定利率企業債券。

（5）在投資者結構上，機構投資者逐漸成為企業債券的主要投資者。

（6）在利率確定上，彈性越來越大。在這方面有三點創新：一是附息債券的出現，使利息的計算走向複利化。二是浮動利率的採用打破了傳統的固定利率。三是簿記建檔確定發行利率的方式，使利率確定趨於市場化。

(7) 中國企業債券的品種不斷豐富。

中國人民銀行於 2008 年 4 月 13 日發布《銀行間債券市場非金融企業債務融資工具管理辦法》（以下簡稱《管理辦法》），於 4 月 15 日起施行。非金融企業債務融資工具（以下簡稱「債務融資工具」）是指具有法人資格的非金融企業（以下簡稱「企業」）在銀行間債券市場發行的、約定在一定期限內還本付息的有價證券。《管理辦法》規定，企業發行債務融資工具應在中國銀行間市場交易商協會註冊，由在中國境內註冊且具備債券評級資質的評級機構進行信用評級，由金融機構承銷，在中央國債登記結算有限責任公司登記、託管、結算。全國銀行間同業拆借中心為債務融資工具在銀行間債券市場的交易提供服務。企業發行債務融資工具應在銀行間債券市場披露信息。與《管理辦法》配套的《銀行間債券市場非金融企業中期票據業務指引》規定，企業發行中期票據應遵守國家相關法律法規，中期票據待償還餘額不得超過企業淨資產的40%；企業發行中期票據所募集的資金應用於企業生產經營活動，並在發行文件中明確披露資金具體用途；企業在中期票據存續期內變更募集資金用途應提前披露。

（二）公司債券

發行人：依照《公司法》在中國境內設立的股份有限公司、有限責任公司。

中國的公司債券是指公司依照法定程序發行、約定在 1 年以上期限內還本付息的有價證券。

知識拓展

中國債券市場的發展歷程

中國首次發行的債券，是 1894 年清政府為支付甲午戰爭軍費的需要，由戶部向官商巨賈發行的，當時稱作「息借商款」，發行總額為白銀 1,100 多萬兩。甲午戰爭後，清政府為交付賠款，又發行了公債，總額為白銀 1 億兩（當時稱「昭信股票」）。

自清政府開始發行公債以後，舊中國歷屆政府為維持財政平衡都發行了大量公債。從北洋政府到蔣介石政府，先後發行了數十種債券。

中華人民共和國成立後，中央人民政府曾於 1950 年 1 月發行了人民勝利折實公債，實際發行額折合人民幣為 2.6 億元，該債券於 1956 年 11 月 30 日全部還清本息。1954 年，中國又發行了國家經濟建設公債，到 1955 年共發行了 5 次，累計發行 39.35 億元，至 1968 年全部償清。此後 20 餘年內，中國未再發行任何債券。

1981 年，為平衡財政預算，財政部開始發行國庫券，發行對象是企業、政府機關、團體、部隊、事業單位和個人，到 1997 年連續發行了 17 年。

1987 年，為促進國家的基礎設施建設，為大型項目籌集中長期建設資金，中國發行了 3 年期的國家重點建設債券，發行對象是地方政府、地方企業、機關團體、事業單位和城鄉居民，發行總額為 55 億元。

1988 年，為支持國家重點建設，中國發行了 2 年期國家建設債券，發行對象為城

鄉居民、基金會組織、金融機構和企事業單位，發行額為80億元。

同年，為彌補財政赤字、籌集建設資金，中國又發行了財政債券，至1992年共發行了5次該財政債券，發行總額為337.03億元。除1988年發行的是2年期和5年期債券外，其餘年份均為5年期債券。發行對象主要是專業銀行、綜合性銀行及其他金融機構。

1989年，中國政府發行了只對企事業單位、不對個人的特種債券。該債券從1989年起共發行了4次，期限均為5年。

1989年，銀行實行保值貼補率政策後，財政部開始發行國有保值貼補的保值公債。計劃發行額為125億元，期限3年，發行對象是城鄉居民、個體工商戶、各種基金會、保險公司以及有條件的公司，其年利率隨銀行3年期定期儲蓄存款利率浮動，加保值貼補率，再外加1個百分點，1989年保值公債實際發行了87.43億元，未發行完的部分，轉入1990年繼續發行。

1988年，中國國家專業投資公司和石油部、鐵道部也發行了總額為80億元的基本建設債券，發行對象是四大國家專業銀行，期限為5年。1989年，又發行了14.59億元的基本建設債券，發行對象為全國城鄉個人，期限為3年。1992年，該債券與重點企業債券合併為國家投資公司債券。

1992年，中國還開辦了國債期貨交易，但由於國債期貨投機現象嚴重，且風險控制滯後，監管力度不足。1995年5月17日，經國務院同意，國債期貨市場暫時停止交易，隨著國債市場的發展和壯大，中國金融債券和企業債券市場也應運而生，1984年，中國開始出現企業債券，當時主要是一些企業自發地向社會和企業內部職工籌資。1987年，中國一些大企業開始發行重點企業債券，1988年，重點企業債券改由各國家專業銀行代理國家專業投資公司發行。後來，中國又陸續出現了企業短期融資債券、內部債券、住宅建設債券和地方投資公司債券。

1985年，中國工商銀行、中國農業銀行開始在國內發行人民幣金融債券。此後，各銀行及信託投資公司相繼發行了人民幣金融債券；1991年，中國人民建設銀行和中國工商銀行共同發行了100億元的國家投資債券；1994年，隨著各政策性銀行的成立，政府性金融債券也開始誕生；1996年，為籌集資金專門用於償還不規範證券回購債務，部分金融機構開始發行特種金融債券。

1982年，中國開始在國際資本市場發行債券，當年中國國際信託投資公司在東京發行了100億日元的武士債券。此後，財政部、銀行與信託投資公司、有關企業等相繼進入國際債券市場，在日本、美國、新加坡、英國、德國、瑞士等國發行外國債券和歐洲債券。

從1981年恢復發行國債開始至今，中國債券市場經歷了曲折的探索階段和快速的發展階段。目前，中國債券市場形成了銀行間市場、交易所市場和商業銀行櫃臺市場三個基本子市場在內的統一分層的市場體系。在中央國債登記結算有限公司實行集中統一託管，又根據參與主體層次的不同，相應地實行不同的託管結算安排。

（資料來源：新浪財經）

【技能訓練】

實訓目的：掌握可轉債知識點。

實訓場地：多媒體教室。

實訓要求：以個人為單位完成實訓內容，要有具體的分析過程。

實訓步驟：

步驟一，以個人為單位分發實訓具體內容和要求；

步驟二，學生之間相互討論；

步驟三，教師公布結果並進行點評。

實訓內容：上港集團分離交易可轉債。

上海國際港務（集團）股份有限公司本次發行認股權和債券分離交易可轉換公司債券（簡稱：分離交易可轉債）已獲中國證券監督管理委員會證監許可〔2008〕181號文核准。具體條款如下：

（1）本次發行245,000萬元分離交易可轉債。

（2）每張面值為100元人民幣，按票面金額平價發行。

（3）債券期限為3年。

（4）票面利率預設區間為0.6%～1.2%。

（5）每手公司分離交易可轉債的最終認購人可以同時獲得公司派發的119份認股權證。

（6）權證的存續期自認股權證上市之日起12個月。

（7）認股權證的行權比例為1∶1，即每1份認股權證代表1股公司發行的A股股票的認購權利。

（8）初始行權價格為8.4元/股。

請根據實訓內容中的案例分析什麼情況下可轉債持有者會行權將債權轉成股權，什麼情況下會行使認股權利。

活動四　國際債券

知識點1：國際債券的特徵

國際債券是指一國借款人在國際證券市場上以外國貨幣為面值，向外國投資者發行的債券。

國際債券的特徵有以下幾點：

一是資金來源廣、發行規模大。發行國際債券是在國際證券市場上籌措資金，發行對象為各國的投資者，因此，資金來源比國內債券廣泛得多。

二是存在匯率風險。發行國內債券，籌集和還本付息的資金都是本國貨幣，所以不存在匯率風險。

三是有國家主權保障。在國際債券市場上籌集資金，有時可以得到一個主權國家政府最終償債的承諾保證。

四是以自由兌換貨幣作為計量貨幣。國際通用貨幣有：美元、英鎊、歐元、日元、瑞士法郎。

知識點 2：國際債券的分類

（一）外國債券

外國債券是指某一國借款人在本國以外的某一國家發行以該國貨幣為面值的債券，它的特點是債券發行人屬於一個國家，債券的面值貨幣和發行市場則屬於另一國家。

提示：在美國發行的外國債券被稱為揚基債券。在日本發行的外國債券稱為武士債券。

2005 年 2 月 18 日，《國際開發機構人民幣債券發行管理暫行辦法》允許符合條件的國際開發機構在中國發行人民幣債券。

2005 年 10 月，中國人民銀行批准國際金融公司和亞洲開發銀行在全國銀行間債券市場分別發行人民幣債券 11.3 億元和 10 億元。這是中國債券市場首次引入外資機構發行主體，是中國市場對外開放的重要舉措和有益嘗試。國際多邊金融機構首次在華發行的人民幣債券被命名為「熊貓債券」。

（二）歐洲債券

歐洲債券的特點是債券發行者、債券發行地點和債券面值所使用的貨幣可以分別屬於不同的國家。由於它不以發行市場所在國的貨幣為面值，故也稱為無國籍債券。

歐洲債券與外國債券的區別有以下幾方面：

第一，在發行方式方面，外國債券一般由發行地所在國的證券公司、金融機構承銷，而歐洲債券則由一家或幾家大銀行牽頭，組織十幾家或幾十家國際性銀行在一個國家或幾個國家同時承銷。

第二，在發行法律方面，外國債券的發行受發行地所在國有關法規的管制和約束，並且必須經官方主管機構批准，而歐洲債券在法律上所受的限制比外國債券少得多，它不需要官方主管機構的批准，也不受貨幣發行國有關法令的管制和約束。

第三，在發行納稅方面，外國債券受發行地所在國的稅法管制，而歐洲債券的預扣稅一般可以豁免，投資者的利息收入也免繳所得稅。

歐洲債券市場以眾多創新品種而著稱。在計息方式上既有傳統的固定利率債券，也有種類繁多的浮動利率債券，還有零息債券、延付息票債券、利率遞增債券（累進利率債券）和在一定條件下將浮動利率轉換為固定利率的債券等。在附有選擇權方面，有雙貨幣債券、可轉換債券和附權證債券等。

歐洲債券也稱為無國籍債券。龍債券，是指除日本以外的亞洲地區發行的一種以非亞洲國家和地區貨幣標價的債券。一般是一次到期還本、每年付息一次的長期固定利率債券，或者是以美元計價，以倫敦銀行同業拆放利率為基準，每一季或每半年重新定一次利率的浮動利率債券。龍債券的發行以非亞洲貨幣標定面額，儘管有一些債券以加拿大元、澳元和日元標價，但多數以美元標價。

知識點 3：中國的國際債券

中國在國際市場籌集資金發行的債券品種：政府債券、金融債券、可轉換公司債券。

1. 政府債券

1987 年 10 月，財政部在德國法蘭克福發行了 3 億馬克的公募債券，這是中國經濟體制改革後政府首次在國外發行債券。

2. 金融債券

1982 年 1 月，中國國際信託投資公司在日本東京資本市場上發行了 100 億日元的債券。

3. 可轉換公司債券

到 2001 年年底，南玻 B 股轉券、鎮海煉油、慶鈴汽車 H 股轉券、華能國際 N 股轉券等 4 種可供境外投資者投資的券種已先後發行。

案例分享

國家開發銀行在紐約成功發行 10 億美元債券

2005 年 9 月，中國國家開發銀行 29 日在紐約成功發行了期限為 10 年，票面利率為 5% 的 10 億美元全球債券。這是該行 2004 年成功發行全球債券後再次進入國際資本市場籌資。

在紐約花旗銀行總部，國家開發銀行副總裁高堅與美方代表舉行了簽字儀式。國家開發銀行此次發行的債券規模為 10 億美元，期限 10 年，票面利率為 5%，分別被穆迪、標準普爾和惠譽評級公司評為 A2、A- 及 A- 等級，與中國主權信用評級完全一致。

由美林、法國巴黎銀行、巴克萊銀行、花旗集團、高盛、匯豐銀行、摩根大通和瑞士銀行擔任聯合主承銷的國家開發銀行債券，該債券得到了來自美國、歐洲和亞洲眾多投資者的熱烈歡迎，目前已收到 62 億美元的訂單，取得了圓滿的成功。

美國花旗集團資深副主席羅德斯指出，中國債券作為準主權級發行體，依靠國際先進水準的經營業績，在國際資本市場融資具有籌資金額大、成本低的優勢。市場分析人士也認為，這次債券的順利發行顯示了國際資本市場對中國經濟和社會的發展充滿了信心，也對以往國家開發銀行的業績表示了肯定。

（資料來源：人民網）

想一想

根據上述學習內容分析國際債券的主要特徵有哪些。

【技能訓練】

實訓目的：掌握外國債券種類。

實訓場地：多媒體教室。

實訓要求：以個人為單位根據具體的實訓內容完成案例分析。

實訓步驟：

步驟一，以個人為單位分發實訓具體內容和要求；

步驟二，學生之間相互討論；

步驟三，教師公布結果並進行點評。

實訓內容：

2015 年國際金融公司在中國銀行間債券市場發行人民幣債券。

發行規模：11.3 億元

期限：10 年

年利率：3.40%

以下是中國人民銀行關於 2005 年國際金融公司人民幣債券在全國銀行間債券市場交易流通的批覆：

發布部門：中國人民銀行
發布文號：銀復〔2005〕101 號
國際金融公司：
《關於 2005 年國際金融公司人民幣債券交易流通的申請報告》收悉。根據《全國銀行間債券市場債券交易流通審核規則》（中國人民銀行公告〔2004〕第 19 號，以下稱《審核規則》），現批覆如下：
同意你公司發行的 2005 年國際金融公司人民幣債券在中國全國銀行間債券市場交易流通。請你公司按照《審核規則》有關規定向中國全國銀行間同業拆借中心和中國中央國債登記結算有限責任公司提交交易流通公告所需材料，並認真履行市場義務。

2005 年 11 月 16 日

國際金融公司在中國銀行間債券市場發行的人民幣債券是外國外國債券嗎？為什麼？請分析外國債券的類型。

任務三　證券投資產品——基金

【知識目標】

掌握基金份額持有人的權利與義務；

掌握基金管理人和託管人的概念、資格與職責以更換條件；

掌握基金當事人之間的關係；

掌握基金的管理費、託管費、運作費的含義和提取規定。

【能力目標】

能夠掌握基金與股票、債券的區別；

能夠區分契約型基金與公司型基金、封閉式基金與開放式基金的不同點；

能夠分析交易所交易的開放式基金的運作機制和優勢；

能夠區分 ETF 和 LOF 的異同。

【情境引入】幫小張出主意他該如何投資？

近期股市行情回暖，小張想重回股市投資。但是又擔心風險比國債大很多，自己不夠專業造成損失。而且考慮到自己工作忙，投資股市有點困難。小張想尋找更穩一點、收益比國債高的投資渠道，選哪種投資呢？小張又犯難了。

老師：同學們，你能為小張出點子嗎？

學生：投資基金。

老師：好，購買基金，那麼大家對它瞭解嗎？接下來我們就來學習這種投資方式。

活動一　證券投資基金

【知識準備】

知識點1：證券投資基金概況

（一）證券投資基金的產生與發展

證券投資基金是指通過公開發售基金份額募集資金，由基金託管人託管，由基金管理人管理和運用資金，為基金份額持有人的利益，以資產組合方式進行證券投資的

一種利益共享、風險共擔的集合投資方式。

各國對證券投資基金的稱謂不盡相同，如美國稱「共同基金」，英國和中國香港地區稱「單位信託基金」，日本和臺灣地區則稱「證券投資信託基金」等。

英國1868年由政府出面組建了海外和殖民地政府信託組織，公開向社會發售受益憑證。

基金起源於英國，基金產業已經與銀行業、證券業、保險業並駕齊驅，成為現代金融體系的四大支柱。

（二）中國證券投資基金業的發展概況

1997年11月，國務院頒布《證券投資基金管理暫行辦法》；1998年3月，兩只封閉式基金——基金金泰、基金開元設立，分別由國泰基金管理公司和南方基金管理公司管理。2004年6月1日，《中華人民共和國證券投資基金法》（以下簡稱《證券投資基金法》）正式實施。證券投資基金業從此進入嶄新的發展階段，基金數量和規模迅速增長，市場地位日趨重要，呈現出下列特點：

1. 基金規模快速增長，開放式基金後來居上，逐漸成為基金設立的主流形式

1998—2001年9月是中國封閉式基金發展階段，在此期間，中國證券市場只有封閉式基金。2000年10月8日，中國證監會發布了《開放式證券投資基金試點辦法》；2001年9月，中國第一只開放式基金誕生。此後，中國基金業進入開放式基金發展階段，開放式基金成為基金設立的主要形式。

2. 基金產品差異化日益明顯，基金的投資風格也趨於多樣化

基金的投資風格也趨於多樣化。中國的基金產品除股票型基金外，債券基金、貨幣市場基金、保本基金、指數基金等紛紛問世。

3. 中國基金業發展迅速，對外開放的步伐加快

近年來，中國基金業發展迅速，基金管理公司不斷增加，管理基金規模不斷擴大。

允許符合條件的基金管理公司開展為特定客戶管理資產的業務。此外，2006年，中國基金業也開始了國際化航程，目前獲得合格境內機構投資者（QDII）資格的國內基金管理公司已可以通過募集基金投資國際市場，即QDII基金。

（三）證券投資基金的特點

1. 集合投資

基金的特點是將零散的資金匯集起來，交給專業機構投資於各種金融工具，以謀取資產的增值。基金對投資的最低限額要求不高，投資者可以根據自己的經濟能力決定購買數量，有些基金甚至不限制投資額大小。

2. 分散風險

以科學的投資組合降低風險、提高收益是基金的另一大特點。

3. 專業理財

將分散的資金集中起來以信託方式交給專業機構進行投資運作，既是證券投資基金的一個重要特點，也是它的一個重要功能。

（四）證券投資基金的作用

1. 基金為中小投資者拓寬了投資渠道

對中小投資者來說，存款或買債券較為穩妥，但收益率較低；投資股票有可能獲得較高收益，但風險較大。證券投資基金作為一種新型的投資工具，將眾多投資者的小額資金匯集起來進行組合投資，由專家來管理和運作，經營穩定，收益可觀，為中小投資者提供了較為理想的間接投資工具，大大拓寬了中小投資者的投資渠道。

2. 有利於證券市場的穩定和發展

第一，基金的發展有利於證券市場的穩定。證券市場的穩定與否同市場的投資者結構密切相關。基金的出現和發展，能有效地改善證券市場的投資者結構。基金由專業投資人士經營管理，其投資經驗比較豐富，搜集和分析信息的能力較強，投資行為相對理性，客觀上能起到穩定市場的作用。同時，基金一般注重資本的長期增長，多採取長期的投資行為，較少在證券市場上頻繁進出，能減少證券市場的波動。第二，基金作為一種主要投資於證券市場的金融工具，它的出現和發展增加了證券市場的投資品種，擴大了證券市場的交易規模，起到了豐富和活躍證券市場的作用。

（五）證券投資基金與股票、債券的區別

1. 反應的經濟關係不同

股票反應的是所有權關係，債券反應的是債權債務關係，而基金反應的則是信託關係（公司型基金除外）。

2. 所籌集資金的投向不同

股票和債券是直接投資工具，而基金是間接投資工具。

3. 風險水準不同（股票>基金>債券）

股票的直接收益取決於發行公司的經營效益，不確定性強，投資於股票有較大的風險。債券的直接收益取決於債券利率，而債券利率一般是事先確定的，投資風險較小。基金主要投資於有價證券，投資選擇靈活多樣，從而使基金的收益有可能高於債券，投資風險又可能小於股票。

知識點2：證券投資基金的分類

（一）按基金的組織形式分類

按基金的組織形式不同，基金可分為契約型基金和公司型基金。

契約型基金又稱為單位信託，是指將投資者、管理人、託管人三者作為基金的當事人，通過簽訂基金契約的形式發行受益憑證而設立的一種基金。

公司型基金是依據基金公司章程設立，在法律上具有獨立法人地位的股份投資公司。公司型基金在組織形式上與股份有限公司類似，由股東選舉董事會，由董事會選聘基金管理公司，基金管理公司負責管理基金的投資業務。公司型基金具有以下特點：

第一，基金的設立程序類似於一般的股份公司，基金本身為獨立法人機構。但不

同於一般股份公司的是，它委託基金管理公司作為專業的財務顧問或管理公司來經營、管理基金資產。

第二，基金的組織結構與一般股份公司類似，設有董事會和持有人大會。基金資產歸基金公司所有。

契約型基金與公司型基金的區別：

第一，資金的性質不同。契約型基金的資金是通過發行基金份額籌集起來的信託財產；公司型基金的資金是通過發行普通股票籌集的公司法人資本。

第二，投資者的地位不同。契約型基金的投資者既是基金的委託人，又是基金的受益人，即享有基金的受益權。公司型基金的投資者對基金運作的影響比契約型基金的投資者大。

第三，基金的營運依據不同。契約型基金依據基金契約營運基金，公司型基金依據基金公司章程營運基金。

（二）按基金運作方式分類

按基金運作方式不同，基金可分為封閉式基金和開放式基金。

封閉式基金是指經核准的基金份額總額在基金合同期限內固定不變，基金份額可以在依法設立的證券交易場所交易，但基金份額持有人不得申請贖回原基金。決定基金期限長短的因素主要有兩個：一是基金本身投資期限的長短；二是宏觀經濟形勢。基金期限屆滿即為基金終止，管理人應組織清算小組對基金資產進行清產核資，並將清產核資後的基金淨資產按照投資者的出資比例進行公正合理地分配。

開放式基金是指基金份額總額不固定，基金份額可以在基金合同約定的時間和場所申購或者贖回的基金。

封閉式基金與開放式基金有以下主要區別：第一，期限不同。第二，發行規模限制不同。第三，基金份額交易方式不同。第四，基金份額的交易價格計算標準不同。封閉式基金與開放式基金的基金份額首次發行價都是按面值加一定百分比的購買費計算，而以後的交易計價方式不同。封閉式基金的買賣價格受市場供求關係的影響，常出現溢價或折價現象，這並不必然反應單位基金份額的淨資產值；開放式基金的交易價格則取決於每一基金份額淨資產值的大小，其申購價一般是基金份額淨資產值加一定的購買費，贖回價是基金份額淨資產值減去一定的贖回費，不直接受市場供求影響。第五，基金份額資產淨值公布的時間不同。封閉式基金一般每週或更長時間公布一次，開放式基金一般在每個交易日連續公布。第六，交易費用不同。投資者在買賣封閉式基金時，在基金價格之外要支付手續費；投資者在買賣開放式基金時，則要支付申購費和贖回費。第七，投資策略不同。封閉式基金在封閉期內基金規模不會減少，因此可進行長期投資，基金資產的投資組合能有效地在預定計劃內進行。

（三）按投資標的分類

按投資標的不同，基金可分為國債基金、股票基金、貨幣市場基金等。

1. 國債基金

國債基金是一種以國債為主要投資對象的證券投資基金。由於國債的年利率固定，又有國家信用作為保證，因此這類基金的風險較低，適合於穩健型投資者。

2. 股票基金

股票基金是指以上市股票為主要投資對象的證券投資基金。股票基金的投資目標側重於追求資本利得和長期資本增值。基金管理人擬定投資組合，將資金投放到一個或幾個國家、甚至全球的股票市場，以達到分散投資、降低風險的目的。

按基金投資的分散化程度，可將股票基金劃分為一般股票基金和專門化股票基金。前者分散投資於各種普通股票，風險較小；後者專門投資於某一行業、某一地區的股票，風險相對較大。

3. 貨幣市場基金

貨幣市場基金是以貨幣市場工具為投資對象的一種基金，其投資對象期限是1年以內，包括銀行短期存款、國庫券、公司債券、銀行承兌票據及商業票據等貨幣市場工具。貨幣市場基金的優點是資本安全性高、購買限額低、流動性強、收益較高、管理費用低，有些還不收取贖回費用。因此，貨幣市場基金通常被認為是低風險的投資工具。

按照中國證監會發布的《貨幣市場基金管理暫行辦法》以及其他有關規定，目前中國貨幣市場基金能夠進行投資的金融工具主要包括：①現金；②1年以內（含1年）的銀行定期存款、大額存單；③剩餘期限在397天以內（含397天）的債券；④期限在1年以內（含1年）的債券回購；⑤期限在1年以內（含1年）的中央銀行票據；⑥剩餘期限在397天以內（含397天）的資產支持證券；⑦中國證監會、中國人民銀行認可的其他具有良好流動性的貨幣市場工具。

貨幣市場基金不得投資於以下金融工具：①股票；②可轉換債券；③剩餘期限超過397天的債券；④信用等級在AAA級以下的企業債券；⑤國內信用評級機構評定的A-1級或相當於A-1級的短期信用級別及其該標準以下的短期融資券；⑥流通受限的證券；⑦中國證監會、中國人民銀行禁止投資的其他金融工具；⑧以定期存款利率為基準利率的浮動利率債券；⑨鎖定期不明確的證券。

4. 指數基金

投資組合模仿某一股價指數或債券指數，收益隨著即期的價格指數上下波動。

指數基金的優勢：第一，費用低廉。指數基金的管理費較低，尤其交易費用較低。第二，風險較小。由於指數基金的投資非常分散，可以完全消除投資組合的非系統風險，而且可以避免由於基金持股集中帶來的流動性風險。第三，在以機構投資者為主的市場中，指數基金可獲得市場平均收益率。第四，指數基金可以作為避險套利的工具。

5. 黃金基金

以黃金或其他貴金屬及其相關產業的證券為主要投資對象的基金。

6. 衍生證券投資基金

這種基金的風險大，因為衍生證券一般是高風險的投資品種。

（四）按投資目標分類

按投資目標劃分，基金可分為成長型基金、收入型基金和平衡型基金。

1. 成長型基金

基金管理人通常將基金資產投資於信用度較高、有長期成長前景或長期盈餘的所謂成長公司的股票。該類型基金可分為：穩健成長型基金和積極成長型基金。

2. 收入型基金

收入型基金主要投資於可帶來現金收入的有價證券，以獲取當期最大收入為目的。該類型基金可分為：固定收入型基金和股票收入型基金。

3. 平衡型基金

平衡型基金將資產分別投資於兩種不同特性的證券上，並在以取得收入為目的的債券及優先股和以資本增值為目的的普通股之間進行平衡。這種基金一般將25%～50%的資產投資於債券及優先股，其餘的投資於普通股。平衡型基金的特點是風險比較低，缺點是成長的潛力不大。

（五）交易所交易的開放式基金

交易所交易的開放式基金是結合了傳統封閉式基金的交易便利性與開放式基金可贖回性的一種新型基金。目前，中國滬、深交易所已經分別推出交易型開放式指數基金（ETF）和上市開放式基金（LOF）兩類變種。

1. ETF

ETF結合了封閉式基金與開放式基金的運作特點，投資者一方面可以像封閉式基金一樣在交易所二級市場進行ETF的買賣，另一方面又可以像開放式基金一樣申購、贖回。不同的是，它的申購是用一攬子股票換取ETF份額，贖回時也是換回一攬子股票而不是現金。

（1）ETF的產生

ETF出現於20世紀90年代初期。

多倫多證券交易所於1991年推出的指數參與份額是嚴格意義上最早出現的交易所交易基金。

2004年12月30日，華夏基金管理公司設立50ETF，2005年2月23日，在上海證券交易所上市。

2006年2月21日，易方達深證100ETF發行，深交所第一只ETF。

（2）ETF的運行

ETF的運行如下：

首先，參與主體。ETF主要涉及3個參與主體，即發起人、受託人和投資者。發起人即基金產品創始人，一般為證券交易所或大型基金管理公司、證券公司。受託人受發起人委託託管和控制股票信託組合的所有資產。

其次，基礎指數選擇及模擬。指數型 ETF 能否發行成功與基礎指數的選擇有密切關係。

基礎指數應該是有大量的市場參與者廣泛使用的指數，以體現它的代表性和流動性，同時基礎指數的調整頻率不宜過於頻繁，以免影響指數股票組合與基礎指數間的關聯性。

為實現模擬指數的目的，發起人將組合基礎指數的成分股票，然後將構成指數的股票種類及權數交付受託機構託管形成信託資產。當指數編製機構對樣本股票或權數進行調整時，受託機構必須對信託資產進行相應調整，同時在二級市場進行買進或賣出，使 ETF 的淨值與指數始終保持聯動關係。

再次，構造單位的分割。指數型 ETF 的發起人將組成基礎指數的股票依照組成指數的權數交付信託機構託管成為信託資產後，即以此為實物擔保通過信託機構向投資者發行 ETF。ETF 的發行量取決於每構造單位淨值的高低。

一個構造單位的價值應符合投資者的交易習慣，不能太高或太低，通常將一個構造單位的淨值設計為標準指數的某一百分比。構造單位的分割使投資者買賣 ETF 的最低投資金額遠遠低於買入各指數成分股所需的最低投資金額，實現了以較低金額投資整個市場的目的，並為投資者進行價值評估和市場交易提供了便利。

最後，構造單位的申購與贖回。ETF 的重要特徵在於它獨特的雙重交易機制。ETF 的雙重交易特點表現在它的申購和贖回與 ETF 本身的市場交易是分離的，分別在一級市場和二級市場進行。也就是說，ETF 同時為投資者提供了兩種不同的交易方式：一方面投資者可以在一級市場交易 ETF，即進行申購與贖回；另一方面，投資者可以在二級市場交易 ETF，即在交易所掛牌交易。

在一級市場，ETF 的申購和贖回一般都規定了數量限制，即一個構造單位及其整數倍，低於一個構造單位的申購和贖回不予接受。投資者在申購和贖回時，使用的不是現金，而是一攬子股票。由於在一級市場 ETF 申購、贖回的金額巨大，而且是以實物股票的形式進行大宗交易，因此只適合於機構投資者。

ETF 的二級市場交易以在證券交易所掛牌交易方式進行，任何投資者，不管機構投資者，還是個人投資者，都可以通過經紀人在證券交易所隨時購買或出售 ETF 份額。

2. LOF

LOF 是一種可以同時在場外市場進行基金份額申購、贖回，在交易所進行基金份額交易，並通過份額轉託管機制將場外市場與場內市場有機地聯繫在一起的一種新的基金運作方式。

與 ETF 相區別，LOF 不一定採用指數基金模式，同時申購和贖回均以現金進行。

中國第一只 LOF 上市於 2004 年 10 月 14 日，南方基金管理公司募集設立了南方積極配置證券投資基金，並於 2004 年 12 月 20 日在深圳證券交易所上市交易。截至 2007 年年底，已經有 25 只 LOF 在深圳證券交易所上市交易。

知識拓展

開放式基金在不同國家的稱呼

開放式基金（Open-End Fund），是和封閉式基金（Closed-End Fund）相對應的概念。

開放式基金在各國普遍存在，儘管叫法和規則不盡相同。在北美一般叫作 Mutual Funds（共同基金），在 UK 或者英聯邦國家叫作 unit trusts（單位信託），OEICs（Open-Ended Investment Company）或者 ICVC（Investment Company With Variable Capital），在歐洲叫 SICAVs。對沖基金、EFT 等都屬於開放式基金的範疇。在國內，還有 LOFs（上市開放式基金，Listed Open-Ended Funds）這類產品。

一般來說，關注一只基金，我們會關注以下參數：

基金名稱、簡稱、代碼（CUSIP，ISIN 等）、管理人、託管人、基金總淨值、份額總數、合同生效日、分紅週期、每份額淨值、管理費率（分為 Gross Expense Ratio 和 Net Expense Ratio）、基金費率（又分為認購費，申購費和贖回費，一般都是分為不同檔次）、資產配置類型（股票型，混合型，債券型或者貨幣型）。

【技能訓練】

實訓目的：掌握封閉式基金與開放式基金的區別。

實訓器材：多媒體教室。

實訓要求：以個人為單位根據具體的實訓內容完成案例分析。

實訓步驟：

步驟一，以個人為單位分發實訓具體內容和要求；

步驟二，學生之間相互討論；

步驟三，教師公布結果並進行點評。

實訓內容：

1. 圖 3-1 和圖 3-2 兩種基金是按哪種方式進行分類？
2. 決定基金期限長短的因素有哪些？
3. 封閉式基金與開放式基金有哪些區別？

```
1.基金名稱：天華證券投資基金
2.基金簡稱：基金天華
3.基金代碼：184705
4.基金類型：契約型封閉式基金
5.基金規模：2 500 000 000
6.成立日期：1999-07-12
7.基金年限：10
8.到期日期：2009-07-11
9.上市日期：2001-08-08
10.托管人：中國農業銀行股份有限公司
11.管理人：銀華基金管理有限公司
```

圖 3-1　封閉式基金

```
1.基金名稱：華安創新證券投資基金
2.基金簡稱：華安創新
3.基金代碼：160401
4.基金類型：契約型開放式基金
5.基金規模：13 148 931 634
6.成立日期：2001-09-21
7.基金年限：不定期
8.到期日期：（無）
9.上市日期：-
10.托管人：交通銀行股份有限公司
11.管理人：華安基金管理有限公司
```

圖 3-2　開放式基金

活動二　證券投資基金構成主體

【知識準備】

知識點1：證券投資基金份額持有人

基金份額持有人即基金投資者，是基金的出資人、基金資產的所有者和基金投資回報的受益人。

（一）基金持有人基本的權利

（1）基金收益的享有權。

（2）對基金份額的轉讓權。

（3）在一定程度上對基金經營決策的參與權。

中國《證券投資基金法》規定，基金份額持有人享有下列權利：分享基金財產收益；參與分配清算後的剩餘基金財產；依法轉讓或者申請贖回其持有的基金份額；按

照規定要求召開基金份額持有人大會；對基金份額持有人大會審議事項行使表決權；查閱或者複製公開披露的基金信息資料；對基金管理人、基金託管人、基金份額發售機構損害其合法權益的行為依法提起訴訟；基金合同約定的其他權利。

中國《證券投資基金法》規定，下列事項應當通過召開基金份額持有人大會審議決定：提前終止基金合同；基金擴募或者延長基金合同期限；轉換基金運作方式；提高基金管理人、基金託管人的報酬標準；更換基金管理人、基金託管人；基金合同約定的其他事項。

基金份額持有人大會由基金管理人召集；基金管理人未按規定召集或者不能召集時，由基金託管人召集。代表基金份額10%以上的基金份額持有人就同一事項要求召開基金份額持有人大會，而基金管理人、基金託管人都不召集的，代表基金份額10%以上的基金份額持有人有權自行召集，並報國務院證券監督管理機構備案。

（二）基金持有人的義務

基金份額持有人必須承擔一定的義務，這些義務包括：遵守基金契約；繳納基金認購款項及規定的費用；承擔基金虧損或終止的有限責任；不從事任何有損基金及其他基金投資人合法權益的活動；在封閉式基金存續期間，不得要求贖回基金份額；在封閉式基金存續期間，交易行為和信息披露必須遵守法律、法規的有關規定；法律、法規及基金契約規定的其他義務。

知識點2：證券投資基金管理人

（一）基金管理人的概念

基金管理人由依法設立的基金管理公司擔任。基金管理公司通常由證券公司、信託投資公司或其他機構等發起成立。

（二）基金管理人的資格

基金管理人的主要業務是發起設立基金和管理基金。

《證券投資基金法》規定：「設立基金管理公司，應當具備下列條件，並經國務院證券監督管理機構批准：有符合本法和《公司法》規定的章程；註冊資本不低於一億元人民幣，且必須為實繳貨幣資本；主要股東具有從事證券經營、證券投資諮詢、信託資產管理或者其他金融資產管理的較好的經營業績和良好的社會信譽，最近三年沒有違法記錄，註冊資本不低於三億元人民幣；取得基金從業資格的人員達到法定人數；有符合要求的營業場所、安全防範設施和與基金管理業務有關的其他設施；有完善的內部稽核監控制度和風險控制制度；法律、行政法規規定的和經國務院批准的國務院證券監督管理機構規定的其他條件。」

（三）基金管理人的職責

《證券投資基金法》規定，基金管理人不得有下列行為：

（1）將其固有財產或者他人財產混同於基金財產從事證券投資。

（2）不公平地對待其管理的不同基金財產。

（3）利用基金財產為基金份額持有人以外的第三人牟取利益。

（4）向基金份額持有人違規承諾收益或者承擔損失。

（四）基金管理人的更換條件

中國《證券投資基金法》規定：「有下列情形之一的，基金管理人職責終止：被依法取消基金管理資格；被基金份額持有人大會解任；依法解散、被依法撤銷或者被依法宣告破產；基金合同約定的其他情形。」

（五）中國基金管理公司的主要業務範圍

1. 證券投資基金業務

證券投資基金業務是基金管理公司最核心的一項業務，主要包括基金募集與銷售、基金的投資管理和基金營運服務。

2. 受託資產管理業務

根據 2008 年 1 月 1 日開始施行的《基金管理公司特定客戶資產管理業務試點辦法》的規定，符合條件的基金管理公司既可以為單一客戶辦理特定資產管理業務，也可以為特定的多個客戶辦理特定資產管理業務。但為特定多個客戶辦理資產管理業務還需中國證監會另行規定。基金管理公司為單一客戶辦理特定資產管理業務的，客戶委託的初始資產不得低於 5,000 萬元人民幣。

基金管理公司申請開展特定客戶資產管理業務需具備下列基本條件：①淨資產不低於 2 億元人民幣；②在最近一個季度末資產管理規模不低於 200 億元人民幣或等值外匯資產；③經營行為規範，管理證券投資基金 2 年以上且最近 1 年內沒有因違法違規行為受到行政處罰或被監管機構責令整改，沒有因違法違規行為正在被監管機構調查。

3. 投資諮詢服務

2006 年 2 月，中國證監會基金部《關於基金管理公司向特定對象提供投資諮詢服務有關問題的通知》規定，基金管理公司不需報經中國證監會審批，可以直接向合格境外機構投資者、境內保險公司及其他依法設立運作的機構等特定對象提供投資諮詢服務。同時規定，基金管理公司向特定對象提供投資諮詢服務時，不得有侵害基金份額持有人和其他客戶的合法權益、承諾投資收益、與投資諮詢客戶約定分享投資收益或者分擔投資損失、通過廣告等公開方式招攬投資諮詢客戶以及代理投資諮詢客戶從事證券投資的行為。

知識點 3：證券投資基金託管人

基金託管人又稱基金保管人，是依據基金運行中「管理與保管分開」的原則對基金管理人進行監督和保管基金資產的機構，是基金持有人權益的代表，通常由有實力的商業銀行或信託投資公司擔任。基金託管人與基金管理人簽訂託管協議，在託管協議規定的範圍內履行自己的職責並收取一定的報酬。

（一）基金託管人的條件

中國規定基金託管人由依法設立並取得基金託管資格的商業銀行擔任。

申請取得基金託管資格，應當具備下列條件，並經國務院證券監督管理機構和國務院銀行業監督管理機構核准：淨資產和資本充足率符合有關規定；設有專門的基金託管部門；取得基金從業資格的專職人員達到法定人數；有安全保管基金財產的條件；有安全高效的清算、交割系統；有符合要求的營業場所、安全防範設施和與基金託管業務有關的其他設施；有完善的內部稽核監控制度和風險控制制度；具有法律、行政法規規定的和經國務院批准的國務院證券監督管理機構、國務院銀行業監督管理機構規定的其他條件。

（二）基金託管人的職責

中國《證券投資基金法》規定，基金託管人應當履行下列職責：安全保管基金財產；按照規定開設基金財產的資金帳戶和證券帳戶；對所託管的不同基金財產分別設置帳戶，確保基金財產的完整與獨立；保存基金託管業務活動的記錄、帳冊、報表和其他相關資料；按照基金合同的約定，根據基金管理人的投資指令，及時辦理清算、交割事宜；辦理與基金託管業務活動有關的信息披露事項；對基金財務會計報告、中期和年度基金報告出具意見；復核、審查基金管理人計算的基金資產淨值和基金份額申購、贖回價格；按照規定召集基金份額持有人大會；按照規定監督基金管理人的投資運作；國務院證券監督管理機構規定的其他職責。

（三）基金託管人的更換條件

中國《證券投資基金法》規定，有下列情形之一的，基金託管人職責終止：被依法取消基金託管資格；被基金份額持有人大會解任；依法解散、被依法撤銷或者被依法宣告破產；基金合同約定的其他情形。

知識點4：證券投資基金當事人之間的關係

（一）持有人與管理人之間的關係

基金持有人與基金管理人之間的關係是：委託人、受益人與受託人的關係，也是所有者和經營者之間的關係。

（二）管理人與託管人之間的關係

基金管理人與託管人的關係是相互制衡的關係。基金管理人和基金託管人均對基金份額持有人負責。他們的權利和義務在基金合同或基金公司章程中已預先界定清楚，任何一方有違規之處，對方都應當監督並及時制止，直至請求更換違規方。這種相互制衡的運行機制，有利於基金信託財產的安全和基金營運的績效。但是這種機制的作用得以有效發揮的前提是基金託管人與基金管理人必須嚴格分開，由不具有任何關聯關係的不同機構或公司擔任，兩者在財務上、人事上、法律地位上應該完全獨立。

（三）持有人與託管人之間的關係

基金持有人與託管人的關係是委託與受託的關係。

知識拓展

中國《證券投資基金法》規定基金持有人的權利和義務

中國《證券投資基金法》規定基金持有人有以下義務：
(1) 遵守基金契約。
(2) 繳納基金認購款項及規定的費用。
(3) 承擔基金虧損或終止的有限責任。
(4) 不從事任何有損基金及其他基金投資人合法權益的活動。
(5) 在封閉式基金存續期間，不得要求贖回基金份額。
(6) 在封閉式基金存續期間，交易行為和信息披露必須遵守法律法規的有關規定。
(7) 法律法規及基金契約規定的其他義務。

中國《證券投資基金法》規定基金份額持有人享有以下權利：
(1) 分享基金財產收益。
(2) 參與分配清算後的剩餘基金財產。
(3) 依法轉讓或者申請贖回其持有的基金份額。
(4) 按照規定要求召開基金份額持有人大會。
(5) 對基金份額持有人大會審議事項行使表決權。
(6) 查閱或者複製公開披露的基金信息資料。
(7) 對基金管理人、基金託管人、基金份額發售機構損害其合法權益的行為依法提起訴訟。
(8) 基金合同約定的其他權利。

>> 同步練習

銀豐基金是中國第一只在契約中承諾封閉運作一年後，在一定條件下可由封閉式轉為開放式的基金。但從 2002 年 8 月銀河基金管理公司旗下的銀豐封閉式基金宣布成立並發行 30 億份至今，銀豐基金尚未有轉換的動靜。

基金投資者要求封閉式基金轉為開放式是因為封閉式基金如今大幅度折價交易（二級市場價格低於其基金淨值）。當前封閉式基金的平均折價率約為 20%。一旦轉為開放式，基金投資者隨時可按淨資產價值贖回，以便擺脫目前折價交易造成的損失。

市場背景：2002 年（大熊市中）

基金簡況：30 億份契約型封閉式基金

叫陣者：王源新向銀河基金管理有限公司提交了《關於召開持有人大會討論轉換基金類型的附議函》

助陣者：持有 6.19 億萬基金單位，占基金總份額的 20.663% 的 8 家保險公司

應陣者：騎虎難下

證監者態度：謹慎

結果：不了了之

在案例中基金份額持有人行使決策參與權了嗎？為何難以實現持有人的目的？

想一想

根據上面案例分析證券投資基金份額持有人的權利有哪些。

【技能訓練】

實訓目的：掌握基金當事人之間的關係。

實訓場地：多媒體教室。

實訓要求：以個人為單位根據具體的實訓內容完成案例分析。

實訓步驟：

步驟一，以個人為單位分發實訓具體內容和要求；

步驟二，學生之間相互討論；

步驟三，教師公布結果並進行點評。

實訓內容：

請根據圖 3-3 分析基金當事人之間的關係。

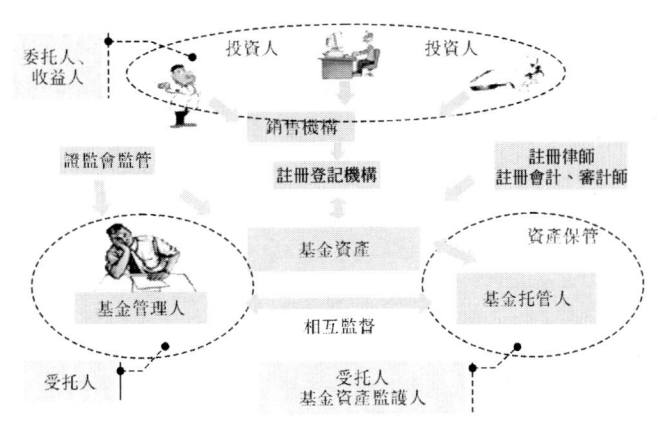

圖 3-3　基金構成主體關係圖

活動三　證券投資基金的費用與資產估值

【知識準備】

知識點1：證券投資基金的費用

（一）基金管理費

基金管理費是指從基金資產中提取的、支付給為基金提供專業化服務的基金管理人的費用，也就是管理人為管理和操作基金而收取的費用。基金管理費通常按照每個估值日基金淨資產的一定比率（年率）逐日計提，累計至每月月底，按月支付。管理費費率的大小通常與基金規模成反比，與風險成正比。基金規模越大，風險越小，管理費率就越低；反之，則越高。不同的國家及不同種類的基金，管理費率不完全相同。目前，中國基金大部分按照1.5%的比例計提基金管理費，債券型基金的管理費率一般低於1%，貨幣基金的管理費率為0.33%。

（二）基金託管費

基金託管費是指基金託管人為保管和處置基金資產而向基金收取的費用。託管費通常按照基金資產淨值的一定比率提取，逐日計算並累計，按月支付給託管人。目前，中國封閉式基金按照0.25%的比例計提基金託管費，開放式基金根據基金合同的規定比例計提，通常低於0.25%；股票型基金的託管費率要高於債券型基金及貨幣市場基金的託管費率。

（三）其他費用

證券投資基金的費用還包括：封閉式基金上市費用；證券交易費用；基金信息披露費用；基金持有人大會費用；與基金相關的會計師、律師等仲介機構費用；法律法規及基金契約規定可以列入的其他費用。上述費用由基金託管人根據法律、法規及基金合同的相應規定，按實際支出金額支付。

知識點2：證券投資基金資產估值

基金資產總值是指基金所擁有的各類證券的價值、銀行存款本息、基金應收的申購基金款以及其他投資所形成的價值總和。基金資產淨值是指基金資產總值減去負債後的價值。

（一）基金資產淨值

基金資產淨值是衡量一個基金經營好壞的主要指標，也是基金份額交易價格的內在價值和計算依據。一般情況下，基金份額價格與資產淨值趨於一致，即資產淨值增

長，基金價格也隨之提高。尤其是開放式基金，其基金份額的申購或贖回價格都直接按基金份額資產淨值來計價。

基金份額淨值是指某一時點上某一投資基金每份基金份額實際代表的價值。

（二）基金資產的估值

1. 估值的目的

估值的目的是客觀、準確地反應基金資產的價值。經基金資產估值後確定的基金資產值而計算出的基金份額淨值，是計算基金份額轉讓價格尤其是計算開放式基金申購與贖回價格的基礎。

2. 估值對象

估值對象為基金依法擁有的各類資產，如股票、債券、權證等。

3. 估值日的確定

基金管理人應於每個交易日當天對基金資產進行估值。

4. 估值暫停

基金管理人雖然必須按規定對基金淨資產進行估值，但遇到下列特殊情況，可以暫停估值：

（1）基金投資所涉及的證券交易所遇法定節假日或因其他原因暫停營業時。

（2）因不可抗力或其他情形致使基金管理人、基金託管人無法準確評估基金資產價值時。

（3）占基金相當比例的投資品種的估值出現重大轉變，而基金管理人為保障投資人的利益，已決定延遲估值。

（4）如出現基金管理人認為屬於緊急事故的任何情況，會導致基金管理人不能出售或評估基金資產的。

（5）中國證監會和基金合同認定的其他情形。

5. 估值淨值公式

基金資產淨值 = 基金資產總值 − 基金負債

基金份額淨值 = 基金資產淨值÷基金份額總數

6. 估值原則

對存在活躍市場的投資品種，如估值日有市價的，應採用市價確定公允價值；估值日無市價的，但最近交易日後經濟環境未發生重大變化，應採用最近交易市價確定公允價值；估值日無市價的，且最近交易日後經濟環境發生了重大變化的，應參考類似投資品種的現行市價及重大變化因素，調整最近交易市價，確定公允價值，有充分證據表明最近交易市價不能真實反應公允價值的（如異常原因導致長期停牌或臨時停牌的股票等），應對最近交易的市價進行調整，以確定投資品種的公允價值。

對不存在活躍市場的投資品種，應採用市場參與者普遍認同，且被以往市場實際交易價格驗證具有可靠性的估值技術確定公允價值。運用估值技術得出的結果，應反應估值日在公平條件下進行正常商業交易所採用的交易價格。

有充足理由表明按以上估值原則仍不能客觀反應相關投資品種的公允價值的，基金管理公司應根據具體情況與託管銀行進行商定，按最能恰當反應公允價值的價格估值。

>>同步練習

請根據表3-1和表3-2分析基金管理費率高低和基金託管費率高低的影響因素有哪些。

表3-1　　　　　　　　銀河基金管理費率，託管費率表

序號	基金名稱	投資類型	投資風格	管理費率（%）	託管費率（%）
1	銀河銀泰理財	股票基金	平衡型基金	1.5	0.25
2	銀河穩健	股票基金	平衡型基金	1.5	0.25
3	銀河競爭優勢成長	股票基金	成長型基金	1.5	0.25
4	銀河收益	債券基金	收入型基金	0.75	0.2
5	銀河銀信添利債券	債券基金	收入型基金	0.65	0.2
6	銀河銀富A	貨幣市場基金	收入型基金	0.33	0.1

表3-2　　　　　　　　銀河基金管理費率，託管費率表

投資類型	管理費率（%）	託管費率（%）	銷售服務費（%）
股票基金	1.5	≤0.25	
債券基金	≤1	0.2	
貨幣市場基金	0.33	0.1	0.25

想一想

請分析證券投資基金的費用除了基金管理費和託管費外還有哪些費用。

【技能訓練】

實訓目的：掌握證券投資基金資產估值的計算。

實訓器材：金融計算器。

實訓場地：多媒體教室。

實訓要求：以個人為單位根據具體的實訓內容完成證券投資基金資產估值的計算，要求有計算過程和結果。

實訓步驟：

步驟一，以個人為單位分發實訓具體內容和要求；

步驟二，根據該部分的操作流程對實訓內容進行實操；

步驟三，學生之間相互討論；
步驟四，教師公布結果並進行點評。
實訓內容：
2008年8月1日某基金擁有的證券資產510,000萬元，現金資產40萬元，短期借款1,000萬元，8月1日，基金份額有40億份，問：該基金的基金份額資產淨值是多少？

活動四　證券投資基金的收入、風險、信息披露與投資

【知識準備】

知識點1：證券投資基金的收入及利潤分配

（一）證券投資基金的收入來源

證券投資基金的收入來源包括利息收入、投資收益、其他收入。基金資產估值引起的資產價值變動作為公允價值變動損益計入當期損益。

（二）證券投資基金的利潤分配

分配的兩種方式：一是分配現金，二是分配基金份額。

按照《證券投資基金運作管理辦法》的規定：封閉式基金的收益分配每年不得少於一次，封閉式基金年度收益分配比例不得低於基金年度已實現收益的90%。開放式基金的基金合同應當約定每年基金收益分配的最多次數和基金收益分配的最低比例。基金收益分配應當採用現金方式。開放式基金的基金份額持有人可以事先選擇將所獲分配的現金收益按照基金合同有關基金份額申購的約定轉為基金份額；基金份額持有人事先未做出選擇的，基金管理人應當支付現金。

對貨幣市場基金的收益分配，中國證監會有專門的規定。《貨幣市場基金管理暫行規定》第九條規定：「對於每日按照面值進行報價的貨幣市場基金，可以在基金合同中將收益分配的方式約定為紅利再投資，並應當每日進行收益分配。」中國證監會下發的《關於貨幣市場基金投資等相關問題的通知》規定：「當日申購的基金份額自下一個工作日起享有基金的分配權益，當日贖回的基金份額自下一個工作日起不享有基金的分配權益。」具體而言，貨幣市場基金每週五進行收益分配時，將同時分配週六和週日的收益；每週一至周四進行收益分配時，則僅對當日收益進行分配。投資者於周五申購或轉換轉入的基金份額不享有周五、週六和週日的收益；投資者於周五贖回或轉換轉出的基金份額享有周五和週六、週日的收益。

知識點2：證券投資基金的投資風險

證券投資基金是一種集中資金、專家管理、分散投資、降低風險的投資工具，但

仍有可能面臨風險。證券投資基金存在的風險主要有：

（一）市場風險

基金主要投資於證券市場，投資者購買基金，相對於購買股票而言，由於能有效地分散投資和利用專家優勢，可能對控制風險有利。分散投資雖能在一定程度上消除來自個別公司的非系統性風險，但無法消除市場的系統性風險。

（二）管理能力風險

基金管理人作為專業投資機構，雖然比普通投資者在風險管理方面確實有某些優勢，如能較好地認識風險的性質、來源和種類，能較準確地度量風險，並通常能夠按照自己的投資目標和風險承受能力構造有效的證券組合，在市場變動的情況下，及時地對投資組合進行更新，從而將基金資產風險控制在預定的範圍內等。但是，不同的基金管理人的基金投資管理水準、管理手段和管理技術存在差異，從而對基金收益水準產生影響。

（三）技術風險

當計算機、通信系統、交易網絡等技術保障系統或信息網絡支持出現異常情況時，可能導致基金日常的申購或贖回無法按正常時限完成、註冊登記系統癱瘓、核算系統無法按正常時限顯示基金淨值、基金的投資交易指令無法及時傳輸等風險。

（四）巨額贖回風險（特有的風險，區別於股票、債券）

這是開放式基金所特有的風險。若因市場劇烈波動或其他原因而連續出現巨額贖回，並導致基金管理人出現現金支付困難時，基金投資者申請贖回基金份額，可能會遇到部分順延贖回或暫停贖回等風險。

知識點3：證券投資基金的信息披露

中國《證券投資基金法》規定，基金管理人、基金託管人和其他基金信息披露義務人應當依法披露基金信息，並保證所披露信息的真實性、準確性和完整性。

公開披露的基金信息包括：基金招募說明書、基金合同、基金託管協議；基金募集情況；基金份額上市交易公告書；基金資產淨值、基金份額淨值；基金份額申購、贖回價格；基金財產的資產組合季度報告、財務會計報告及中期和年度基金報告；臨時報告；基金份額持有人大會決議；基金管理人、基金託管人的專門基金託管部門的重大人事變動；涉及基金管理人、基金財產、基金託管業務的訴訟；依照法律、行政法規有關規定，由國務院證券監督管理機構規定應予披露的其他信息。

公開披露基金信息，不得有下列行為：虛假記載、誤導性陳述或者重大遺漏；對證券投資業績進行預測；違規承諾收益或者承擔損失；詆毀其他基金管理人、基金託管或者基金份額發售機構；依照法律、行政法規有關規定，由國務院證券監督管理機構規定禁止的其他行為。

知識點 4：券投資基金的投資

（一）證券投資基金的投資範圍
（1）上市交易的股票、債券；
（2）國務院證券監督管理機構規定的其他證券品種。

目前中國的基金主要投資於國內依法公開發行上市的股票、非公開發行股票、國債、企業債券、金融債券、公司債券、貨幣市場工具、資產支持證券、權證等。

（二）證券投資基金的投資限制
對基金投資進行限制的主要目的：一是引導基金分散投資，降低風險；二是避免基金操縱市場；三是發揮基金引導市場的積極作用。

按照《證券投資基金法》和其他相關法規的規定，基金財產不得用於下列投資或者活動：承銷證券；向他人貸款或者提供擔保；從事承擔無限責任的投資；買賣其他基金份額（國務院另有規定的除外）；向其基金管理人、基金託管人出資或者買賣其基金管理人、基金託管人發行的股票或者債券；買賣與其基金管理人、基金託管人有控股關係的股東或者與其基金管理人、基金託管人有其他重大利害關係的公司發行的證券或者承銷期內承銷的證券；從事內幕交易、操縱證券交易價格及其他不正當的證券交易活動；依照法律、行政法規有關規定，由國務院證券監督管理機構規定禁止的其他活動。

股票基金應有60%以上的資產投資於股票，債券基金應有80%以上的資產投資於債券；貨幣市場基金僅投資於貨幣市場工具，不得投資於股票、可轉債、剩餘期限超過397天的債券、信用等級在AAA級以下的企業債、國內信用等級在AAA級以下的資產支持證券、以定期存款利率為基準利率的浮動利率債券、有鎖定期但鎖定期不明確的證券。貨幣市場基金、中短債基金不得投資於流通受限證券。封閉式基金投資於流通受限證券的鎖定期不得超過封閉式基金的剩餘存續期；基金投資的資產支持證券必須在全國銀行間債券交易市場或證券交易所交易。

此外，基金管理人運用基金財產進行證券投資，不得有下列情形：①一只基金持有一家上市公司的股票，其市值超過基金資產淨值的10%；②同一基金管理人管理的全部基金持有一家公司發行的證券，超過該證券的10%；③基金財產參與股票發行申購，單只基金所申報的金額超過該基金的總資產，單只基金所申報的股票數量超過擬發行股票公司本次發行股票的總量；④違反基金合同關於投資範圍、投資策略和投資比例等約定；⑤中國證監會規定禁止的其他情形。完全按照有關指數的構成比例進行證券投資的基金品種可以不受第①、②項規定的比例限制。

知識拓展

招商先鋒證券投資基金收益分配條款

（1）基金收益分配採用現金分紅方式或紅利再投資方式，紅利再投資方式指投資者可選擇將現金紅利自動轉為基金份額進行再投資。

（2）本基金默認的分紅方式為現金分紅方式。

（3）每一基金份額享有同等分配權。

（4）基金當期收益先彌補上期虧損後，方可進行當期收益分配。

（5）基金收益分配後每基金份額淨值不能低於面值。

（6）如果基金當期出現淨虧損，則不進行收益分配。

（7）在符合有關基金分紅條件的前提下，本基金收益每年至少分配一次，基金收益分配每年不超過 6 次。

（8）基金每次收益分配比例不低於當期已實現淨收益的 90%。

（9）法律法規或監管機構另有規定的從其規定。

想一想

請根據上述材料分析證券投資基金的利潤分配方式有哪些。

【技能訓練】

實訓目的：掌握證券投資基金的投資風險。

實訓場地：多媒體教室。

實訓要求：以個人為單位根據具體的實訓內容完成案例分析。

實訓步驟：

步驟一，以個人為單位分發實訓具體內容和要求；

步驟二，學生之間相互討論；

步驟三，教師公布結果並進行點評。

實訓內容：

2014 年 12 月 29 日交銀施羅德基金公司旗下上證 180 治理 ETF 因為申購贖回清單計算偏差上午 10 點 24 分開始緊急停牌。

上證 180 治理 ETF 的申贖清單中，中國平安的數量原是 900 股，但昨天一下子就增加至 10,100 股。這多出的 9,200 股直接導致昨天該基金的參考單位基金淨值（IOPV）比正常值高出一倍。根據昨天 IOPV 的計算結果，開盤價為 1.75 元，截至停牌達到了 1.784 元，這個價格區間要遠遠大於該基金二級市場不到 1 元的價格。

由於 IOPV 的計算錯誤，一些善於套利的投資者不斷在二級市場買入該基金，然後贖回，得到股票後再在二級市場上賣出。

按照停盤時超過1億元的總成交量計算，投資者的套利所得超過1億元，而交銀施羅德基金也就需要為此付出同等損失。

　　請根據案例分析：

　　1. 證券投資基金的投資風險主要有哪些？

　　2. 案例中的風險屬於哪種風險？

　　3. 案例中的風險造成的損失由誰負責？

項目二　證券交易

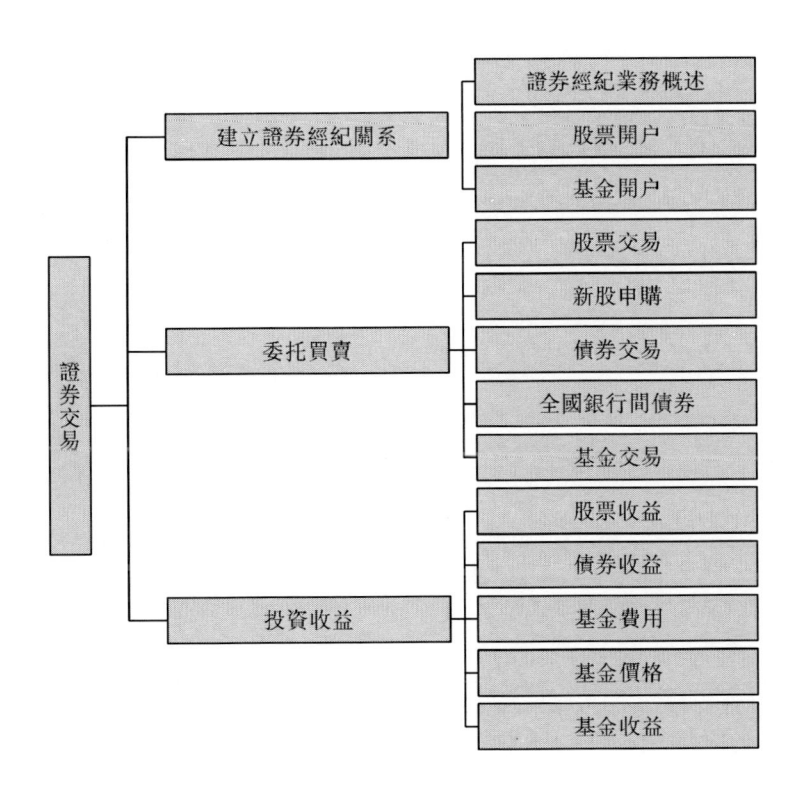

```
                                    ┌─ 證券經紀業務概述
                    ┌─ 建立證券經紀關系 ─┼─ 股票開戶
                    │                   └─ 基金開戶
                    │
                    │                   ┌─ 股票交易
                    │                   ├─ 新股申購
        證券交易 ───┼─ 委托買賣 ────────┼─ 債券交易
                    │                   ├─ 全國銀行間債券
                    │                   └─ 基金交易
                    │
                    │                   ┌─ 股票收益
                    │                   ├─ 債券收益
                    └─ 投資收益 ────────┼─ 基金費用
                                        ├─ 基金價格
                                        └─ 基金收益
```

通過前面部分的學習，大家應該已經掌握了證券市場的基礎知識，本部分內容將向大家介紹證券交易的基本流程，希望能幫助大家學習證券投資的基礎知識。

證券交易是指證券持有人依照交易規則，將證券轉讓給其他投資者的行為。證券交易除應遵循《證券法》規定的證券交易規則，還應同時遵守《公司法》及《合同法》規則。證券交易一般分為兩種形式：一種形式是上市交易，是指證券在證券交易所集中交易掛牌買賣。凡經批准在證券交易所內登記買賣的證券稱為上市證券；其證券能在證券交易所上市交易的公司，稱為上市公司。另一種形式是上櫃交易，是指公開發行但未達上市標準的證券在證券櫃臺交易市場買賣。

學習證券交易基礎知識目的是讓學生掌握基本的證券交易理論和證券市場運作的基本方式，提高學生對證券交易的認知能力，提高對金融工具的理解和運用能力。而且通過對證券交易行為構成、證券規則分析和證券交易品種的掌握以提高學習者的分析能力，幫助投資者正確掌握交易流程。

本部分內容主要向大家介紹證券交易的基本流程以及投資收益，介紹過程中以同花順模擬投資軟件作為主要資料來源。

任務四　建立證券經紀關係

【知識目標】

學習掌握如何選擇證券公司；

掌握在上海證券交易所和深圳證券交易所開設個人投資或機構投資的證券帳戶、資金帳戶相關內容；

掌握證券開戶的相關內容；

掌握證券經紀關係建立的基本內容。

【能力目標】

掌握開立證券帳戶、資金帳戶、證券經紀業務的相關技能；

能夠熟練進行證券開戶。

【情境引入】

通過前期學習，小張終於弄明白了什麼是股票，什麼是基金等證券品種。接下來，小張準備正式加入證券投資大軍，開啓自己的投資生涯……

工作人員：您好，XX證券公司，請問有什麼我能幫助您的？

小張：您好，我想開個戶，我應該準備些什麼材料？

工作人員：您帶上你本人的有效身分證件在我們的營業時間上午9：30—11：30和下午13：00—15：00到我公司營業網點辦理開戶就行。

小張：好的，謝謝。

證券經紀業務是指證券公司通過其設立的證券營業部，接受客戶委託，按照客戶要求，代理客戶買賣證券的業務。一般投資者不能直接進入證券交易所進行交易，故此只能通過特許的證券經紀商作仲介來促成交易的完成。投資者需要與證券公司建立證券經紀關係，且完成一系列開戶流程才可進行證券交易。那具體的開戶流程是什麼？證券經紀商和客戶的權利和義務分別是什麼？證券經紀關係該如何建立？

活動一　股票開戶

【知識準備】

知識點1：開戶的基本內容

　　開戶有兩個方面，即開立證券帳戶和開立資金帳戶。

　　證券帳戶是指證券登記結算機構為投資者設立的，用於準確記載投資者所持的證券種類、名稱、數量及相應權益和變動情況的帳冊，是認定股東身分的重要憑證，具有證明股東身分的法律效力，同時也是投資者進行證券交易的先決條件。

　　資金帳戶即證券交易結算資金帳戶，是指投資者用於證券交易資金清算的專用帳戶。投資者只要在證券商或經紀人處開設了資金帳戶並存入了證券交易所需的資金，就具備了辦理證券交易委託的條件。

　　開戶流程是投資者開戶必須遵守的流程，在證券公司的營業部櫃臺辦理，櫃臺營業員會幫助辦理相關事宜。投資者進行證券投資過程中，首先需要進行開戶。開戶的流程圖4-1所示。

知識點2：選擇證券公司

　　剛入市的投資者，炒股的第一步就是選擇一個好的證券公司開戶。投資者選擇證券公司要考慮以下幾個方面：

　　一是資本雄厚，信譽可靠。投資者本身不能進入證券交易所從事股票買賣，也不能全面瞭解有關股票交易的相關規則，他們所進行的交易都是通過證券公司。因此，選擇一個資本雄厚、信譽度高的證券公司尤為重要。好的證券公司能很好地為客戶服務，保證其資產安全。

　　二是規定合理、優惠的佣金。投資者在選定證券公司時一定要關注其服務體系是否完善、業務種類是否多樣化、交易速度是否快速穩定、收費水準是否合理。目前大多證券公司提供的產品種類和服務大同小異，此時重點關注的是佣金和網上交易系統。佣金的範圍在5元至成交額之千分之三。佣金比例越低越能節約成本。

　　三是證券經紀人資質。證券經紀人的良好資質能給予投資者很大的幫助。高素質、高水準、多經驗的證券經紀人可以為投資者提供一些諮詢服務，新股民可從中吸收市場經驗，選擇性地聽取一些建議。目前，證券公司魚龍混雜，大多證券經紀人知識和經驗不夠，投資者在選擇時要謹慎，同時在選擇證券公司的也要看經紀人的服務態度。

任務四　建立證券經紀關係

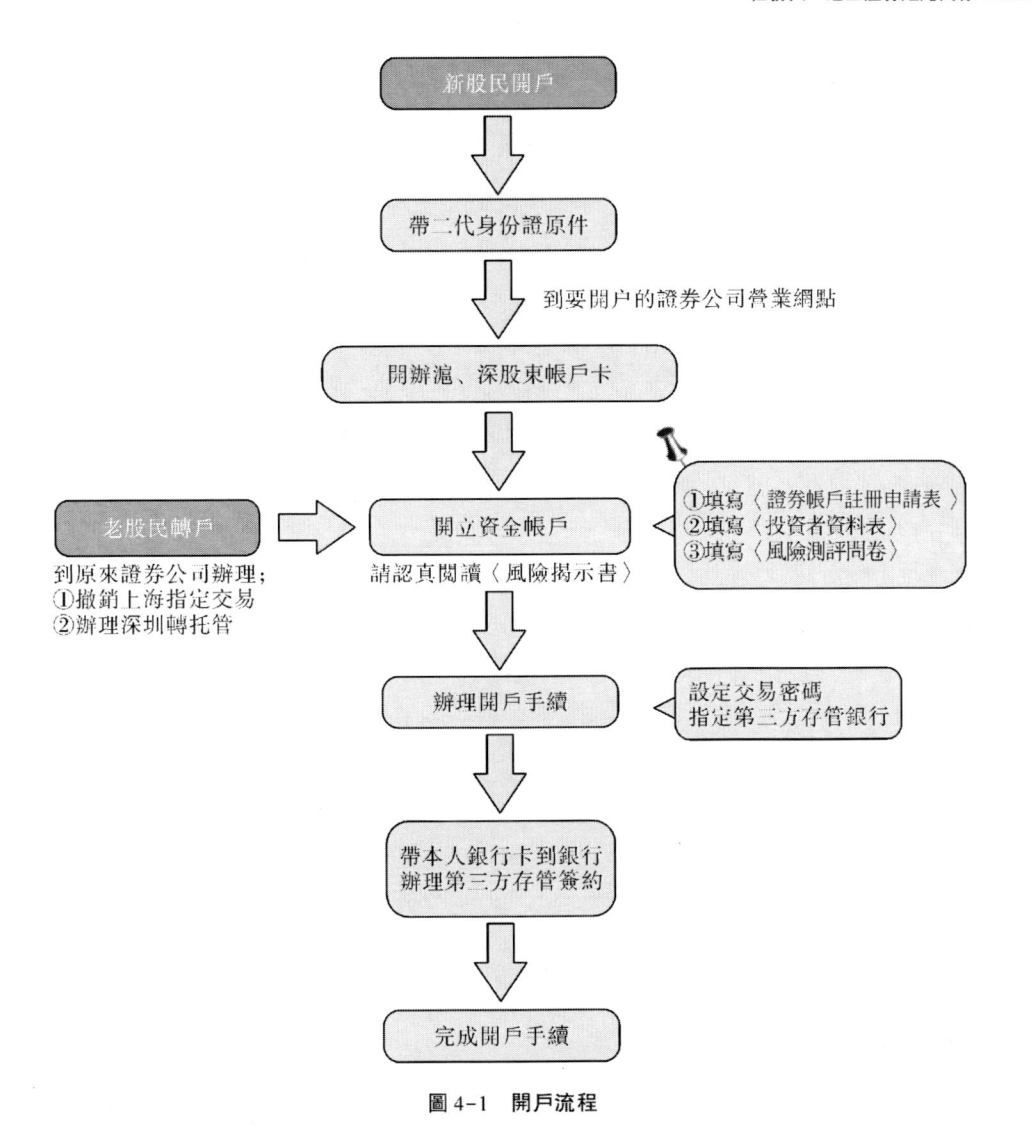

```
┌─────────────┐
│  新股民開戶  │
└──────┬──────┘
       ▼
┌─────────────┐
│ 帶二代身份證原件 │
└──────┬──────┘
       ▼         到要開戶的證券公司營業網點
┌─────────────┐
│開辦滬、深股東帳戶卡│
└──────┬──────┘
       ▼
┌─────────┐  ┌─────────────┐    ┌──────────────────────┐
│老股民轉戶│─►│ 開立資金帳戶 │◄───│①填寫〈證券帳戶註冊申請表〉│
└─────────┘  │請認真閱讀〈風險揭示書〉│   │②填寫〈投資者資料表〉      │
到原來證券公司辦理；└──────┬──────┘    │③填寫〈風險測評問卷〉      │
①撤銷上海指定交易    ▼              └──────────────────────┘
②辦理深圳轉托管  ┌─────────────┐    ┌──────────────┐
                 │ 辦理開戶手續 │◄───│設定交易密碼      │
                 └──────┬──────┘    │指定第三方存管銀行│
                        ▼           └──────────────┘
                 ┌─────────────┐
                 │帶本人銀行卡到銀行│
                 │辦理第三方存管簽約│
                 └──────┬──────┘
                        ▼
                 ┌─────────────┐
                 │ 完成開戶手續 │
                 └─────────────┘
```

圖 4-1　開戶流程

知識拓展

證券公司的佣金

某股民有 100 萬元本金，每天進出一次，就產生 200 萬元交易量。作為短線高手，他每月這樣操作 10 次是很平常的。這樣下來，每個月就產生交易量 2,000 萬元，一年就是 24,000 萬元。

如果佣金是成交額的千分之三，那麼一年的交易佣金高達 72 萬元。

如果佣金成交額的是千分之一，一年的佣金僅僅 24 萬元。

67

也就是說，同樣是 100 萬元，同樣的價格買賣，一年之內千分之一的佣金要比千分之三的佣金省下 48 萬元。且券商會依據客戶所需的服務設定不同佣金套餐，如廣發證券有佣金 2.88/10,000 的套餐 A，3.88/10,000 的套餐 B 等。

知識拓展

證券公司經紀業務情況

表 4-1 顯示了 2014 年中國證券公司經紀業務收入和利潤排行榜。

表 4-1　　　　2014 年中國證券公司經紀業務收入和利潤排行榜

排名	券商	經紀業務收入（億元） 2014 年中報	同比（%）	經紀業務利潤（億元） 2014 年中報	同比（%）
1	中信證券	38.26	63.3	15.59	45.51
2	中國銀河證券	28.24	0	0	0
3	華泰證券	27.1	79.19	15.98	132.35
4	招商證券	23.13	23.57	12.27	33.78
5	海通證券	20.36	-12.39	10.04	-29.57
6	國信證券	18.44	0	9.99	0
7	廣發證券	16.2	1.49	7.79	1.46
8	長江證券	11.36	21.78	6.62	30.71
9	光大證券	8.87	-6.22	0	0
10	方正證券	7.24	1.71	3.93	1.08

想一想

通過上述介紹選擇證券公司的基本要求，如果您是一個客戶，想要開戶，該如何選擇？具體的步驟是什麼？如果您是某證券公司客戶經理，您又如何說服客戶到您公司開戶呢？

知識點 2：開立證券帳戶

證券帳戶按第一開戶網類別分為上海證券帳戶和深圳證券帳戶。

上海證券帳戶和深圳證券帳戶按證券帳戶的用戶分為人民幣普通股票帳戶（A 股帳戶）、人民幣特種股票帳戶（B 股帳戶）、證券投資基金帳戶（基金帳戶）及其他帳戶。A 股帳戶僅限於國家法律法規和行政規章允許買賣 A 股的境內投資者開立。A 股帳

戶按持有人分為：自然人證券帳戶、一般機構證券帳戶、證券公司和基金管理公司等機構證券帳戶。B 股帳戶按持有人分為：境內個人投資者證券帳戶、境外投資者證券。開立證券帳戶流程如圖 4-2 所示。

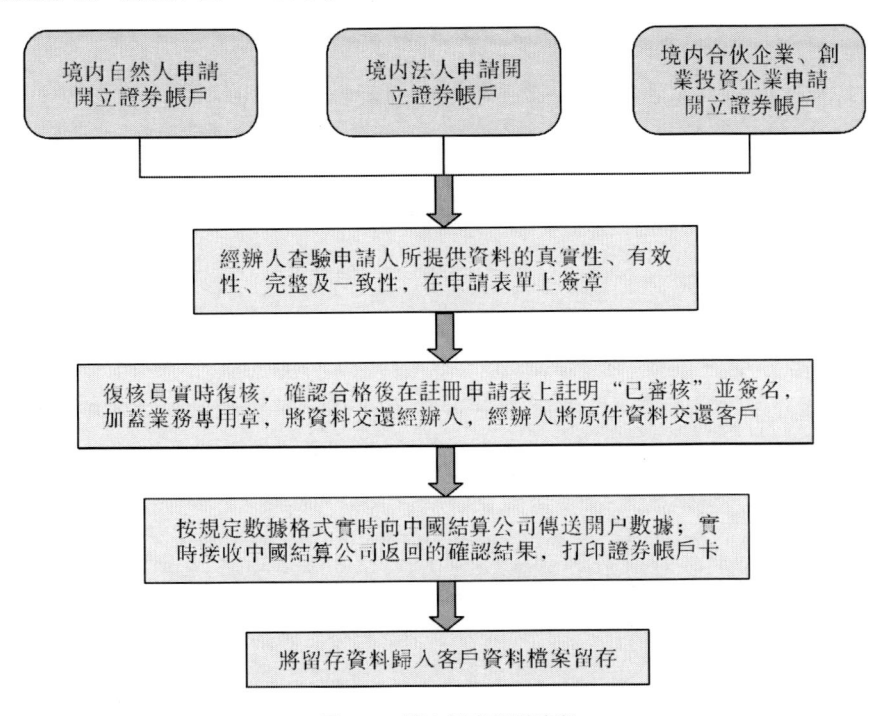

```
┌─────────────┐    ┌─────────────┐    ┌─────────────┐
│境內自然人申請│    │境內法人申請開│    │境內合伙企業、創│
│開立證券帳戶  │    │立證券帳戶    │    │業投資企業申請│
│             │    │             │    │開立證券帳戶  │
└──────┬──────┘    └──────┬──────┘    └──────┬──────┘
       └──────────────────┼──────────────────┘
                          ▼
        ┌─────────────────────────────────────┐
        │經辦人查驗申請人所提供資料的真實性、有效│
        │性、完整及一致性，在申請表單上簽章     │
        └─────────────────┬───────────────────┘
                          ▼
        ┌─────────────────────────────────────┐
        │復核員實時復核，確認合格後在註冊申請表上註│
        │明"已審核"並簽名，加蓋業務專用章，將資料│
        │交還經辦人，經辦人將原件資料交還客戶   │
        └─────────────────┬───────────────────┘
                          ▼
        ┌─────────────────────────────────────┐
        │按規定數據格式實時向中國結算公司傳送開戶│
        │數據；實時接收中國結算公司返回的確認結果│
        │，打印證券帳戶卡                      │
        └─────────────────┬───────────────────┘
                          ▼
        ┌─────────────────────────────────────┐
        │將留存資料歸入客戶資料檔案留存         │
        └─────────────────────────────────────┘
```

圖 4-2　開立證券帳戶流程

投資者入市，需要先開立證券帳戶，分別為上海證券帳戶和深圳證券帳戶。證券帳戶又叫股東帳戶，股東卡。它相當於一個股票存折，一旦開立，就可以在證券交易所裡擁有一個證券帳戶，通過交易所對投資者的證券交易進行準確高效的記載、清算和交割。如果投資者要同時買賣在上海、深圳兩個證券交易所上市的股票，就需分別開設上海證券交易所證券帳戶和深圳證券交易所證券帳戶。開設上海、深圳證券帳戶必須到各地證券登記公司或被授權開戶代理處辦理。例如，北京證券登記有限公司是北京地區投資者辦理上海、深圳證券帳戶開戶業務的唯一一家法定機構，同時北京證券登記有限公司還在賽格證券北證、國信證券北證等開設代理處辦理證券帳戶的開戶業務。具體步驟如下：

步驟一，到營業櫃臺辦理時，如實填寫《自然人證券帳戶註冊申請表》（見附錄A）或《機構證券帳戶註冊申請表》的「申請人填寫」欄。

步驟二，交納費用。

步驟三，待開戶櫃員輸入資料，合法開戶信息返回後，打印，領回證券帳戶卡。深、滬股東代碼卡都是 10 位，深圳 A 股以 0 開頭，上海 A 股以 A 開頭，深圳 B 股以 2 開頭，上海 B 股以 C 開頭。

知識拓展

各類投資者開立證券帳戶的基本要求

表 4-2　　　　　　　　　　開立證券帳戶相關內容

	上海證券帳戶	深圳證券帳戶
投資者	可以到上海證券中央登記結算公司在各地的開戶代理機構處，辦理有關申請開立證券帳戶手續，帶齊有效身分證件和複印件	可以通過所在地的證券營業部或證券登記機構辦理，需本人親自辦理，攜帶有效身分證及複印件
法人	需提供法人營業執照副本原件或複印件，或民政部門、其他主管部門頒發的法人註冊登記證書原件和複印件；法定代表人授權委託書以及經辦人的有效身分證明及其複印件	持營業執照（及複印件）、法人委託書、法人代表證明書和經辦人身分證辦理。證券投資基金、保險公司：開設帳戶卡則需到深圳證券交易所直接辦理
委託他人代辦	須提供代辦人身分證明及其複印件和委託人的授權委託書	
開戶費用	個人紙卡 40 元，個人磁卡本地 40 元/個，異地 70 元/帳戶；機構 400 元/個	個人 50 元/個；機構 500 元/個。

想一想

依據自然人證券帳戶註冊申請表的訓練瞭解開立證券帳戶的基本要求；如果申請人是機構，又有什麼不同呢？

知識點 3：開立資金帳戶

開立了證券帳戶後，投資者就具有了進行證券投資的資格，但是投資者不能直接與交易所聯繫進行交易，因為只有交易所的會員才能在交易所裡進行交易，因此投資者還必須選擇一家具有交易所會員資格的、可以從事證券經營業務的證券營業部作為自己證券交易的經紀商，並在證券營業部開立資金帳戶，由證券營業部代理個人到交易所內進行交易，並辦理清算、交割、過戶等手續。

資金帳戶是投資者在證券交易機構（證券公司）開立的，用於結算股市交易的現金帳戶，可以在銀行和證券公司之間進行資金流轉。投資者只有通過資金帳戶才可以從事股票交易。開立資金帳戶步驟如下：

步驟一，將深、滬證券帳戶卡原件、身分證原件及簽署的《證券買賣委託合同》和《資金帳戶開戶申請表》（見附錄 B）等資料交櫃臺審核。

步驟二，櫃員將資料輸入，客戶自行輸入交易密碼及取款密碼，成功註冊為某證券交易客戶；身分證、證券帳戶卡複印留底。

步驟三，獲得某證券客戶號或資金帳號。

知識點4：開立第三方銀行轉帳

第三方轉帳是指按照《證券法》的有關規定，由商業銀行作為獨立第三方，為證券公司客戶建立客戶交易結算資金明細帳，通過銀證轉帳實行客戶交易結算資金的定向劃轉，對客戶交易結算資金進行監管並對客戶交易結算資金總額與明細帳進行帳務核對，以監控客戶交易結算資金的安全。投資者開立證券帳戶和資金帳戶後，通過銀證轉帳功能實現資金的劃轉，以此可進行證券的買賣（如圖4-3所示）。

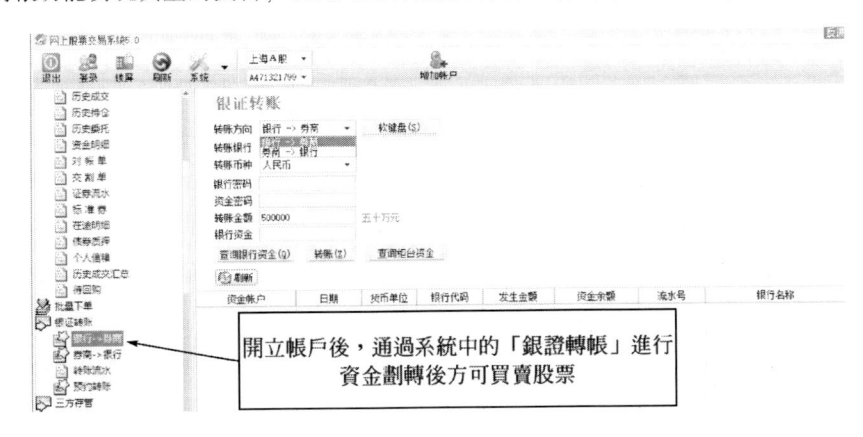

圖4-3　銀證轉帳系統

客戶在證券公司預指定第三方存管銀行後，必須及時去銀行辦理指定，否則無法轉帳。客戶填寫完第三方存管協議，見證人或經辦人審核後，證券公司留存一份經客戶簽字的券商聯，另兩份由客戶帶去銀行辦理手續。客戶當天有資金業務發生（包括櫃臺資金存取、普通銀證轉帳），不可進行預指定；開戶時，如錄入重要信息（客戶全名、證件號碼）有誤，則客戶在銀行端將無法指定。每家證券有合作的銀行。

知識點5：網上開戶

網上開戶，是指投資者憑有效的數字證書登錄證券公司網上開戶系統、簽署開戶相關協議後，證券公司按規定程序為投資者辦理開戶。這屬於一種投資者自主、自助開戶的開戶形式。在開戶過程中，投資者全程不需要與券商工作人員現場見面交流，利用視頻完成整個開戶操作流程，且可以開設滬、深兩市股東帳戶。網上開戶是一種創新業務，互聯網金融時代的來臨促使金融機構創新。這種網上開戶方式突破了時間地域限制，將來可以實現7×24小時開戶。

網上開戶包括身分認證、安裝數字證書、帳戶開設、風險測評、回訪、投資者教育等步驟。

1. 身分認證

身分認證包括但不限於以下幾個方面：本人身分證號碼、姓名、證件簽發日期、證件地址等信息；本人第二代居民身分證的正、反面圖片，只允許實物掃描件或照片；拍攝投資者本人頭部正面照；本人移動電話號碼，並進行動態密碼驗證。

2. 安裝數字證書

經過身分認證之後，下載安裝中國登記結算公司或者開戶代理機構（即券商）的數字證書，並用其數字證書對投資者的風險承受能力進行評估、閱讀開戶協議與電子簽名約定書等開戶相關合同和協議進行電子簽名。數字證書下載後只能在本機上使用，投資者如果要更換其他計算機使用數字證書的，必須重新辦理身分識別和數字證書申請手續。

3. 股東帳戶資金帳戶開設

證券公司應在驗證投資者身分、與投資者簽署開戶相關協議、審核投資者資料合格後，方可為投資者開立資金帳戶及對應的其他帳戶，並按規定同時為投資者辦理投資者交易結算資金存管手續。由於網上開立資金帳戶，無法打印券商銀行投資者的三方存管確認單，如果投資者的銀行借記卡有網銀功能，方可在所選銀行網上銀行確認。可以選擇的三方銀行需要具體諮詢相應券商。例如，國泰君安上海分公司的網上開戶是可以和18家銀行綁定三方存管關係的。

4. 回訪

回訪的方式是代理機構工作人員利用手機或電腦等設備與投資者視頻交流，回訪目的：確認投資者身分；投資者委託他人代理開戶的，應向投資者確認代理人身分及代理權限；確認投資者已閱讀各類風險揭示文件並理解相關條款；確認投資者開戶為其真實意願；提醒投資者自行設置和妥善保管密碼；確認投資者開戶方式。

5. 投資者教育

投資者開戶成功後，開戶網站應當引導投資者進入公司投資者教育專欄，對投資者進行教育，讓投資者為即將進行的投資行為做好準備。

想一想

上述開戶流程中需要對投資者進行風險測評，請問風險測評包括哪些內容？如果對客戶進行評估呢，有哪些內容？

知識拓展

債券開戶

債券經上網發行後，可安排在深、滬證券交易所上市交易。債券投資者要進入證

券交易所參與債券交易，首先必須選擇一家可靠的證券公司，並在該公司辦理開戶手續。

1. 訂立開戶合同

開戶合同應包括：委託人的真實姓名、住址、年齡、職業、身分證號碼等；委託人與證券公司之間的權利和義務，並同時認可證券交易所營業細則和相關規定以及經紀商公會的規章作為開戶合同的有效組成部分；確立開戶合同的有效期限，以及延長合同期限的條件和程序。

2. 開立帳戶

投資者與證券公司訂立開戶合同後，就可以開立帳戶，為自己從事債券交易做準備開立資金帳戶和證券帳戶的流程與股票帳戶流程一樣。通常開通了股票帳戶即可進行債券交易。

【技能訓練】

實訓目的：掌握網上開戶流程。

實訓要求：個人註冊並完成網上開戶流程。

實訓場地：多媒體教室。

實訓步驟：

步驟一，以 2~3 人單位熟悉開戶流程的內容和要求；

步驟二，根據該部分的操作流程對實訓內容進行實操；

步驟三，學生之間互相討論且互換角色進行操作；

步驟四，教師點評。

實訓內容：

完成股票開戶操作。

活動二　基金開戶

【知識準備】

基金開戶不同於股票和債券，他有多渠道開戶方式。客戶可選擇證券公司、基金公司或是平臺網站進行開戶以及基金的申購、認購與贖回。

知識點 1：網上自助開戶

某證券公司基金帳戶客戶網上交易自助開戶具體操作如下：

(1) 登錄某證券客戶網上交易系統。找到左下「開放式基金」模塊（如圖 4-4 所示）。

(2) 進入「開放式基金」模塊，單擊「基金開戶」菜單。

圖 4-4　基金開戶選單

(3) 單擊「未開戶公司」，在「某基金」前打鈎，點擊「開戶」，如圖 4-5 所示。

圖 4-5　基金開戶選單

(4) 彈出「某證券開放式基金網上交易委託服務協議」窗口，認真閱讀後在「已閱讀網上交易用戶協議」前打鈎，並點「同意」，如圖 4-6 所示。

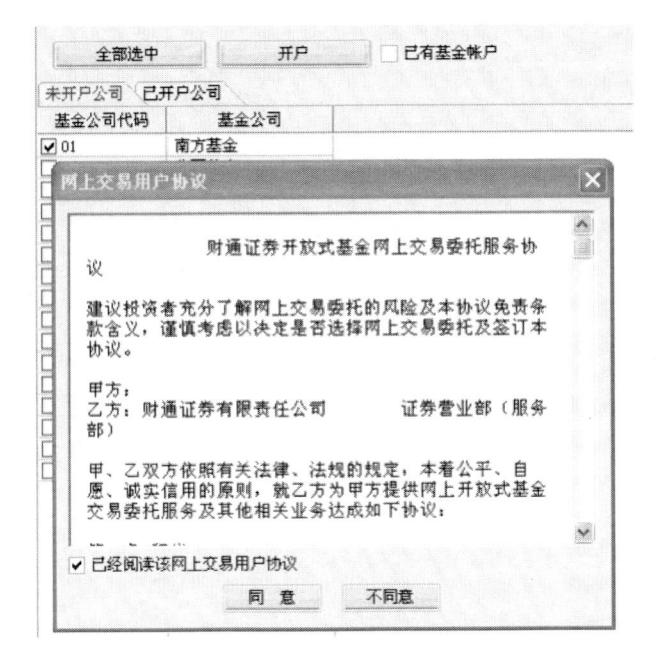

圖 4-6　基金委託協議

（5）對話框彈出基金開戶結果，請確認開戶成功後認購基金，如圖 4-7 所示。

圖 4-7　基金開戶結果

溫馨提示：網上自助開基金帳戶的前提是該資金帳戶已經開通了一家開放式基金帳戶，基金開戶時間為交易時間。

知識點 2：線下基金開戶

（一）準備材料

1. 個人投資者的基金開戶

（1）投資者個人有效身分證件原件及其複印件（本人簽字）。

（2）如為代辦，還需提供代辦人有效身分證件原件及複印件（代辦人簽字）。

（3）本人指定銀行帳戶帳號信息（開戶銀行、開戶行名稱、帳號）及銀行卡。

2. 機構投資者的基金開戶

（1）企業有效營業執照副本及複印件（加蓋公章）或民政部門有效註冊登記證書原件及其複印原件（加蓋公章）。

（2）經法定代表人簽字或蓋章的《基金業務授權委託書》（加蓋公章）。

（3）指定銀行帳戶帳號信息（開戶銀行、開戶行名稱、帳號）。

（4）經辦人有效身分證件及其簽字複印件。

（5）填製完畢的預留《印鑒卡》一式三份。

（6）填妥的《開戶申請表（機構）》並加蓋公章。

（二）填寫及閱讀材料

個人投資者填寫的基金開戶申請表、個人身分信息、同名銀行卡信息等；閱讀投資者權益須知，包含基金基礎知識、基金與其他證券的區別、基金費用、投資者權利和風險及業務流程等。

（三）客戶風險承受能力測評

投資有風險，不同風險偏好和承受能力的客戶，應選擇不同的投資產品或投資組合。通過風險承受能力測評幫助客戶更好地瞭解自己的風險偏好和風險承受能力。（附錄 C 是一份客戶風險承受能力問卷）

知識拓展

基金網站

客戶如果沒有開證券帳戶，但又想做基金交易，他們可選擇另一個渠道基金網站進行開戶交易。首先登陸某基金網站首頁，從首頁找到網上交易並進入，找直銷客戶（或代銷客戶）開戶即可。基金公司開戶方式有一定的局限性，其交易的只有該基金公司管理的基金。對客戶而言，可選擇合適的第三方平臺進行交易。

天天基金網作為國內訪問量最大、用戶影響力最大的基金網站一直致力於為廣大的基民服務，致力向投資者提供權威、專業、及時、全面的理財服務，該基金網站涵蓋基金交易、資訊、行業動態、數據、評級、分析等內容。

2016 年上半年，天天基金網日均頁面瀏覽量為 625.52 萬，其中，交易日日均頁面

瀏覽量為832.49萬，非交易日日均頁面瀏覽量為224.93萬；日均獨立訪問用戶數為76.19萬人，其中，交易日日均獨立訪問用戶數為94.06萬，非交易日日均獨立訪問用戶數為41.62萬。

案例分享

「私募基金」的大忽悠

投資者張某在家接到電話，對方稱自己是國內知名私募基金公司，擁有大量的內幕信息，具有超強的資金實力，能為其提供證券投資諮詢服務。於是張某經上網瀏覽了該公司網站，看見網站上公布了大量股票研究報告和行情分析，覺得該公司非常專業，便同意接受該公司的諮詢服務並繳納了8,000元服務費。事實上該公司只是個皮包公司，並不具有投資諮詢資質，而張某繳納的服務費也打了水漂。

（資料來源：中州期貨官網）

想一想

上述各類基金開戶方式的優缺點有哪些？如果您作為客戶，您會選擇哪種方式呢？理由是什麼？

【技能訓練】

實訓目的：掌握基金開戶的基本要求和流程。

實訓場地：多媒體教室。

實訓要求：以2~3人為單位根據具體的實訓內容完成基金開戶。

實訓步驟：

步驟一，以2~3人為單位分發實訓具體內容和要求；

步驟二，根據該部分的操作流程對實訓內容進行實操；

步驟三，學生之間相互討論與點評；

步驟四，教師進行點評。

實訓內容：

完成基金各類方式的開戶。

活動三　證券經紀業務概述

【知識準備】

知識點1：證券經紀業務

證券經紀業務又稱為大力買賣證券業務，是一種代理買賣有價證券的行為。他的具體含義是客戶通過選擇證券公司，依靠證券公司在證券交易所的席位，委託證券公司按照自身的要求幫助其買賣證券的業務。證券經紀業務屬於一種仲介服務，證券公司在受託期間不得向客戶墊付資金，也不得賺取客戶買賣證券的差價，不承擔客戶的價格風險，只收取一定比例的佣金作為業務收入。在證券經紀業務中，包含的要素有：委託人、證券經紀商、證券交易所和證券交易對象。

證券經紀商，是指接受客戶委託、代客買賣證券並以此收取佣金的中間人。證券經紀商以代理人的身分從事證券交易，與客戶是委託代理關係。證券經紀商必須遵照客戶發出的委託指令進行證券買賣，並盡可能以最有利的價格使委託指令得以執行；但證券經紀商並不承擔交易中的價格風險。證券經紀商向客戶提供服務以收取佣金作為報酬。

案例分享

客戶的疑問

A客戶2018年5月22日找到某券商營業部，聲稱營業部盜用其帳戶進行權證交易，導致其在不知情的情況下損失資金50萬元，要求營業部全額賠償損失。協商未果，客戶向司法部門提出訴訟。經查，情況如下：

A某與營業部簽訂了權證交易風險揭示書，書面簽署日期為2018年5月21日，而營業部櫃面系統中客戶開通權證交易權限日期為同年5月19日。A某在營業部辦理清密碼業務的單證日期為2018年5月21日，而系統中A某辦理清密碼業務時間為2018年5月19日。

A某稱：本人是在5月21日申請辦理上述兩項業務的，5月19日，營業部私自為其開通權證交易權限，並辦理清密碼業務，導致帳戶被人盜用，資金損失50萬元。要求營業部賠償其5月19日至5月21日之間的權證業務損失。

事實可能是客戶5月19日辦理業務時無意或惡意寫錯了日期。但因系統辦理日期先於書面協議日期，營業部又無法舉證客戶過錯，所以營業部負有直接責任。

（資料來源：豆丁網）

知識拓展

證券經紀商的作用

在證券代理買賣業務中，證券公司作為證券經紀商，發揮著重要作用。由於證券交易方式的特殊性、交易規則的嚴密性和操作程序的複雜性，決定了廣大投資者不能直接進入證券交易所買賣證券，而只能由經過批准並具備一定條件的證券經紀商進入交易所進行交易，投資者則需委託證券經紀商代理買賣來完成交易過程。因此，證券經紀商是證券市場的中堅力量，其作用主要表現在：

第一，充當證券買賣的媒介。證券經紀商充當證券買方和賣方的經紀人，發揮著溝通買賣雙方並按一定要求迅速、準確地執行指令和代辦手續的媒介作用，提高了證券市場的流動性和效率。

第二，提供信息服務。證券經紀商一旦和客戶建立了買賣委託關係，客戶往往希望證券經紀商提供及時、準確的信息服務。這些信息服務包括：上市公司的詳細資料、公司和行業的研究報告、經濟前景的預測分析和展望研究、有關股票市場變動態勢的商情報告等。

例 4-1：
(判斷題) 證券經紀商與客戶之間的關係是買賣關係。

例 4-2：
在證券經紀業務中，證券經營機構的收入來自（　　）。
　A. 收取佣金　　　　　　　　　B. 賺取差價
　C. 收取的諮詢費用　　　　　　D. 證券發行費用

例 4-3：
下列選項中，不是證券經紀商應發揮的作用是（　　）。
　A. 充當證券買賣的媒介　　　　B. 提高證券市場效率
　C. 提供信息服務　　　　　　　D. 防止股價波動

答案：錯、A、D

知識點 2：證券經紀關係建立流程

證券經紀商與投資者簽訂證券買賣代理協議，同時為投資者開立證券交易結算資金帳戶，經過這兩個環節才能建立經紀關係。證券經紀關係的建立包括講解業務規則、協議內容，揭示風險，簽署《風險揭示書》；簽訂《證券交易委託代理協議書》和《客戶交易結算資金第三方存管協議》；開立資金帳戶與建立第三方存管關係（見圖 4-8）。

```
          投資者開立證券帳戶
                │
                ▼
  講解業務規則、協議內容和揭示風險，簽署《風險揭示書》
                │
                ▼
 簽訂《證券交易委託代理協議書》和《客戶交易結算資金第三方存管協議》
                │
                ▼
      開立資金帳戶與建立第三方存管關係
```

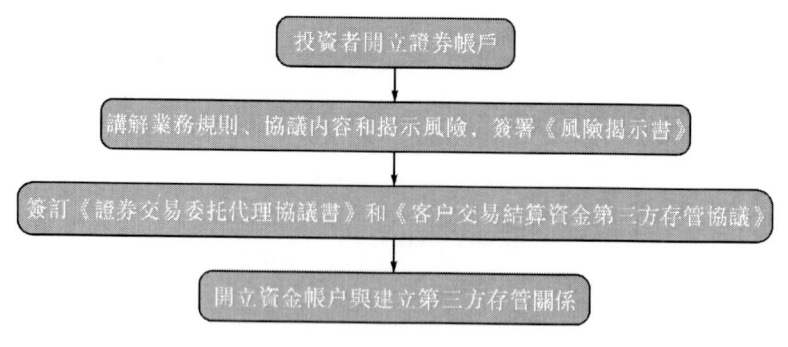

圖 4-8　證券經紀關係建立的流程

1. 簽署《風險揭示書》和《客戶須知》

講解業務規則、協議內容和揭示風險，簽署《風險揭示書》和《客戶須知》，這一環節是對投資者的一種教育。證券公司工作人員事先向客戶講解證券投資的相關規章制度和協議內容，告知其在投資過程中會獲取較高收益的同時也會存在較大的投資風險。《風險揭示書》告知客戶從事證券投資風險的種類：宏觀經濟風險、政策風險、上市公司經營風險、技術風險、不可抗力因素導致的風險及其他風險等。《客戶須知》讓投資者瞭解股市的風險、合法的證券公司及證券營業部、投資品種與委託買賣方式的選擇、客戶與代理人的關係、個人證券帳戶與資金帳戶實名制、嚴禁全權委託、公司客戶投訴電話等事項。

想一想

證券交易風險揭示書應該包括哪些內容？

2. 簽訂《證券交易委託代理協議書》和《客戶交易結算資金第三方存管協議》

(1)《證券交易委託代理協議書》。

《證券交易委託代理協議書》是客戶與證券經紀商之間在委託買賣過程中有關權利、義務、業務規則和責任的基本約定，也是保障客戶與證券經紀商雙方權益的基本法律文書。它包括的內容有雙方聲明及承諾、協議標的、資金帳戶、交易代理、網上委託、變更和撤銷、甲方授權代理人委託、甲乙雙方的責任及免賠條款、爭議的解決、機構客戶、附則。

(2)《客戶交易結算資金第三方存管協議》。

中國《證券法》規定：「證券客戶的交易結算資金應當存放在商業銀行，以每個客戶的名義單獨設立帳戶。」根據此規定，證券公司已全面實施「客戶交易結算資金第三方存管」。

客戶開立資金帳戶時，還需要在證券公司的合作存管銀行中指定一家作為其交易結算資金的存管銀行，並與其指定的存管銀行、證券公司三方共同簽署《客戶交易結算資金第三方存管協議》。證券公司客戶包含「管理帳戶」和「客戶交易結算資金匯

總帳戶」兩個帳戶。

3. 開立資金帳戶與建立第三方存管關係

資金帳戶是指客戶在證券公司開立的專門用於證券交易結算的帳戶，即《客戶交易結算資金第三方存管協議書》所指的「客戶證券資金臺帳」。證券公司通過該帳戶對客戶的證券買賣交易、證券交易資金支取進行前端控制，對客戶證券交易結算資金進行清算交收和計付利息等。資金帳戶包含投資者現有的股票名稱、數量、剩餘資金、歷史交易、當日委託、銀行與證券公司間的資金轉帳等項目。開立資金帳戶遵守實名制。

案例分享

多途徑招收會員，推薦股票騙取錢財

李某在瀏覽網頁時，看到一個財經類博客，該博客發布了「重大借殼機會，潛在暴力黑馬」等40多篇股評、薦股文章。在對這些文章的評論中，有一些匿名的，如回覆「絕對高手」「好厲害，我佩服死了」「繼續跟你做」等。李某通過博客中提供的QQ號碼與博主取得了聯繫，繳納3,600元諮詢年費後成為會員，但換來的卻是幾只連續下跌的股票，李某追悔莫及。

案例剖析：不法分子通常在網絡上採取「撒網釣魚」的方法，通過群發帖子及選擇性薦股樹立起網絡薦股「專家」的形象。這些所謂的「專業公司」都是無證券經營資質的假「公司」，所謂的「專家」並不具備更高超的證券投資知識和技巧。投資者接受證券期貨投資諮詢和理財服務應當委託經中國證監會批准的具有證券經營業務資格的合法機構進行。合法證券經營機構名錄可通過中國證監會網站（www.csrc.gov.cn）、中國證券業協會網站（www.sac.net.cn）、中國證券投資者保護基金公司網站（www.sipf.com.cn）查詢。

(資料來源：搜狐財經)

知識點3：證券託管與存管

證券託管是投資者將持有的證券委託給證券公司保管，並由後者代為處理有關證券權益事務的行為。

證券存管是證券公司將投資者交給其持有的證券統一送交給中央證券存管機構保管，並由後者代為處理有關證券權益事務的行為。

中國上海證券交易所和深圳交易所的託管制度不一樣。

1. 上海證券交易所託管制度

該交易證券所的託管制度是和指定交易相聯繫的。指定交易是指投資者與某一證券營業部簽訂協議後，指定該機構為自己買賣證券的唯一交易點。未辦理指定交易的

投資者的證券暫由中國結算上海分公司託管，其紅利、股息、債息、債券兌付款應在辦理指定交易後領取。投資者必須在某一證券營業部辦理證券帳戶的指定交易後，才可進行證券買賣或查詢。投資者轉換證券營業部買賣證券時，必須在原證券營業部申請辦理撤銷指定交易，然後再到轉換的新證券營業部辦理指定交易手續。投資者應當與指定交易的會員簽指定交易協議，明確雙方的權利、義務和責任。

2. 深圳證券交易所託管制度

擬持有和買賣深圳證券交易所上市證券的投資者，在選定的證券經營機構買入證券成功後，便與該證券經營機構的託管關係即建立。這一制度可概括為：自動託管，隨處通買，哪買哪賣，轉託不限。深圳證券市場的投資者持有的證券需在自己選定的證券營業部託管，由證券營業部管理其名下明細證券資料，投資者的證券託管是自動實現的；投資者在任一證券營業部買入證券，這些證券就自動託管在該證券營業部；投資者可以利用同一證券帳戶在國內任一證券營業部買入證券；投資者要賣出證券必須到證券託管營業部進行交易（在哪裡買入就在哪裡賣出）；投資者也可以將其託管證券從一個證券營業部轉移到另一個證券營業部託管，此操作稱為「證券轉託管」。轉託管可以是一只證券或多只證券，也可以是一只證券的部分或全部。

案例分享

投資者應注意防範證券經紀業務中的風險

投資者錢某在某證券公司開立證券帳戶和資金帳戶，並從其銀行儲蓄帳戶轉出資金120萬元到其資金帳戶，準備進行證券買賣交易。當日，證券公司營業部人員找到錢某，協商與其另行簽訂借款合同，借款120萬元，期限一年，2003年6月10日至2004年6月10日，約定年利息10%。在利益的驅使下，錢某同意，雙方簽訂借款合同，證券公司在借款合同簽訂後當日即通過櫃臺向錢某預先支付借款利息6萬元。隨後，錢某將帳戶的資金密碼、證券交易密碼全部交給了證券公司，證券公司修改了密碼後，則將錢某帳戶資金進行證券回購業務。後該證券公司因違規經營形成巨大客戶證券交易結算資金缺口，被監管部門關閉清算，而此時錢某帳戶內已無資金，券商也無力償還。

（資料來源：豆丁網）

知識點4：債券跨市場轉託管

轉託管是指可跨市場交易的投資者將其持有的可跨市場上市交易的債券在全國銀行間債券市場、交易所市場、記帳式國債櫃臺市場之間進行的債券託管轉移。目前中國跨市場轉託管僅限部分國債。

1. 轉託管條件

辦理國債跨市場轉託管的申請人，應具備以下條件：

（1）具有所轉入交易場所交易國債的資格；

（2）在申請轉託管前應在擬轉入交易場所的託管機構開有債券或證券帳戶，且與其在轉出交易場所託管機構的債券或證券帳戶的戶名完全一致；

（3）投資人申請轉託管的國債應是轉入方交易場所上市交易的國債。

2. 轉託管時間

銀行間市場可在工作日內的任何時間（8：30—16：30）即時辦理轉出、轉入業務，但交易所市場必須在該日閉市以後（15：00）才能進行清算，也就是說，交易所必須在15：00前完成轉入或轉出指令的錄入，才能保證客戶在次一個工作日可以使用轉入或轉出的債券。

3. 轉託管流程

（1）銀行間市場轉託管到交易所市場

中央結算公司設置甲、乙、丙三種債券一級託管帳戶。託管部負責為投資人辦理開戶手續。

甲類託管帳戶：只有具備資格辦理債券結算代理業務的結算代理人或辦理債券櫃臺交易業務的商業銀行法人機構方可開立甲類帳戶。甲類帳戶持有人與中央債券綜合業務系統聯網後通過該系統直接辦理債券結算自營業務和債券結算代理業務。

乙類託管帳戶：不具備債券結算代理業務或不具備債券櫃臺業務資格的金融機構以及金融機構的分支機構可開立乙類帳戶。乙類帳戶持有人與中央債券綜合業務系統聯網後可以通過該系統直接辦理其債券結算自營業務。

丙類託管帳戶：滿足乙類託管帳戶所列條件的機構亦可開立丙類帳戶。丙類帳戶持有人（以下稱委託人）以委託的方式通過結算代理人在中央結算公司辦理其自營債券的相關業務，不需與中央債券綜合業務系統聯網。

甲類或乙類成員辦理跨市場轉託管時，應於14：00前通過簿記系統發送轉託管指令；丙類成員填寫申請書交給結算代理人，後者代發轉託管指令。轉入交易場所登記公司確認收到轉託管指令，於交易場所閉市後，根據簿記系統終端輸出的「轉託管記帳通知單」，增記申請人在交易所登記公司的二級債券帳戶（證券帳戶）。申請人次日即可使用該債券。

（2）交易所向銀行間市場、或從一個交易所向另一個交易所轉託管

申請人向轉出方交易場所託管機構提出申請，具體手續按轉出方交易所託管機構的規定辦理。轉出方交易所託管機構受理並審核無誤後，通過簿記系統終端發送轉託管指令。轉託管成功後，申請人即可使用該債券。

知識點5：基金轉託管

基金轉託管，指基金份額持有人申請將其在某一銷售機構交易帳戶持有的基金份

額全部或部分轉出並轉入另一銷售機構交易帳戶的行為，也可以說轉託管是指同一投資人將託管在一個代銷機構的基金份額轉出至另一代銷機構的業務。辦理轉託管業務需攜帶的證件和資料種類與辦理申購與贖回時需攜帶的相同。

1. 證券公司到證券公司之間的系統內轉託管

證券公司到證券公司的系統內轉託管與深 A 的股票轉託管相同，此處不重複說明。

2. 證券公司到基金管理人（基金公司）的跨系統轉託管流程——以深圳證券交易所為例

（1）投資者在正式申請辦理轉託管手續前，應確保已在轉入方代銷機構或基金管理人處成功辦理開放式基金帳戶註冊或開放式基金帳戶註冊確認，並獲知該代銷機構或基金管理人代碼（該代碼為六位阿拉伯數字，首位數字為 6）。

（2）T 日，投資者持有效身分證明文件和深圳證券帳戶卡到轉出證券營業部提出跨系統轉託管申請，轉出方證券營業部按照中登深圳分公司相關數據接口規範申報轉託管，必須註明轉入方代銷機構/基金管理人代碼、證券帳戶號碼、基金代碼和轉託管數量，申報轉出的基金代碼不能為空，委託數量須為大於 0 的整數份。T 日日終，TA 系統對轉託管申報進行檢查，並對合格轉託管申報進行相關操作處理。

（3）T+1 日，TA 系統向轉出方代銷機構/基金管理人發送成功及失敗轉託管處理回報，並向轉入方代銷機構/基金管理人發送成功轉託管處理回報。

（4）自 T+2 日始，基金份額正式登記在場外的註冊登記系統，投資者可從場外贖回基金份額（其中銀華信用債券封閉需要在轉為 LOF 並開始辦理贖回業務之後才能贖回）。

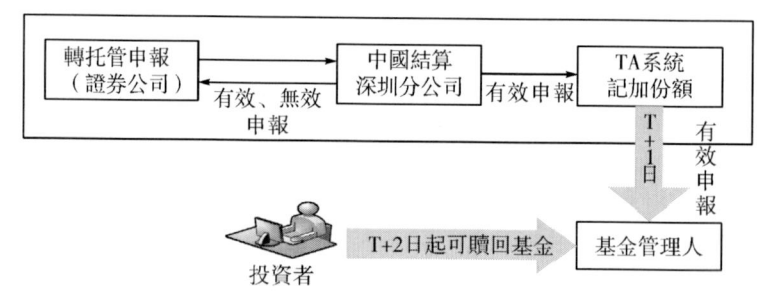

圖 4-9　證券公司到基金管理人（基金公司）的跨系統轉託管流程

3. 基金管理人到證券公司的跨系統轉託管流程

投資者如需將基金份額從場外的註冊登記系統轉入到場內的證券登記結算系統，應按以下程序辦理：

（1）在正式申請辦理轉託管之前，投資者須確定其基金份額擬轉入證券營業部的深圳席位代碼。

（2）開立資金帳戶，並建立託管關係。如果投資者尚未開立深交所證券投資基金帳戶（即深交所場內基金帳戶）或深交所人民幣普通股票帳戶（即深圳 A 股帳戶），

不需要新開立深交所場內基金帳戶或深圳 A 股帳戶,僅須持中登公司深圳開放式基金帳戶對應的場內基礎證券帳戶號(場內基礎證券帳戶號為中登公司深圳開放式基金帳戶去掉開頭 98 後剩下的後 10 位帳戶號)到場內擬轉入的證券公司處開立資金帳戶,並建立託管關係。

(3)T 日,投資者攜帶身分證,在轉出方代銷機構提出跨系統轉託管申請,註明轉入證券營業部的深圳席位代碼、中登公司深圳開放式基金帳戶號碼、基金代碼、轉託管數量,其中轉託管數量須為整數份。T 日日終,TA 系統對轉託管申報進行檢查,並對合格轉託管申報進行相關操作處理。由於跨系統轉託管導致份額低於最低持有限額時,TA 系統對剩餘基金份額進行強制贖回處理。

(4)T+1 日,TA 系統向轉入方代銷機構/基金管理人發送成功及失敗轉託管處理回報,並向轉出方代銷機構/基金管理人發送成功轉託管處理回報。

(5)自 T+2 始,投資者可以通過轉入方證券營業部申報在深交所賣出基金份額,也可選擇從場內贖回基金份額(其中銀華信用債券封閉需要在轉為 LOF 並開始辦理贖回業務之後才能從場內贖回)。

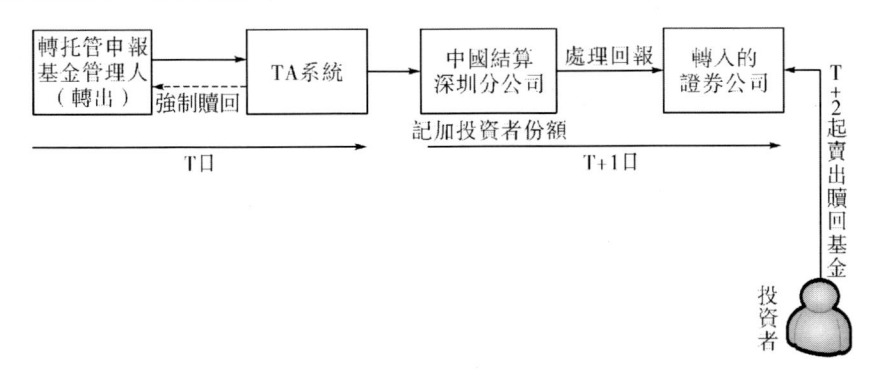

圖 4-10　基金管理人到證券公司的跨系統轉託管流程

知識點 6:帳戶其他業務操作

1. 自然人和法人掛失補辦證券帳戶卡

投資者在股票開戶後,一般都會有證券帳戶卡,一張上海證券交易所的、一張深圳證券交易所的。但是如果投資者不小心遺失後,需要去股票開戶的券商營業部重新辦理。不同證券帳戶程序稍有不同,深圳證券帳戶的程序如下:

(1)投資者遺失證券帳戶卡,可憑身分證到中證登記深圳分公司或其指定的證券營業部辦理掛失並補辦證券帳號新號碼的手續。

(2)如投資者同時遺失證券帳戶和身分證,需持公安機關出具的身分證遺失證明、戶口本及其複印件辦理掛失和補辦手續。

(3)投資者如委託他人代辦掛失,代辦人應同時出示法律公證文件。

想一想

上海證券帳戶掛失與補辦的程序是怎樣的？

2. 證券帳戶註冊資料查詢

投資者可通過申請對自己的證券帳戶註冊資料進行查詢。

上海證券帳戶已辦理指定交易的，投資者可憑本人有效身分證件、證券帳戶卡到指定交易證券公司營業部查詢；未辦理指定交易的，可在辦理指定交易後委託證券公司查詢或直接通過中國結算上海分公司查詢；深圳證券帳戶的投資者可憑本人有效身分證件、證券帳戶卡到任意一家證券公司營業部或中國結算深圳分公司櫃臺查詢。此外，上海、深圳證券帳戶開通中國結算公司網絡服務功能的，還可通過中國結算公司網站（www.chinaclear.cn）進行網絡查詢。

3. 註銷證券帳號

投資者要註銷自己的股票帳戶，前提是開立過自己的股票帳戶並保證該帳戶能夠正常使用，否則是無法辦理註銷股票帳戶的手續的。在辦理股票帳戶的銷戶時必須帶上的身分證和股東帳戶卡，沒有身分證是無法辦理股票帳戶銷戶手續的。辦理股票帳戶的銷戶需要經過如下幾個步驟的手續：

（1）到之前開立股票帳戶的營業部（必須是之前開股票帳戶的券商營業部，即在哪裡開的股票帳戶就必須在哪裡註銷股票帳戶，不能到其他券商那辦理，也無法在你開股票帳戶的券商的其他營業部辦理）提出註銷股票帳戶的申請。

（2）按照券商營業部的要求讓該營業部的相關負責人上簽字在券商營業部所給的單子。

（3）在券商營業部各個崗位的相關負責人簽完字之後到櫃臺憑本人身分證和股東帳戶卡辦理的股票帳戶的銷戶手續。

（4）在辦理股票帳戶的銷戶手續之後的第二天便可辦理者本人的證券資金帳戶的銷戶手續。

注意事項：在辦理股票帳戶的銷戶的時候只需要攜帶投資者本人的股東帳戶卡和身分證就可以了。但辦理股票帳戶的銷戶的當天該帳戶不能夠進行股票買賣的交易，否則是無法在當天辦理股票帳戶的銷戶手續。

案例分享

海外上市騙局

2006年2月，某證券公司營業部客戶服務中心正式對外營業，該營業部工作人員自稱這裡的團隊是某大型投資公司的經紀人團隊。客戶服務中心業務員告訴該營業部股民蘇某：「四川某公司即將在美國上市，現有部分原始股正在轉讓，屆時將有10倍

收益，你購買後，公司還會給你出具股票託管卡，保證風險無虞。」在幾位業務員的極力鼓動下，舒某把自己多年的積蓄統統拿了出來交給這幾位經紀人，並現場簽訂了股份轉讓協議、辦理了過戶手續。

幾天後，舒某前去詢問四川某公司海外上市事宜時，發現這個客戶服務中心已經人去樓空了，而證券營業部的工作人員卻稱該服務中心與其無任何關係。舒某這才發現自己上當受騙了。

從這一案例來看，不法分子利用投資者相關法制知識欠缺的弱點，通過虛假宣傳、虛構材料，向社會公眾銷售未上市公司所謂原始股。根據法律規定，未經中國證監會核准，未上市公司原始股在中國境內不得面向社會公眾公開銷售且股東累計不得超過200人；凡在中國境內從事代理銷售股票等證券經營活動都需經中國證監會核准，未經核准的均屬非法證券經營行為。投資者在買入股票之前，可登錄中國證監會網站或致電當地證券監管部門，查詢相關公司是否具有公開發行股票的資格，以防上當受騙。

（資料來源：搜狐財經）

任務五　委託買賣

【知識目標】

學習委託的各種種類和委託形式；

掌握委託單的基本內容；

掌握委託買賣的流程；

掌握網上委託申報流程。

【能力目標】

能夠熟練填寫委託單；

能夠熟練進行網上委託買賣。

【情境引入】

小張：您好，我之前在您這邊開戶了，想諮詢一下關於委託買賣的相關事宜。

工作人員：您好，您可以登錄我們的官網，下載一個App，可直接進系統進行委託買賣。系統的交易時間是上午9：30—11：30和下午13：00—15：00。您也可以填寫委託單，具體您看下桌面上那個樣表。

小張：好的，謝謝。

委託買賣是指證券經紀商接受投資者委託，代理投資者買賣證券，從中收取佣金的交易行為。投資者辦理委託買賣證券時，必須向證券經紀商下達委託指令。因此，委託指令是投資者要求證券經紀商代理買賣證券的指示。在委託指令中，需要反應投資者買賣證券的基本要求或具體內容，這些主要體現在委託指令的基本要素中。另外，委託指令可以有不同的形式，這些形式應符合證券市場相關的規定。委託指令一般由投資者自行下達。個人投資者如委託他人買賣證券，必須有書面委託書，並且出示委託人、受託人的身分證件。

活動一　股票交易

【知識準備】

知識點 1：委託買賣認知

　　客戶開戶後，即可在證券營業部辦理委託買賣。委託買賣是指專營經紀人或兼營自營與經紀的證券商接受股票投資者（委託人）買進或賣出股票的委託，依據買賣雙方各自提出的條件，代其買賣股票的交易活動，並從中收取佣金。代理買賣的經紀人即為充當股票買賣雙方的仲介者。

　　投資者辦理委託買賣證券時，必須向證券經紀商下達委託指令。在委託指令中，需要反應投資者買賣證券的基本要求或具體內容，這些主要體現在委託指令的基本要素中。委託指令一般由投資者自行下達。個人投資者如委託他人買賣證券，必須有書面委託書，並且出示委託人、受託人的身分證件。委託指令的內容有多項，如證券帳戶號碼、證券代碼、買賣方向、委託數量、委託價格等。正確填寫委託單或輸入委託指令是投資決策得以實施和保護投資者權益的重要環節。委託買賣具體形式如下：

1. 委託形式分類

（1）當面委託，即委託人以面對面的形式當面委託證券商，確定具體的委託內容與要求，由證券商受理股票的買賣。

（2）電話委託，即委託人以電話形式委託證券商，確定具體的委託內容和要求，由證券商、經紀人受理股票的買賣交易。

（3）電傳委託，即委託人通過發電傳給證券商，確定具體的委託內容和要求，委託證券商代理買賣股票。

（4）傳真委託，即委託人以傳真的形式，將確定的委託內容與要求傳真給證券商，委託他們代理買賣股票交易。

（5）信函委託，即委託人用信函形式，將確定的委託內容和要求告知證券商，並委託他們代辦買賣股票的交易。

　　中國深圳、上海證券交易所目前主要是當面委託。當面委託一般要委託人加以確認，受託證券商才予辦理委託手續，而電話委託，則必須在證券商具備錄音電話的條件下，才可辦理。委託人以電話委託買賣成交後應補交簽章，如有錯誤原因不是由證券商造成的，證券商不負責任。

2. 以委託人委託的價格條件劃分

（1）市價委託，即委託人在委託證券商代理買賣股票的價格條件中，明確其買賣可隨行就市。也就是說，證券商在受理隨市委託的交易中，可以根據市場價格的變動

决定股票的買入或賣出，即最高時賣出，最低時買入。大部分委託均屬隨市價委託。不同交易所中市價的申報也有所不同。上海證券交易所市價申報類型有兩種：一是最優五檔即時成交剩餘撤銷申報，即該申報在對手方即時最優五個價位內以對手方價格為成交價逐次成交，剩餘未成交部分自動撤銷。二是最優五檔即時成交剩餘轉限價申報，即該申報在對手方即時五個最優價位內以對手方價格為成交價逐次成交，剩餘未成交部分按本方申報最新成交價轉為限價申報；如該申報無成交的，按本方最優報價轉為限價申報；如無本方申報的，該申報撤銷。圖5-1為上海證券交易所市價買賣申報時的示例。

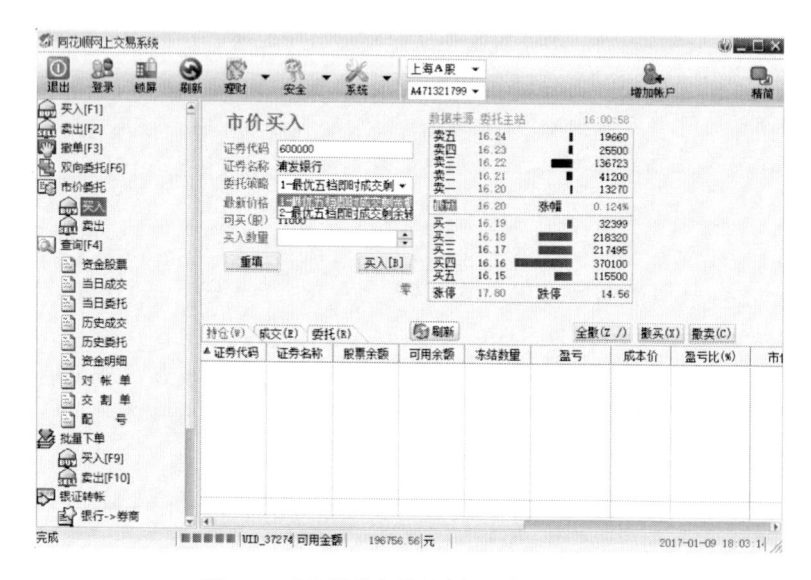

圖5-1　上海證券交易所市價買賣申報類型

（2）限價委託，即委託人在委託證券商代理股票買賣過程中，確定買入股票的最高價和賣出股票的最低價，並由證券商在買入股票的限定價格以下買進，在賣出股票的限定價格以上賣出。

想一想

深圳證券交易所市價申報類型包含哪些？具體內容是什麼？

3. 以委託性質來劃分

（1）買進委託，指客戶委託證券商買進某種證券。

（2）賣出委託，指客戶委託證券商賣出某種證券。

深圳證券交易所規定，委託書中記載委託人姓名、股東代碼、委託日期時分、證券種類、股數或面額、限價、有效期間、營業員簽章、委託人簽章、委託方式（電話、電報、書信、當面委託）、保管方式（領回證券、集中保管），並應附註下列各款內容：未填寫「有效期限」者視為當日有效；委託方式未填寫「限價」者視為市價委託。

4. 以委託人的委託期限劃分

（1）當日委託，即指委託人的委託期限只於當日有效的委託。

（2）五日有效委託，即指開市第五日收盤時自動失效的委託。

（3）一月有效委託，即指每月末交易所最後一個營業日收時自動失效的委託。

（4）撤銷前有效委託，即指客戶未通知撤銷，則始終有效的委託。產生此種委託的理論認為，有的客戶深信市場力長期發展的作用，因而無須計較暫時的得失，也不計較較長時間的等待。

5. 以委託數量為標準來劃分

（1）整數委託，指委託的數量是交易所規定的成交單位或其倍數。股票交易中常用「手」作為標準單位，通常 100 股為一標準手，一標準手為股票 100 股；若是債券，則以 1,000 元為一手。

（2）零數委託，指委託的數量不足交易所規定的成交單位。雖然證券商一般不接受不足一個成交單位的委託，但經紀人可將客戶的零數委託轉變給專門從事零數買賣的零數自營商。零數自營商一方面必須在交易廳內零星買進不足一個成交單位的股票，湊成整數股後轉賣給佣金經紀人；另一方面又必須在交易廳內買進整數股，然後化整為零地轉賣給需要不足一個成交單位的佣金經紀人。這樣，零數自營商必須承擔一定的風險。目前，中國只有在賣出證券時才有零數委託。

案例分享

違規操作

馮澤良於 2010 年 8 月 1 日至 2011 年 5 月 18 日在某證券公司營業部任職，從事市場行銷工作，是證券從業人員。2010 年 11 月 15 日，客戶蔡某將證券帳戶轉託管到該證券公司，委託馮澤良操作其證券帳戶，未簽訂書面協議。由於虧損，2011 年 6 月 22 日，馮澤良與蔡某補充簽訂了《理財協議》，約定理財期限為 2010 年 11 月 15 日至 2012 年 1 月底，馮澤良保證補償帳戶上的虧損。為彌補蔡某帳戶虧損，馮澤良分別於 2012 年 4 月、10 月向蔡某的三方存管帳戶轉入 30 萬元、20 萬元。2012 年 10 月，蔡某修改了證券帳戶密碼，不再給馮澤良操作。2010 年 11 月 15 日至 2011 年 5 月 18 日期間，馮澤良操作蔡某證券帳戶未獲得收益。

馮澤良作為證券從業人員，在從業期間私下接受客戶委託買賣證券的行為違反了中國《證券法》第一百四十五條的規定。根據《證券法》第二百一十五條的規定，深圳證監局依法對馮澤良做出給予警告，並處以 10 萬元罰款的行政處罰決定。

（資料來源：豆丁網）

>>同步練習

某股票的買賣方五檔價格，如圖 5-2 所示。

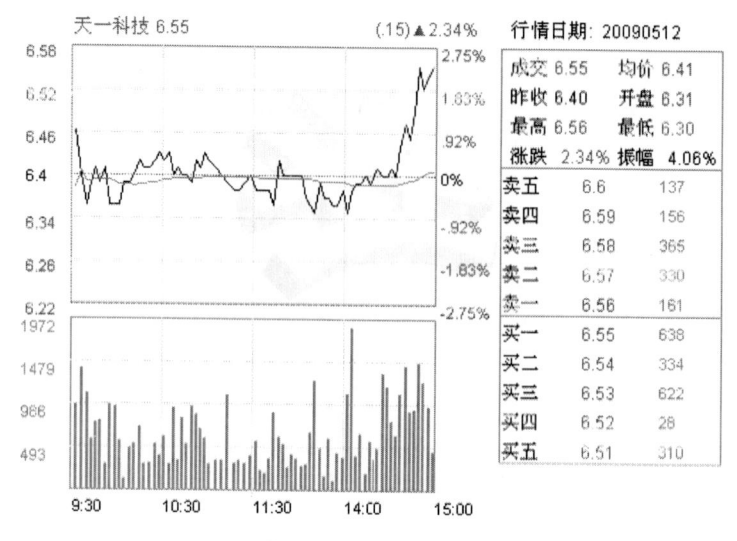

圖 5-2　天一科技行情圖

假如買方選擇按對手方最優價格申報方式進行申報，申報手數為 1,000 手，那麼該筆買入的委託價為對手方的最優價格——賣一價 6.56 元作為委託價格進行申報。

假如賣方選擇按對本方最優價格申報方式進行申報，申報手數為 1,000 手，那麼該筆賣出的申報價為買方的最優價格——買一價 6.55 元作為委託價格進行委託。

知識點 2：委託時間

不同證券公司委託時間有所不同。申銀萬國證券，國泰君安證券可以隨時委託；閩發證券，銀河證券只能開市委託；中投證券可以在數據處理前委託，等等。客戶可與證券公司商量確定委託方式和委託時間。但所有證券公司交易時間都相同，具體時間如下：

9：15—9：25 集合競價（9：15—9：20 可以申報和撤銷；9：20—9：25 可以申報，不可以撤銷）。

9：30—11：30 前市，連續競價。

13：00—15：00 後市，連續競價。

其他時間交易系統不接受申報單（如，9：25—9：30 不接受申報單和撤單）。

對於停牌一小時的股票，在停牌期間（9：30—10：30）交易系統不接受該股票的申報單和撤單。

上海證券交易所每個交易日接受大宗交易申報的時間分別為：

9：30—11：30，13：00—15：30 接受意向申報；

9：30—11：30，13：00—15：30，16：00—17：00 接受成交申報；

15：00—15：30 接受固定價格申報。

交易日的 15：00 仍處於停牌狀態的證券，本所當日不再接受其大宗交易的申報。

每個交易日 9：30—15：30 時段確認的成交，於當日進行清算交收。每個交易日 16：00—17：00 時段確認的成交，於次一交易日進行清算交收。

深交所大宗交易採用協議大宗交易和盤後定價大宗交易方式。協議大宗交易，是指大宗交易雙方互為指定交易對手方，協商確定交易價格及數量的交易方式。盤後定價大宗交易，是指證券交易收盤後按照時間優先的原則，以證券當日收盤價或證券當日成交量加權平均價格對大宗交易買賣申報逐筆連續撮合的交易方式。採用協議大宗交易方式的，接受申報的時間為每個交易日 9：15 — 11：30，13：00 — 15：30。採用盤後定價大宗交易方式的，接受申報的時間為每個交易日 15：05 — 15：30。當天全天停牌的證券，深交所不接受其大宗交易申報。

在以上時間內下單的都是被交易所所認可的，屬於有效委託。客戶與證券公司之間的協商可存在提前委託。提前委託是地方證券公司的擴展業務，平時你的提前委託被地方證券公司接受，並沒有提供給深、滬交易所，只有在符合深、滬交易時間，才提供給交易所，屬於臨時接受。但是，這給證券交易提供了非常方便的通道。因為不是所有人都會在交易時間進行委託的，提前委託無疑是一件利人的好事，也會給證券公司帶來可觀的利潤。

知識點 3：委託單

客戶進行委託買賣需要填寫委託單，委託單裡的具體內容如下：

1. 證券帳號

投資者在買賣上海證券交易所上市的證券時，必須填寫在中國結算上海分公司開設的證券帳戶號碼；買賣深圳證券交易所上市的證券時，必須填寫在中國結算深圳分公司開設的證券帳戶號碼。

2. 日期

日期即客戶委託買賣的日期，要填寫年、月、日。

3. 品種

品種指客戶委託買賣證券的名稱，也是填寫委託單的第一要點。通常的做法是填寫代碼及簡稱。在上海證券交易所上市的證券，其代碼為一組 6 位數字；在深圳證券交易所上市的證券，其證券代碼以前為 4 位數字，現在也改為一組 6 位數字。委託買賣的證券代碼與簡稱必須一致。

表 5-1　　　　　　　　股票代碼、簡稱和全稱的舉例

市場	代碼	簡稱	全稱
上海證券交易所	600000 600001	浦發銀行 邯鄲鋼鐵	上海浦東發展銀行股份有限公司 邯鄲鋼鐵股份有限公司
深圳證券交易所	000001 000002	深發展 萬科 A	深圳發展銀行股份有限公司 萬科企業股份有限公司

4. 買賣方向

投資者在委託指令中必須明確表明委託買賣的方向，即是買進證券還是賣出證券。

5. 數量

這是指買賣證券的數量，可分為整數委託和零數委託。整數委託是指委託買賣證券的數量為1個交易單位或交易單位的整數倍。1個交易單位俗稱「1手」。零數委託是指投資者委託證券經紀商買賣證券時，買進或賣出的證券不足證券交易所規定的1個交易單位。中國只在賣出證券時才有零數委託。

6. 價格

這是指委託買賣證券的價格，是委託能否成交和盈虧的關鍵。一般分為市價委託和限價委託。涉及委託買賣證券價格的內容包括委託價格限制形式、證券交易的計價單位、申報價格最小變動單位、債券交易報價組成等方面。

7. 時間

這是指客戶填寫委託單的具體時點，也可由證券經紀商填寫委託時點，即上午×時×分或下午×時×分。

8. 有效期

這是指委託指令的有效期間。如果委託指令未能成交或未能全部成交，證券經紀商應繼續執行委託。委託有效期滿，委託指令自然失效。

委託指令有效期一般有當日有效與約定日有效兩種。如不在委託單上特別註明，均按當日有效處理。

9. 簽名

客戶簽名以示對所做的委託負責。若預留印鑒，則應蓋章。

10. 其他內容

其他內容涉及委託人的身分證號碼、資金帳號等。

知識點4：網上股票交易

客戶利用網上股票交易系統委託買賣證券包含的指令要素和委託單基本一致。投資者登陸自己的證券帳戶後通過銀證轉帳功能轉入相應資金進入資金帳戶，可利用交易系統選擇相應的股票在可用資金範圍內設定買入或賣出價格委託買或賣相應數量的股票。且可利用此系統查詢資金、股票、持倉、成交、委託交易記錄。

1. 登錄網上股票交易系統

登錄網上股票交易系統，出現如圖5-3所示的界面。

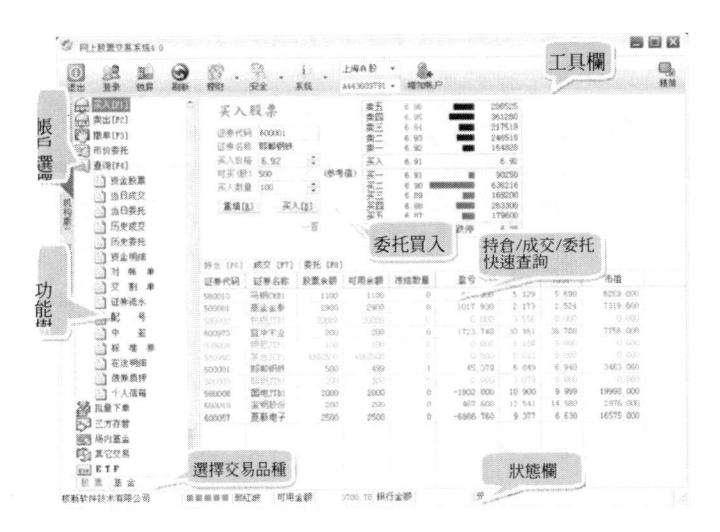

圖 5-3 網上股票交易系統

2. 銀證轉帳

銀證轉帳是指將股民在銀行開立的個人結算存款帳戶（或借記卡）與證券公司的資金帳戶建立對應關係，通過銀行的電話銀行、網上銀行、網點自助設備和證券公司的電話、網上交易系統及證券公司營業部的自助設備將資金在銀行和證券公司之間劃轉，為股民存取款提供便利。具體操作界面如圖 5-4 所示。

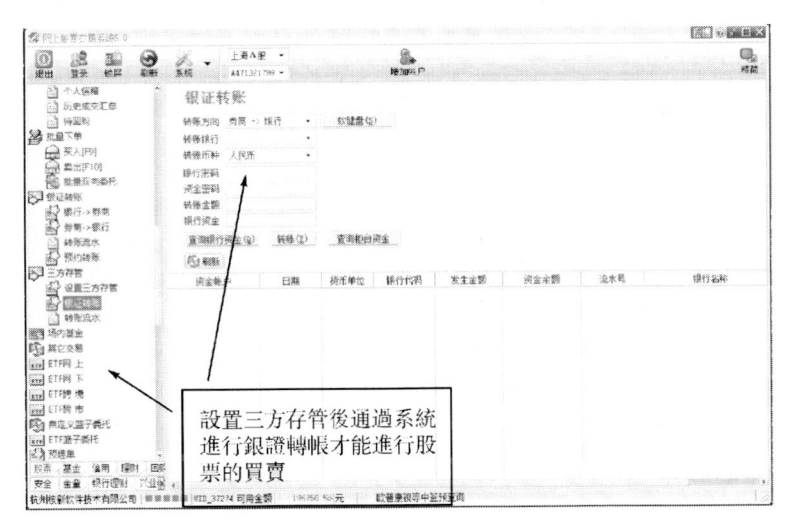

圖 5-4 銀證轉帳

銀證轉帳具有以下幾個優點：

（1）快捷。一筆資金轉帳業務只需幾秒鐘時間就可完成，使證券買賣操作更快、更輕鬆。

(2) 安全。不必隨身攜帶大量現金進出證券交易場所，免除假鈔煩惱；大大減少保證金被證券公司挪用的風險。

(3) 方便。客戶可在銀行的各營業網點存取資金。

銀證轉帳僅 B 股銀證轉帳收取費用，費用標準：按劃轉金額 1‰ 收取，最低不低於 1 美元（10 港幣），最高不高於 40 美元（或 300 港元）。

3. 委託買賣

在買入股票系統中，輸入正確的證券代碼，設定買入價格和數量，即可下單（見圖 5-5）。

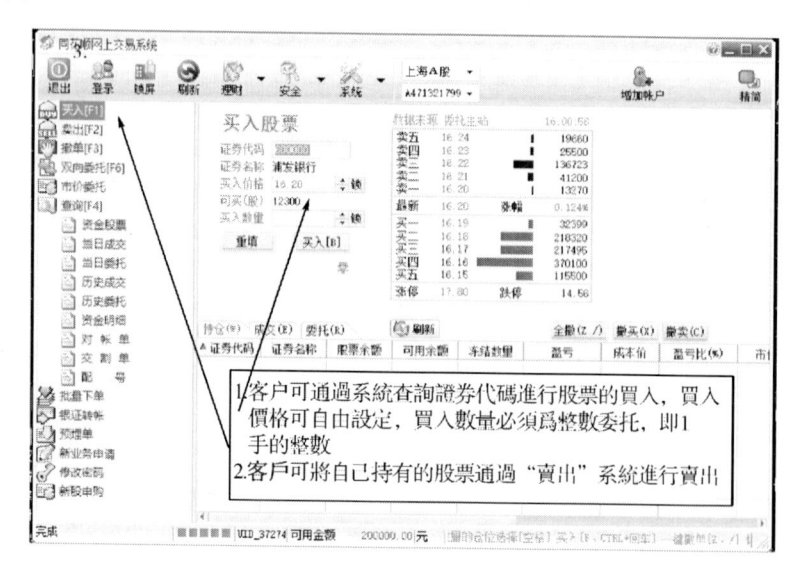

圖 5-5　委託買賣

4. 雙向委託

雙向掛單即是委託掛單和止損掛單的綜合運用。委託買進比大盤點位低的價位，在準備賣出的時候設定比大盤點位高的價位賣出。以上功能都是在交易系統到達點位後馬上成交的（見圖 5-6）。

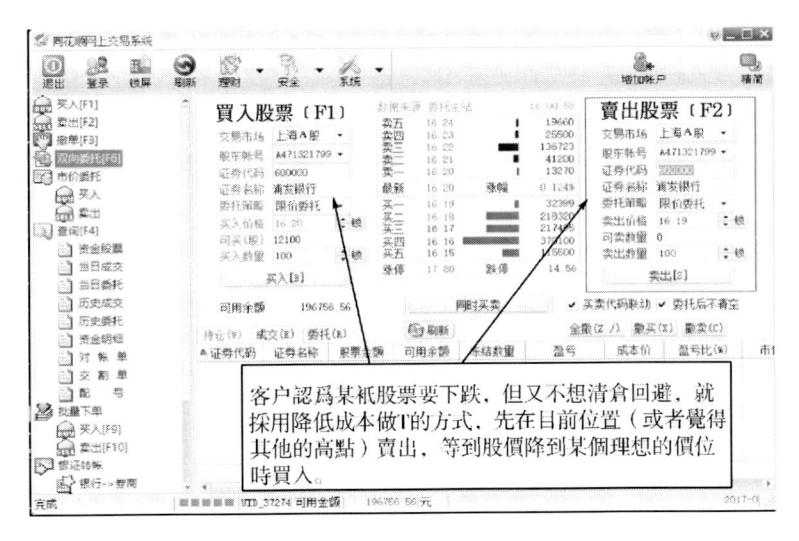

圖 5-6　雙向委託

5. 市價委託

客戶可依據自身需求在上海或是深圳交易所進行市價委託買賣（見圖 5-7）。

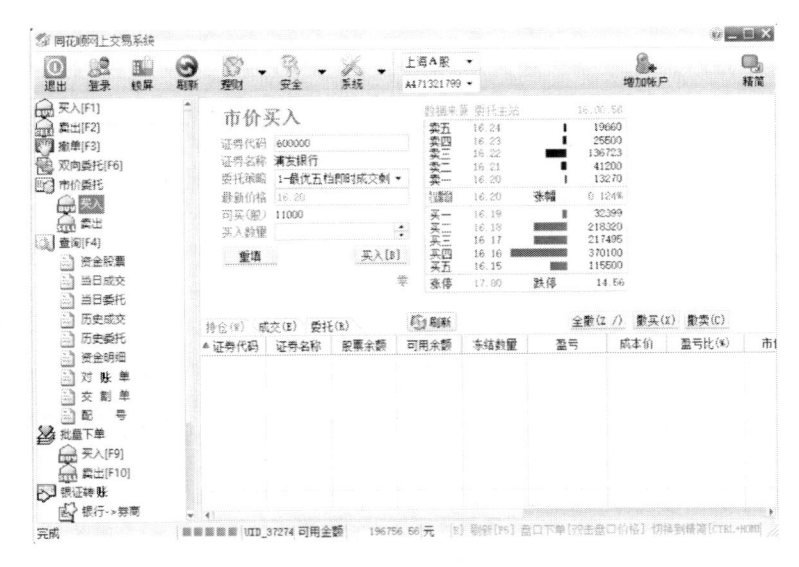

圖 5-7　市價委託

6. 批量下單

批量下單是在股票交易中，適用於有些機構戶的一種下單方式，一般投資者不適用這個功能。在該機構戶的主帳號下掛有多個子帳戶，又稱「拖拉機」帳戶。當進行買賣時，可選取任何一主帳戶或子帳戶進行買賣，也可將所有帳戶做均量同時買賣。具體操作方法：點擊「批量下單」，除了輸入股票代碼、數量、價格以外，還要輸入起始帳號數和截至帳號數，即可實現批量交易功能。

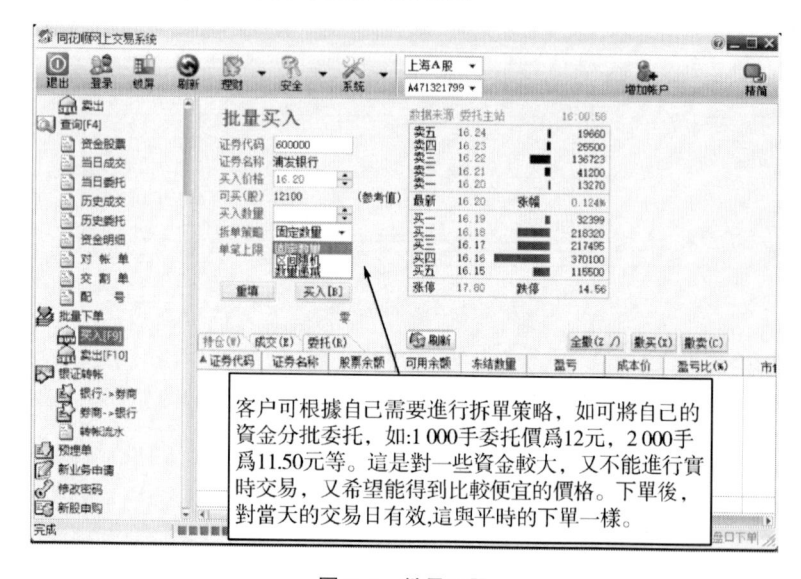

圖 5-8　批量下單

知識拓展

預埋單

預埋單是證券買賣中的一種下單（委託交易）方式，就是預先估計好一個買賣價，提前填好後，先行遞交給證券營業部的交易單。絕大多數在證券交易所進行證券買賣的人其實都不能直接參與交易，而是委託具有會員資格的券商進行。每筆操作，投資者都要向券商提供買入品種、價格等信息，即稱為下單，券商再根據你的下單信息代理你完成操作過程（圖5.9）。

預埋單的應用：

（1）有些可能一開盤就漲停的股票，預先提交買入的預埋單，可以避免開盤就很快漲停而無法買入的煩惱。同樣，對於可能一開盤就跌停的股票，預先提交賣出的預埋單，也可以提高逃跑成功的概率。

（2）如果投資者對股價的走勢有明確的把握，但開市時沒有時間操作，也可以在開市前提交預埋單（甚至前天晚上），然後開市後它會「自動」成交了。

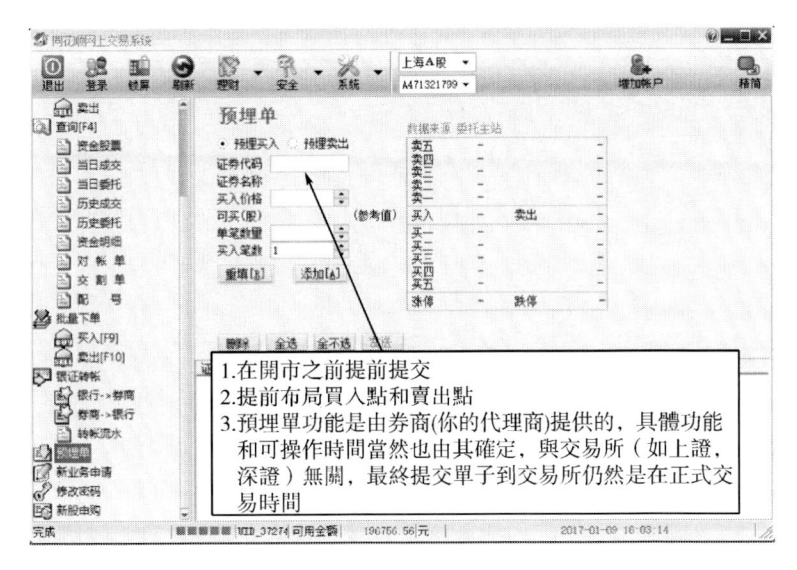

圖 5.9　預埋單

（3）預埋單一般直接允許投資者將單子分成不同的筆數，在市場已開市的情況下，使用這個功能可以更方便地分批減倉或加倉。對於大資金炒家，預埋單可以提高「工作」效率，方便那些喜歡隱藏大單的人。

案例分享

證券公司須為「堵單」買單

袁某在中銀證券開戶，2007年4月，袁某通過中銀證券網上交易系統輸入了購買*ST方向股票的委託。隨後其資金帳戶被「凍結」了相應金額。但當天袁某並沒有查詢到委託記錄。翌日，*ST方向股票股價上漲。袁某訴稱：中銀證券未能及時接受委託買入股票，造成其股票的差價損失，應予賠償。而中銀證券則稱「堵單」屬不可抗力，可予免責。

法院認為，中銀證券出現「堵單」事件，是由於通信線路堵塞，屬於證券公司能夠以設備更換、技術改進或加強內部管理予以克服、事先也能預見的缺陷，並不符合不可抗力的特徵，而屬於證券公司的失職。因此證券公司應承擔賠償袁某損失的責任。

（資料來源：767股票學習網）

知識點5：委託受理

證券營業部在收到投資者的委託後，應對委託人身分、委託內容、委託賣出的實際證券數量及委託買入的實際資金餘額進行審查。經審查符合要求後，才能接受委託。

1. 驗證

驗證主要對證券委託買賣的合法性和同一性進行審查。驗證的合法性審查包括投資主體的合法性審查和投資程序的合法性審查。

2. 審單

審單主要是審查委託單的合法性及一致性。證券營業部業務員首先應審查該項委託買賣是否屬於全權委託，包括對買賣證券的品種、數量、價格的決定是否作全權委託。然後，要審查記名證券是否辦妥過戶手續。對全權委託或記名證券未辦妥過戶手續的委託，證券營業部一律不得受理。

同時，要注意審查委託單上買賣證券代碼與名稱是否一致，有無塗改或字跡不清，委託種類、品種、數量和價格是否適當合理。這些審查都是為了提高成交率，避免造成不必要的糾紛。

3. 驗證資金及證券

投資者在買入證券時，證券營業部應查驗投資者是否已按規定存入必需的資金；而在賣出證券時，必須查驗投資者是否有相應的證券。證券營業部審查完畢後，即可在委託單上註明受託時間，由經辦人員簽字蓋章後，作為正式受託。

案例分享

教育資金委託投資風險大

2004 年 1 月，華師大委託銀河證券代理國債投資事宜，銀河證券保證委託本金不受損失，收益率不低於 7%。此後，銀河證券違約將資金用於買賣股票。同年 7 月，銀河證券僅償還部分投資資金及收益。

由於本案所涉資金是華東師範大學的教育資金，如果這筆巨額損失未能及時追回，將引起學校教育工作的被動，所以向法院表達了希望司法調解的意願，銀河證券也有調解意願，但表示資金流緊張只能分期還款。為此，第一中級人民法院法官做了大量工作，最終促使雙方達成了調解協議。

（資料來源：767 股票學習網）

案例分享

以約定盈利分成的方式從事代客操盤

投資者吳某接到某投資管理公司的電話，稱公司是專門從事股票研究的機構，現在推出一種新的理財產品，無須繳納會員費，只需將自己的證券帳戶號碼及交易密碼告訴業務員，由公司組織專家團隊為其操作，公司保證客戶資金安全，且保證客戶至少不會「賠本」。隨後該公司給吳某發來合同樣本。吳某想反正也沒交服務費，銀行密

碼在自己手中，資金也很安全，於是決定試一下。但是，在隨後的操作過程中，吳某的股票帳戶並沒有像公司宣稱的那樣出現迅速升值，而是在短短一週內已虧損嚴重。吳某恍然大悟，趕緊終止合作並將情況反應到監管部門。經查，該公司未經證監會批准，以約定盈利分成的方式代客理財，非法從事證券經營活動，最終被依法取締。

該投資公司未經批准非法從事證券業務，以「無須繳納會員費」為誘餌，直接代替客戶操作，並對客戶證券買賣的收益或損失做出承諾。委託不得超出法律規定範圍，投資者應拒絕接受全權委託。「約定利潤分成」的方式屬於違法違規證券活動，不受法律保護，投資者要自覺遠離此類違法證券活動。

(資料來源：百度文庫)

知識點6：委託撤銷

1. 撤單的條件

在委託未成交之前，委託人有權變更和撤銷委託（見圖5-10）。證券營業部申報競價成交後，買賣即成立，成交部分不得撤銷。

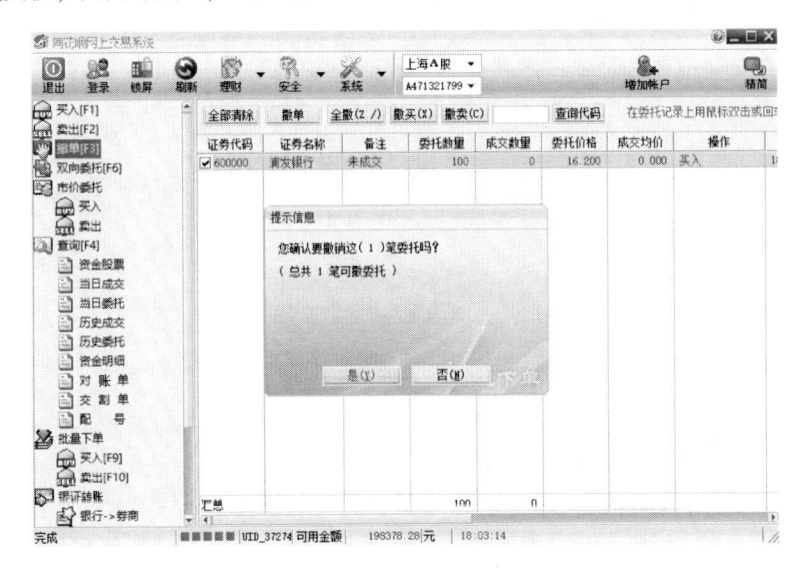

圖5-10 股票交易撤單

2. 撤單的程序

在委託未成交之前，委託人可變更或撤銷委託。在證券營業部採用有形席位申報的情況下，證券營業部櫃臺業務員須即刻通知場內交易員，經場內交易員操作確認後，立即將執行結果告知委託人。在證券營業部採用無形席位申報的情況下，證券營業部的業務員或委託人可直接將撤單信息通過電腦終端告知證券交易所交易系統電腦主機，辦理撤單。對委託人撤銷的委託，證券營業部須及時將凍結的資金或證券解凍。

【技能訓練】

實訓目的：掌握網上股票交易委託買賣。
實訓要求：完成股票的委託買賣流程。
實訓器材：網上交易模擬系統。
實訓場地：多媒體教室。
實訓步驟：
步驟一，以個人為單位熟悉股票交易委託買賣的流程；
步驟二，根據該部分的操作流程對實訓內容進行實操；
步驟三，學生之間互相討論；
步驟四，教師點評。
實訓內容：
利用網上交易模擬系統完成股票交易。

活動二　新股申購

【知識準備】

知識點1：新股申購流程

新股申購是股市中風險最低而收益穩定的投資方式，不參與二級市場炒作，不僅本金非常安全，收益也相對穩定。新股申購業務適合於對資金流動性有一定要求以及有一定風險承受能力的投資者，如二級市場投資者、銀行理財類投資者以及有閒置資金的大企業、大公司。

股份公司發行新股常用的發行方法是網上申購和網下發行。其中網上申購是通過證券交易所的交易平臺進行，投資者可以比照常規A股交易的方法進行操作，而網下發行一般針對法人投資者。

網上申購是指投資者運用其證券交易保證金，向證券交易所提交新股認購請求。證券交易所在匯總所有投資者的認購請求後，為每個認購指令分配一個認購序號，並通過搖號確定中簽的認購序號。如投資者認購序號與中簽號相同，投資者將成功認購新股，否則認購資金將自動退回投資者的保證金帳戶。具體申購流程如下：

1. 申購時間

投資者 T 日，準備好足額資金，通過證券帳戶進行新股申購，買入委託（和買股票的菜單一樣），滬市股票需要數量是1,000股的整數倍，深市股票需要是500股的整數倍，超過可申購額度都是廢單。如果多次委託僅第一筆委託是有效的。滬市申購時

間為 T 日 9：30—11：30；13：00—15：00；深市申購時間為 T 日 9：15—11：30；13：00—15：00。

2. 撤單

股票交易在委託後只要未成交都可以撤單，申購新股的委託是不可以撤單的。申購後申購的資金份額就凍結了。

3. 申購機會

每個帳戶對單個新股只能申購 1 次，不能重複申購。每支新股都有「申購上限」包括數量上限和資金上限。比如說，你有 50 萬用於新股，當天只有 1 支新股可申購，申購上限為 30 萬元，那麼只用一個帳戶的話，就只能申購 1 次，多出的 20 萬元只能另行安排。投資者在通過證券公司的交易系統下單申購的時候要注意時間段，因為一只股票只能下單一次，需要避開下單的高峰時間段，提高中簽的概率。申購時間段選在上午 10：30—11：30 和下午 1：00—2：00 時，中簽概率相對較大。

4. 配號（T+1 日）

中國結算公司將申購資金凍結。交易所將根據最終的有效申購總量，按每1,000（深圳 500 股）股配一個號的規則，由交易主機自動對有效申購進行統一連續配號。

5. 公布中簽率和中簽號（T+2 日）

T+2 日，將公布中簽率，並根據總配號，由主承銷商主持搖號抽簽，確認搖號中簽結果，並於搖號抽簽後的 T+2 日在指定媒體上公布中簽結果。

6. 中簽認購和資金解凍（T+3 日）

股民帳戶中中簽部分資金將被自動扣除，而未中簽部分的申購款將自動解凍。

知識拓展

申購新股要注意的問題

（1）申購新股必須在發行日之前辦好上海證交所或深圳證交所證券帳戶。

（2）投資者可以使用其所持的帳戶在申購日（以下簡稱 T 日）申購發行的新股，申購時間為 T 日上午 9：30—11：30，下午 1：00—3：00。

（3）每個帳戶申購同一只新股只能申購一次（不包括基金、轉債）。重複申購，只有第一次申購有效。

（4）滬市規定每一申購單位為 1,000 股，申購數量不少於 1,000 股，超過 1,000 股的必須是 1,000 股的整數倍，但最高不得超過當次社會公眾股上網發行數量或者 9,999.9 萬股。深市規定申購單位為 500 股，每一證券帳戶申購委託不少於 500 股，超過 500 股的必須是 500 股的整數倍，但不得超過本次上網定價發行數量，且不超過 999,999,500 股。

（5）申購新股的委託不能撤單，新股申購期間內不能撤銷指定交易。

（6）申購新股每 1,000（或 500）股配一個申購配號，同一筆申購所配號碼是連

續的。

（7）投資者發生透支申購（即申購總額超過結算備付金餘額）的情況，則透支部分確認為無效申購不予配號。

（8）每個中簽號只能認購1,000（或500股）股。

（9）新股上市日期由證券交易所批准後在指定證券報上刊登。

（10）申購上網定價發行新股須全額預繳申購股款。

想一想

根據新股申購流程，您知道四日或者三日申購流程嗎？

知識點2：具體申購程序

1. 預約申購

預約申購的網上操作業面如圖5-11所示。

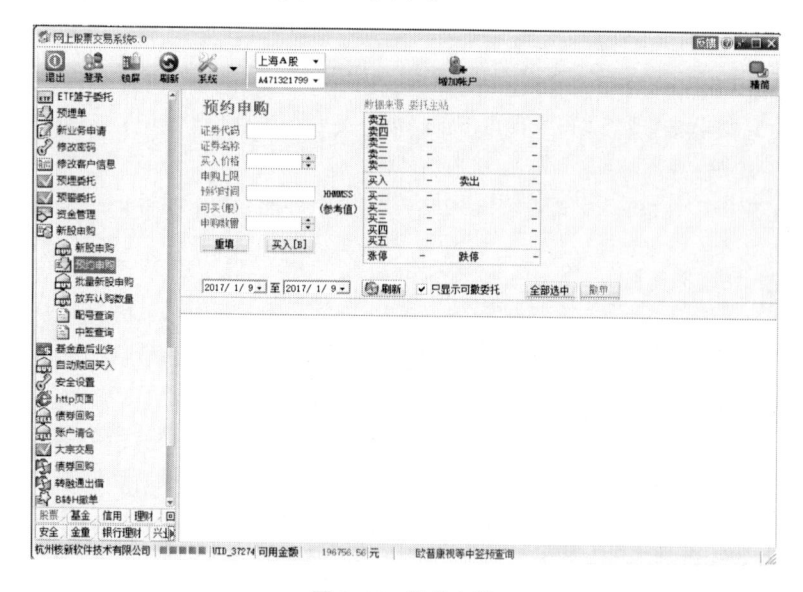

圖5-11　預約申購

2. 批量申購

批量申購是指一天有幾只股票同時發行，你可全選所有新股，設置申購數量，進行一次性全部申購（見圖5-12）。

圖 5-12　批量申購

3. 放棄認購數量

可在「放棄認購數量」系統中查詢中籤數量（見圖 5-13），並發起放棄認購。通過選擇代碼，修改申購放棄數量，發起放棄認購數量的委託。

圖 5-13　放棄認購數量

知識拓展

股份報價轉讓

股份報價轉讓是指代辦股份轉讓系統中專門用於為非上市公司股份提供報價轉讓服務的技術設施。報價轉讓方式與在深交所上市的股票交易模式完全不同。該系統是證券公司代辦股份轉讓系統功能的進一步拓展和延伸，目前主要服務於中關村高新技術園區未上市公司股份轉讓。具體委託買賣如下：

1. 意向買賣

意向委託是指投資者委託主辦券商按其指定價格和數量買賣股份的意向指令，意向委託不具有成交功能。

2. 定價買賣

定價委託是指投資者委託主辦券商按其指定的價格買賣不超過其指定數量股份的指令，定價委託具有成交功能。

當無明確成交對手時選擇定價賣出或買入，自動生成約定編號，由對手方進行成交確認申報（對手方不確定），交易成功需買賣雙方下單中證券代碼、買入與賣出價格、約定編號、對方席位號等均保持一致。成交確認申報股票數量小於定價申報的，

以成交確認申報的股票數量為成交股票數量。定價申報未成交股票數量不小於3萬股的，該定價申報繼續有效；小於3萬股的，以撤單處理。成交確認申報股票數量大於定價申報的，以定價申報的股票數量為成交股票數量。成交確認申報未成交部分以撤單處理。

3. 確認買賣

成交確認委託：是指買賣雙方達成轉讓協議後，向報價系統提交的買賣確定性委託。

有明確成交對手的選擇「成交確認買入」（或「成交確認賣出」），雙方做反方向下單，約定編號在0~1,000,000自選，交易成功需買賣雙方下單中證券代碼、買入與賣出價格、買入數量與賣出數量、約定編號、對方席位號等均保持一致。成交確認委託一經報價系統確認成交的，不得撤銷或變更。

全國股份轉讓系統股票轉讓的交收日為T+1日（T日為股票轉讓日），最終交收時點為16：00，T+2日資金可用、可取。

知識拓展

表 5-2　　　　　　　　　　不同交易制度的比較

類別	代辦股份轉讓	股份報價轉讓	交易所主板
交易模式	集合競價（每週五次、三次、一次）	協議成交、不撮合	連續競價
交易單位	一手（100股）	不低於3萬股	一手（100股）
交易時間	上午：9：30—11：30 下午：13：00—15：00	上午：9：30—11：30 下午：13：00—15：00	上午：9：30—11：30 下午：13：00—15：00
漲跌幅	±5%	無	±10%
結算方式	T+1交收、多邊淨額結算、貨銀對付、擔保交收	T+1交收、雙邊淨額結算、貨銀對付、無擔保交收	T+1交收、多邊淨額結算、貨銀對付、擔保交收
證券帳戶	非上市公司股份轉讓帳戶	非上市公司股份轉讓帳戶	深、滬交易所證券帳戶
資金帳戶	銀行資金帳戶	銀行資金帳戶 買方須T-1日存入資金	銀行資金帳戶

活動三　債券交易

【知識準備】

知識點 1：債券網上交易

債券網上交易可在滬深證券帳戶或是基金帳戶中交易。其過程和股票基本一樣，請參考股票網上交易流程。

1. 買賣交易的地方

債券買賣交易的地方與股票交易相同，交易對象為全部上市債券。投資者知道購買的債券代碼即可。國債在上海證券交易所的代碼為「00××××」，在深圳證券交易所的代碼為「19××」；企業債在上海證券交易所的代碼為「12××××」，在深圳證券交易所的代碼為「10××」；回購債券在上海證券交易所的代碼為「2×××××」，在深圳市場「1×××」。

2. 債券價格

申報價格為每百元面值債券的價格；申報價格最小變動單位為 0.01 元。

3. 債券數量

債券申報數量為 1 手或其整數倍，單筆申報最大數量不超過 10 萬手。債券買賣的數量必須是 10 的整數張。

4. 交易方式：債券回轉交易

債券實行當日回轉交易，即投資者可以在交易日的任何營業時間內反向賣出已買入但未完成交收的債券。

案例分享

國債登記他人名下

2003 年 5 月，同濟設計院與渤海證券簽訂了《代理投資國債協議》，委託渤海證券代理國債投資。但渤海證券將同濟設計院購買的國債登記於盛典公司開設在渤海證券處的某證券帳戶內。渤海證券承認案外人上海銀行外灘支行在其與盛典公司借款合同糾紛案中提出保全申請，第二中級人民法院裁定凍結盛典公司證券帳戶內的國債。

隨後，同濟設計院請求確認盛典公司在證券帳戶內國債屬其所有。一審法院根據國債登記在盛典公司名下的事實，駁回同濟設計院的訴訟請求。二審高級人民法院在查清國債資金來源、國債交易情況後，認定同濟設計院為該國債的所有權人。

一些證券公司在開立資金和證券帳戶，違反了證券帳戶和資金帳戶——對應規定，在客戶資金帳戶下掛他人證券帳戶，有時下掛幾百甚至上千個證券帳戶，俗稱拖拉機帳戶。一旦發生糾紛，就會產生證券的所有權是歸屬於證券帳戶戶名人還是資金帳戶戶名人的問題。如果沒有充分證據證明，真正權利人的利益可能受到損害。

（資料來源：767 股票學習網）

知識拓展

融資融券

「融資融券」（securities margin trading）又稱「證券信用交易」或保證金交易，是指投資者向具有融資融券業務資格的證券公司提供擔保物，借入資金買入證券（融資交易）或借入證券並賣出（融券交易）的行為，包括券商對投資者的融資、融券和金融機構對券商的融資、融券。從世界範圍來看，融資融券制度是一項基本的信用交易制度。

2010 年 3 月 30 日，上交所、深交所分別發布公告，將於 2010 年 3 月 31 日起正式開通融資融券交易系統，開始接受試點會員融資融券交易申報。融資融券業務正式啟動。

融資是借錢買證券，即證券公司借款給客戶購買證券，客戶到期償還本息，客戶向證券公司融資買進證券稱為「買多」；融券是借證券來賣，然後以證券歸還，證券公司出借證券給客戶出售，客戶到期返還相同種類和數量的證券並支付利息，客戶向證券公司融券賣出稱為「賣空」。

知識點 2：債券回購交易

債券回購交易是指債券持有人（正回購方，即資金融入方）在賣出一筆債券、融入資金的同時，與買方（逆回購方，即資金融出方）協議約定於某一到期日再以事先約定的價格將該筆債券購回的交易方式。一筆回購交易涉及兩個交易主體（資金融入方和資金融出方）、兩次交易契約行為（初始交易和回購期滿時的回購交易）和相應的兩次清算。一筆回購包括初始交易以及期滿時的回購交易，期滿時的回購交易自動生成交記錄，無須再申報。兩次結算是：一是融券方向融資方劃款（本金），並劃付有關的交易費用（佣金、經手費）；將融資方帳戶內的標準券凍結。二是由融資方向融券方劃款（本息和）；將融資方帳戶內的標準券解凍。

1. 質押庫入庫

債券回購交易實行質押庫制度，融資方應在回購申報前，通過交易系統申報提交相應的債券作質押。用於質押的債券，按照證券登記結算機構的相關規定，轉移至專用的質押帳戶。

客戶委託證券公司通過交易系統將其證券帳戶中的債券現券申報提交入結算公司的質押庫。在交易界面，選擇「賣出（即提交質押券）」，輸入質押代碼，價格會自動顯示的，一般是1。注意：這裡是質押代碼而不是交易代碼。質押代碼以090（國債）、104（公司債）、105（分離債純債、企業債）、106（地方債）開頭。此操作叫債券質押入庫。債券質押的數量沒有限制，最低1手即10張。很多券商要求投資者必須到櫃臺辦理債券質押入庫、出庫，而不能在網上操作（就像深市轉債轉股一樣）。

2. 標準券使用

標準券是由不同債券品種按相應折算率折算形成的回購融資額度。

債券質押入庫後，系統就根據最新的折算率自動換成了標準券。帳戶上出現標準券一覽，上交所新標準券代碼為888880；深交所國債代碼為131990，企業債代碼為131991。可以用來質押的債券必須是1,000張標準券的整數倍，若投資者有1,050張和1,800張都只能按1,000張標準券融資10萬元。多餘的債券可以直接出庫。

3. 可回購日期

上交所規定，當日買入的債券當日可質押，當日可回購交易；深交所規定當日買入的債券當日可質押，但下一交易才可用於回購。

4. 融資、融券回購

債券回購交易申報中，融資方按「買入」予以申報，融券方按「賣出」予以申報。質押券對應的標準券數量有剩餘的，可以通過交易系統，將相應的質押券申報轉回原證券帳戶。債券回購交易的融資方，應在回購期內保持質押券對應標準券足額。

在交易界面中，選擇「買入」，輸入代碼；融資價格填你願意融入資金的利率。上海證券交易所債券回購交易最小報價變動為0.005或其整數倍；深圳證券交易所債券回購交易的最小報價變動為0.01或其整數倍。

融資數量必須填1,000的整數倍，比如你有2,500張標準券，那麼你可以輸入1,000或2,000，表示你願意借入10萬或20萬元資金。交易完成後你的帳戶上就出現借入的現金，同時減少你的標準券數量。借入的資金可買入其他證券也可以轉出資金（有的券商不允許轉出融入的資金）。回購交易指令必須申報證券帳戶，否則回購申報無效。上海證券交易所規定，申報單位為手，1,000元標準券為1手；計價單位為每百元資金到期年收益；申報數量為100手或其整數倍，單筆申報最大數量應當不超過1萬手。深圳證券交易所規定，債券回購交易的申報單位為張，100元標準債券為1張；最小報價變動為0.01元或其整數倍；申報數量為10張及其整數倍，單筆申報最大數量應當不超過10萬張。

5. 回購交易後的結算

做完回購後投資者就要注意在帳戶上準備足夠的資金以備到期扣款（自動扣款，不用做任何操作）。例如，1日回購，當天晚上10點以後標準券就回到帳戶上，同時可用資金減少（如果原來資金已用完，那麼就顯示負數）。T+1日16：00前你的帳戶上要準備足夠的扣款本金及利息以還掉借款。

6. 質押債券出庫（又稱解除債券質押）

債券質押到期後（標志就是標準券回到了帳戶上）就可申請出庫。方法與入庫時相反，即在交易界面選擇「買入（即轉回質押券）」，輸入質押代碼和出庫數量即可。出庫的目的一般是為了賣出，否則沒有必要出庫，這樣下次回購時就非常方便。當日出庫的質押券可再次申報入庫。上海出入庫委託不提供撤單操作。深圳入庫申報確認後的標準券數量不可用，出庫申報確認的國債數量也不能賣出。

7. 債券可賣出日期

上交所規定當日出庫的債券當日賣出；深交所規定當日出庫的債券，下一交易才能賣出。

8. 標準券與融入資金的關係

這兩個是相互對應的就像買賣股票和手頭現金的關係一樣，是一個問題的兩個方面。當標準券數量大於 1,000 時，就可融入資金。融入後，標準券消失（實際上是質押給了登記結算公司）帳戶上可用資金增加。當質押到期標準券回來時，帳戶上可用現金減少相應數額。

知識拓展

標準券的品種

2008 年上海證券交易所規定國債、企業債、公司債等可參與回購的債券均可折成標準券，並可合併計算，不再區分國債回購和企業債回購。上海證券交易所實行標準券制度的債券質押式回購分別為：1 天、2 天、3 天、4 天、7 天、14 天、28 天、91 天、182 天 9 個品種。

深圳證券交易所仍維持原狀，規定國債、企業債折成的標準券不能合併計算，因此需要區分國債回購和企業債回購。深圳證券交易所實行標準券制度的債券質押式回購分為：國債有 1 天、2 天、3 天、4 天、7 天、14 天、28 天、63 天、91 天、182 天、273 天 11 個品種；實行標準券制度的質押式企業債回購有 1 天、2 天、3 天、7 天 4 個品種。

活動四　全國銀行間債券交易

【知識準備】

知識點 1：全國銀行間債券市場

全國銀行間債券市場債券回購業務是指以商業銀行等金融機構為主的機構投資者

之間以詢價方式進行的債券交易行為。中央國債登記結算有限責任公司（簡稱「中央結算公司」）為中國人民銀行指定的辦理債券的登記、託管與結算的機構。中國人民銀行是全國銀行間債券市場的主管部門。中國人民銀行各分支機構對轄內金融機構的債券交易活動進行日常監督。具體交易規則：

1. 交易時間

交易系統的工作日為每週一至周五，法定節假日除外；如遇變更，同業中心應發布市場公告。交易系統工作日的營業時間為9：00—11：00、14：00—16：30。

2. 交易期限

回購期限最短為1天，最長為1年。參與者可在此區間內自由選擇回購期限，不得展期。

3. 交易面額

債券交易數額最小為債券面額十萬元，交易單位為債券面額一萬元。

知識點2：交易程序

參與者利用交易系統進行債券交易。債券交易採用詢價交易方式，包括自主報價、格式化詢價、確認成交三個交易步驟。

1. 自主報價

參與者的自主報價分為兩類：公開報價和對話報價。

（1）公開報價是指參與者為表明自身交易意向而面向市場做出的、不可直接確認成交的報價。公開報價分為單邊報價和雙邊報價兩類。

單邊報價是指參與者為表明自身對資金或債券的供給或需求而面向市場做出的公開報價。

雙邊報價是指經中國人民銀行批准在銀行間債券市場開展雙邊報價業務的參與者在進行現券買賣公開報價時，在中國人民銀行核定的債券買賣價差範圍內連續報出該券種的買賣實價，並可同時報出該券種的買賣數量、清算速度等交易要素。進行雙邊報價的參與者有義務在報價或合理範圍內與對手方達成交易。

（2）對話報價是指參與者為達成交易而直接向交易對手方做出的、對手方確認即可成交的報價。

2. 格式化詢價

格式化詢價是指參與者必須按照交易系統規定的格式內容填報自己的交易意向。未按規定所做的報價為無效報價。

3. 確認成交

確認成交須經過「對話報價—確認」的過程，即一方發送的對話報價，由對手方確認後成交，交易系統及時反饋成交。交易成交前，進入對話報價的雙方可在規定的次數內輪替向對手方報價。超過規定的次數仍未成交的對話，須進入另一次詢價過程。

參與者在確認交易成交前可對報價內容進行修改或撤銷。交易一經確認成交，則參與者不得擅自進行修改或撤銷。債券交易成交確認後，由成交雙方根據交易系統的成交回報各自打印成交通知單，並據此辦理資金清算和債券結算。

（1）債券買賣成交通知單

債券買賣成交通知單的內容包括：成交日期、成交編號、交易員代碼、交易雙方名稱及交易方向、債券種類、債券代碼、成交價格、應計利息、結算價格、券面總額、成交金額、結算金額、應計利息總額、清算日、結算方式、對手方人民幣資金帳戶戶名、開戶行、帳號、債券託管帳號、手續費等，如表5-3所示。

表5-3　　　　　　　　　　銀行間債券買入成交通知單

成交日期：2017-01-16　　　成交編號：B2017011600042　　　　　交易員：×××

買入方	A銀行		
賣出方	某證券有限責任公司		
證券名稱	02國開01	證券代碼	020202
淨價（元/百元面值）	100.440	應計利息（元/百元面值）	1.222
全價（元/百元面值）	100.662	券面總額（萬元）	5,000
淨價金額（元）	50,222,000.00	應計利息總額（元）	611,068.49
全價金額（元）	50,831,068.49	手續費	
交割日	2017-01-16	結算方式	見券付款
買入方戶名	A銀行		
買入方開戶行	A銀行（行號：689870）		
買入方帳號	283798283798		
買入方債券託管帳號	A00192878		
賣出方戶名	某證券有限責任公司		
賣出方開戶行	某某省工行某某市支行（行號：0788307883）		
賣出方帳號	2328379034546		
賣出方債券託管帳號	A008210002		

（2）債券回購成交通知單

債券回購成交通知單的內容包括：成交日期、成交編號、交易員代碼、交易雙方名稱及交易方向、債券種類、債券代碼、回購利率、回購期限、券面總額、折算比例、成交金額、到期劃款金額、首次結算方式、到期結算方式、首次劃付日、到期劃付日、對手方人民幣資金帳戶戶名、開戶行、帳號、債券託管帳號、手續費等，如表5-4所示。

表 5-4　　　　　　　　　銀行間質押式正回購成交通知單

成交日期：2017-01-23　　　成交編號：R2017012300022　　　　　交易員：XX

正回購方	A 銀行		
逆回購方	B 銀行		
回購利率（%）	1.118,0	回購期限（天）	7
券面金額（萬元）	20,000	成交總金額（元）	200,000,000.00
到期還款總額（元）	200,042,805.48	手續費	
首次結算方式	見券付款	到期結算方式	見款付券
首次交割日	2017-01-23	到期交割日	2017-01-30
正回購方戶名	A 銀行		
正回購方開戶行	A 銀行（行號：688870）		
正回購方帳號	283798283798		
正回購方債券託管帳號	A192878		
逆回購方戶名	B 銀行		
逆回購方開戶行	B 銀行（行號：0768307683）		
逆回購方帳號	7876727		
逆回購債券託管帳號	B17287		
債券名稱	債券代碼	債券面額（萬元）	折算比例	成交金額（萬元）
03 國開 19	030338	20,000	100.00	200,000,000.00

知識拓展

全價交易與淨價交易

全價交易是指債券價格中把應計利息包含在債券報價中的債券交易，其中應計利息是指從上次付息日到購買日債券發生的利息。淨價交易是以不含利息的價格進行的交易，即價格只反應本金市值的變化。

淨價＝全價－應計利息

$$應計利息 = \frac{面值 \times 票面利率}{365} \times 已計息天數$$

交易日掛牌顯示的「每百元應計利息額」是包括交易日當日在內的應計利息額。

例：某國債面值為 100 元，票面利率為 5%，起息日是 8 月 5 日，交易日是 12 月 18 日，則交易日掛牌顯示的應計利息額為：

$$應計利息 = \frac{100 \times 5\%}{365} \times 136 = 1.86 \text{ 元}$$

113

在淨價交易制度下，交易系統直接實行淨價報價。在債券現券買賣中，買賣雙方以淨價進行報價，而實際買賣價格和結算交割價格為全價。

知識拓展

結算方式

債券回購雙方可以選擇的交收方式包括見券付款、券款對付和見款付券三種。雙方應按合同約定及時發送債券和資金的交收指令，在約定交收日應有足額的用於交收的債券和資金，不得買空賣空。

1. 見券付款

簡稱PAD（Payment After Delivery），指在結算日收券方通過債券簿記系統得知付券方有履行義務所需的足額債券，即向對方劃付款項並予以確認，然後通知中央結算公司辦理債券結算的方式。這是一種對收券方有利的結算方式，有利於收券方控制風險，但付券方會有一個風險敞口，付券方在選擇此方式時應充分考慮對方的信譽情況。採用見券付款方式往往是收券方信用比付券方要好。

2. 券款對付

簡稱DVP（Delivery Versus Payment），指在結算日債券交割與資金支付同步進行並互為約束條件的一種結算方式。DVP的特點是結算雙方交割風險對等，是一種高效率、低風險的結算方式。券款對付的實現，可使相互並不熟悉或信用水準相差很大的交易雙方安全迅速地達成債券交易結算。

3. 見款付券

簡稱DAP（Delivery After Payment），指付券方確定收到收券方應付款項後予以確認，要求中央結算公司辦理債券交割的結算方式。這是一種對付券方有利的結算方式，有利於付券方控制風險，但收券方會有一個風險敞口，該方式在收券方對付券方比較信賴的情況下可以採用。

知識點3：結算

債券結算和資金清算的時間採用「T+0」或「T+1」的方式，參與者雙方自行決定債券結算和資金清算的時間。銀行間債券交易中「T+0」指參與者於債券交易成交日進行債券結算和資金清算。「T+1」指參與者於債券交易成交日之後的第一個營業日進行債券結算和資金清算。債券交易的債券結算和資金清算必須在同一日進行。

1. 付券方錄入結算指令

付券方通過簿記系統客戶端錄入合法的結算指令並加以復核。

2. 收券方確認指令

收券方對付券方錄入的結算指令加以確認。

3. 生成結算合同

經確認後的結算指令生成結算合同。

4. 收款確認、付款確認

簿記系統根據結算合同的條件檢查結算雙方的券款情況，在券足的情況下，付款方應及時劃款，結算雙方需根據採用的結算方式及時發送收款確認、付款確認等輔助指令。

5. 債券交割

簿記系統在券足和款足的情況下為每筆債券結算全額辦理相應的債券交割。

>>同步練習

2017年12月21日，A銀行與B銀行交易員經過商談達成協議，以淨價100.52（元/百元面值）的價格，應計利息1.578（元/百元面值）買入B銀行05國開02債券，（債券代碼020322，券面總額8,000萬）並在網上確認成交。假設你作為A銀行同業資金部前臺交易員王強，請填製銀行間債券買入成交單（見表5-5），注意成交單內各要素完整準確。具體資料：A銀行（開戶行A銀行，行號：253220、帳號141683270；B銀行（開戶行B銀行，行號：123316755、帳號2311194857）

表5-5　　　　　　　　　　　銀行間債券買入成交通知單

成交日期：　　　　　　　成交編號：B2017122100042　　　　　　交易員：××

買入方			
賣出方			
證券名稱		證券代碼	
淨價（元/百元面值）		應計利息（元/百元面值）	
全價（元/百元面值）		券面總額（萬元）	
淨價金額（元）		應計利息總額（元）	
全價金額（元）		手續費	
交割日		結算方式	
買入方戶名			
買入方開戶行			
買入方帳號			
買入方債券託管帳號			
賣出方戶名			
賣出方開戶行			
賣出方帳號			
賣出方債券託管帳號			

活動五　基金交易

【知識準備】

知識點1：基金交易帳戶

客戶購買基金使用普通股票帳戶或證券投資基金帳戶。銀行網點辦理基金業務需要提交的文件如表5-6所示。

表5-6　　　　投資者辦理基金業務提交的文件（個人版）

開戶	開戶申請表
	本人有效身分證件
	某銀行借記卡
	交易協議書（一式兩份）
認購	認購申請表
	某銀行借記卡
	基金交易卡
申購	交易申請表
	某銀行借記卡
	基金交易卡
贖回	交易申請表
	某銀行借記卡
	基金交易卡
資料變更	資料變更申請表
	本人有效身分證件
	重要資料變更提供公安機關證明
	某銀行借記卡、基金交易卡
銷戶	銷戶申請表
	本人有效身分證件
	某銀行借記卡
	基金交易卡

表5-6(續)

非交易過戶	繼承人或捐贈人填寫的非交易過戶申請（一式兩份）
	有關法律文件（公證書、司法機關證明原被繼承人身分號碼的文件、戶口本及複印件）（一式兩份）
	繼承人或捐贈人有效身分證件原件及複印件（一式兩份）
	繼承人、被繼承人或捐贈人的借記卡及基金交易卡
	受贈方的組織機構代碼證、營業執照或註冊登記證書原件（正本）及上述文件加蓋公章的複印件（一式兩份）
	受贈方經辦人的身分證及法人授權委託書的原件及複印件（一式兩份）
分紅方式選擇	提供文件同認購
查詢	本人有效身分證件
	某銀行借記卡、基金交易卡
撤單	撤單申請表
	本人有效身分證件
	某銀行借記卡、基金交易卡
	原交易回執
登記基金帳號	提供文件同開戶
轉託管	提供文件同申購
基金轉換	提供文件同贖回
定期定額	提供文件同申購

想一想

機構投資者辦理各項基金業務提交的文件有哪些呢?

知識點2：交易所場內基金

可在網上辦理交易所場內基金。

1. 基金申購

在「基金申購」框裡，輸入基金代碼、申購金融確認申購即可（見圖5-14）。投資者開立基金交易帳戶的當日，即可申請辦理基金的認購或申購，T 日受理申請。投資者在買基金時是按購買的金額提出申請，而不是按購買的份額提出申請，如一個投資者提出買10,000元的基金，而不是買10,000份的基金。

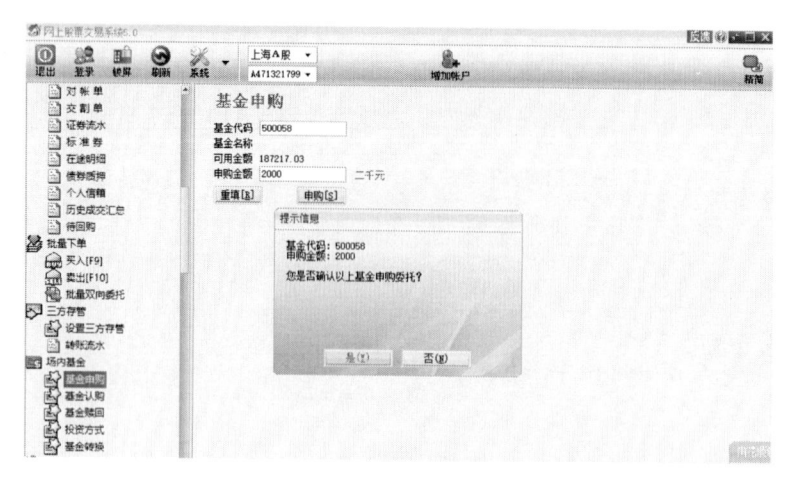

圖 5-14　基金申購

2. 基金認購

在「基金認購」框裡，輸入基金代碼，確認認購「下單」即可。投資者購買基金必須符合基金發行公告規定的首次認購或申購的最低限額。投資者在首次購買基金的當日和下一工作日發生的多次購買基金的行為，因交易尚未被註冊登記機構確認成功，因此均視為首次購買。

3. 基金贖回

在贖回期，投資者的交易帳戶中有被確認的基金份額後，才可申請辦理贖回業務。申請贖回的份額，不得超過交易帳戶中的有效可用份額。T+1 日清算確認淨認購（申購）金額，T+2 日可赴代銷渠道取得確認回執，T+2 日起可申請贖回該部分基金份額。投資者在賣基金時是按賣出的份額提出，而不是按賣出的金額提出，如一個投資者提出賣出 10,000 份基金，而不是賣出 10,000 元的基金。基金認購、申購及贖回申請提交後一經銷售機構受理，不可以撤銷 。交易日下午 3：00 前可以撤銷。

4. 投資方式

任何投資的最終目的都是希望獲得投資收益和投資回報，使所投資的資金能夠得到增值。對於不同的投資品種，獲得投資收益和回報的方式，可能有所不同。投資證券基金而言，為了獲得投資收益和回報，可以通過將價格上漲、淨值增長的基金份額賣出或贖回的方式獲得現金；通過基金派紅利即分紅的方式獲得投資收益和回報；通過進行基金再投資方式，使所持有的基金份額增加的方式，獲得投資收益和回報。再投資方式裡投資者可選擇全部再投資或是按比例投資。

5. 基金轉換

基金轉換是指投資者在持有本公司發行的任一開放式基金後，可將其持有的基金份額直接轉換成本公司管理的其他開放式基金的基金份額，而不需要先贖回已持有的基金單位再申購目標基金的一種業務模式。基金轉換的費用比贖回後再購買的費用更

低（補差價原則），比贖回後再購買更便捷（當日轉換原則）。

知識拓展

基金轉換要求

轉換申請中的兩只基金要符合如下條件：①在同一家銷售機構銷售的，且為同一註冊登記人的兩只同時開放式基金；②前端收費模式的開放式基金只能轉換到前端收費模式的其他基金，申購費為零的基金默認為前端收費模式；③後端收費模式的基金可以轉換到前端或後端收費模式的其他基金。

知識點 3：ETF 網上交易

1. 現金認購

投資者可在交易日交易時間內，使用證券帳號，在證券公司營業部櫃臺、電話委託以及網上交易系統網上認購基金份額（如圖 5-15 所示）。網上認購採用現金方式，以份額申報，不可撤單。單一帳戶每筆認購份額應為 1,000 份或其整數倍，最高不超過 99,999,000 份。投資者可以多次認購，累計認購份額不設上限。認購資金即時凍結，當天清算劃扣資金。

圖 5-15 ETF 網上現金認購

2. ETF 套利

ETF 套利是指投資者可以在一級市場通過指定的 ETF 交易商向基金管理公司用一

攬子股票組合申購 ETF 份額或把 ETF 份額贖回成一攬子股票組合，同時又可以在二級市場上以市場價格買賣 ETF。ETF 套利交易就是一價原則，同一件產品在不同的市場有不同的價格，通過利用這些價差來獲得盈利。例如，上證 50ETF 對應的是上證 50 指數成份股所組成的一攬子股票組合，組合中各只成份股權重不同，而不同的權重造成了一個兌換比例，投資者可以通過這種比例獲得 ETF 份額，同時這些 ETF 份額也可以像股票一樣在二級市場上交易。

ETF 套利就有兩種交易順序，一種是從股票二級市場購入一攬子股票，按照一定比例兌換成 ETF 份額，然後在 ETF 二級市場上賣出份額，這樣的前提是一攬子股票價格比 ETF 價格低，所謂溢價；另一種則剛好相反，從 ETF 二級市場買入份額，按照一定比例兌換成一攬子股票，再拿到股票二級市場賣出，這樣的前提是 ETF 價格低於一攬子股票價格，所謂折價。

案例分享

ETF 套利

以光大證券操作 ETF 套利為例，8 月 16 日上午，套利交易指令已經成交了 72.7 億元股票，這說明光大證券正在進行溢價套利，希望用一攬子股票組合兌換 ETF 份額，並賣出 ETF 份額。該公司公告稱，捅婁子的策略投資部在當天賣出了 18.5 億元的 50ETF、180ETF，如此計算尚有近 54 億元的誤操作股票沒有處理，按照上述套利原則，這有可能是當日的溢價套利空間已經消失。

資料來源：搜狐財經。

知識點 4：ETF 網下交易

1. 現金認購

ETF 網下現金認購在下單程序的「股票」選項卡中「ETF 網下」子菜單下進行。該菜單可完成上海單市場與跨市場的網下現金認購功能，如上海跨市場的基金代碼為 510303 的認購，如圖 5-16 所示。深圳跨市場 ETF 網下現金認購時目前暫無代碼。現金認購撤單，選中一條認購記錄後，即可撤單。可通過系統查詢 ETF 認購匯總情況。

2. 網下股票認購

網下股票認購支持滬深單市場、跨市場的股票認購。

目前深圳跨市場的股票認購（159919）暫不支持自動獲取成份股，只能手工輸入成份股。進入股票認購菜單，在「基金代碼」框中輸入認購代碼，如 510303 或 159919，輸入後，界面將獲取相關聯的成份股，並在下方顯示出來如，圖 5-17 所示。

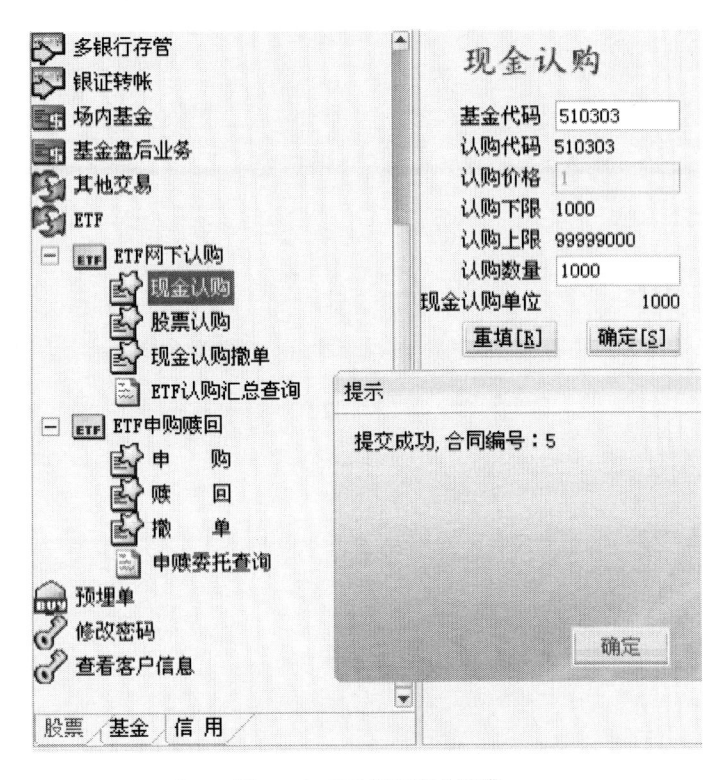

圖 5-16　ETF 網下現金認購

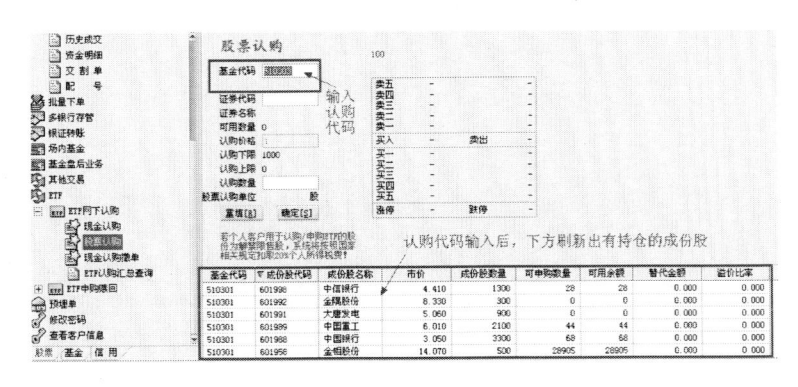

圖 5-17　股票認購基金代碼

雙擊可用餘額大於認購下限的成份股，即可獲取證券可用數量，系統終端會自動填寫證券代碼，如圖 5-18 所示。

輸入超過認購下限的認購數量點確定，即可委託。現有版本暫不支持股票認購撤單，只能到櫃臺進行撤單。

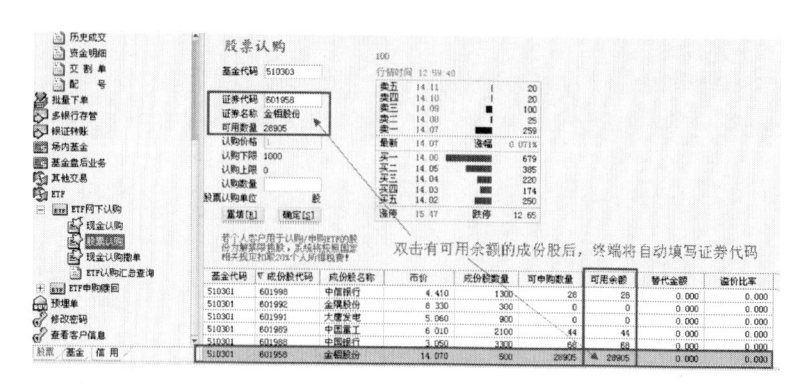

圖 5-18　股票認購可用餘額

知識點 5：ETF 跨市

跨市場 ETF 是指由基金公司發起設立的，以複製的方法追蹤成份股分別在深、滬兩所上市的標的指數，需用對應的一籃子組合證券進行申贖的 ETF。跨市場 ETF 跟蹤包含滬深兩個市場（跨市場）股票指數的 ETF。深圳證券交易所的成份股包含非深市成份股，也可能包含深市成份股（如恒指 ETF 或者滬深 300ETF）。

1. 上海跨市場 ETF

上海跨市場 ETF 申購贖回採用「滬市組合證券（實物）＋深市組合證券現金替代（資金）」方式。「深市組合證券現金替代」由基金管理人採取「時間優先、即時申報」的原則，在深交所連續競價時間內代投資者即時買入（申購）/賣出（贖回）深市組合證券。ETF 跨市交易可在網上股票交易系統中進行，如圖 5-19 所示。

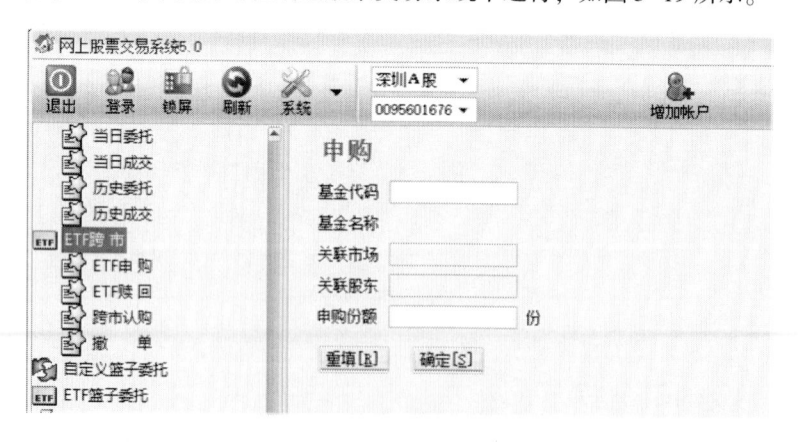

圖 5-19　ETF 跨市交易

表 5-7　　　　　　　　　　上海證券交易所清算

業務類別	交收種類	交易日	清算日	交收日	備註
申購	ETF 份額（申購且賣出份額）	T	T	T	
	ETF 份額（申購且賣出份額）	T	T	T+1	
	成份股	T	T	T	
	滬市現金替代金額	T	T	T	
	非滬市現金替代金額（申購且賣出部分對應的）	T	T	T	
	非滬市現金替代金額（申購且賣出部分對應的）	T	T	T	由於 T+1 要進行申購的 DVP 交收，所以必須提前將資金劃撥到券商帳戶
	現金差額	T	T+1	T+1	
贖回	ETF 份額	T	T	T	
	成份股	T	T	T	
	滬市現金替代金額	T	T	T	
	非滬市現金金額	T	T	T+1	
	現金差額	T	T+1	T+1	

　　在上交所 ETF 和跨市場 ETF 的交易中，當日申購的基金份額，同日可以賣出，但不得贖回。其中，跨市場 ETF 當日申購且同日未賣出的基金份額，清算交收完成後方可賣出和贖回；當日買入的基金份額，同日可以贖回，但不得賣出；當日贖回的證券，同日可以賣出，但不得用於申購基金份額；當日買入的證券，同日可以用於申購基金份額，但不得賣出。

　　當日（T 日）申購且同日未賣出的 ETF 份額，等 T+1 日清算交收完成後 T+2 日方可賣出和贖回。換言之，T 日申購的份額可用數量增加，當日未賣出的份額，不包含在 T+1 日可用數量中；未來可能優化為與當前單市場 ETF 交易規則一致，即 T 日申購但同日未賣出 ETF 份額於 T 日清算交收完成後也可於 T+1 日賣出和贖回。

　　2. 深圳跨市場

　　(1) 申購贖回申報中的開放日為兩個市場的共同交易日，對非深市成份股進行現金替代，對深市成份股和 ETF 份額的股份監控規則不變，且使用代碼為 159900 的股票對所有非深市成份股進行現金替代，申購和贖回時的替代金額可以不同。通常情況下，市場對申購、贖回規模進行控制。

　　(2) 申購贖回資金交收流程如下：

　　①T+N（T 為贖回申請日，N 由基金公司決定）日，基金公司將贖回資金指令發送中國結算深圳分公司；

　　②T+N+1 日，中國結算深圳分公司進行資金的代收、代付；

③若代收、代付不成功，基金公司會再次將指令發送中國結算深圳分公司進行代收、代付。

表 5-8　　　　　　　　　　深圳跨市場 ETF 清算

業務類別	交收種類	交易日	清算日	交收日	備註
申購	ETF 份額（082）	T	T	T+1	
	成份股（082）	T	T	T+1	
	現金替代金額（L6）	T	T+N	T+N+1	對於代碼為 159952，N 為 1
	現金差額（L7）	T	T+N	T+N+1	對於代碼為 159952，N 為 1
	現金替代多退少補（L8）	T	T+N	T+N+1	對於代碼為 159952，N 為 4
贖回	ETF 份額（084）	T	T	T+1	
	成份股（084）	T	T	T+1	
	現金替代金額（L9）	T	T+N	T+N+1	對於代碼為 159952，N 為 1
	現金差額（L7）	T	T+N	T+N+1	對於代碼為 159952，N 為 1
	現金替代多退少補（L8）	T	T+N	T+N+1	對於代碼為 159952，N 為 4

知識拓展

ETF 跨市認購交易

投資者欲認購嘉實滬深 300 基金，至少需具有深圳證券交易所 A 股帳戶（以下簡稱「深圳 A 股帳戶」）或深圳證券交易所證券投資基金帳戶（以下簡稱「深圳證券投資基金帳戶」）。如投資者以深圳證券交易所股票進行網下股票認購的，應持有深圳 A 股帳戶；如投資者以上海證券交易所股票進行網下股票認購的，除了持有深圳 A 股帳戶或深圳證券投資基金帳戶外，還應持有上海證券交易所 A 股帳戶（以下簡稱「上海 A 股帳戶」），且該兩個帳戶的證件號碼及名稱屬於同一投資者所有，並注意投資者認購基金份額的託管證券公司和上海 A 股帳戶指定交易證券公司應為同一發售代理機構。

知識拓展

ETF 跨境交易

跨境 ETF，是指由國內的基金公司發起設立，在國內證券交易所上市的 ETF，其標的指數為海外指數，基金持有的證券資產主要託管在海外，而基金份額在國內進行申購贖回和交易的 QDII 基金。跨境 ETF 申、贖採用全現金替代模式，結算公司提供非擔保交收和代收代付服務。T 日申報的申購、贖回，結算公司在 T+1 日日終進行份額確認。

在跨境 ETF 的交易中，當日申購的基金份額，清算交收完成後方可賣出和贖回；當日買入的基金份額，同日可以贖回，但不得賣出；當日申購總額、贖回總額超出基金管理人設定限額的，超出額度的申購、贖回申報為無效申報。

知識點 6：場外基金交易

場外基金交易是通過銀行櫃臺、網銀、證券公司櫃臺、基金公司網站等渠道交易，可以購買全部開放式基金，包括 LOF 基金和部分 ETF 基金，場外基金大多數可以做定投和進行轉換。

1. 買基金

投資者可根據自己的風險等級選擇不同類型的基金，輸入購買的基金代碼，如圖 5-20 所示。通過基金網站購買基金時需要注意不同基金的最低購買金額不相同，最低是 100 元，部分基金最低的購買金額可達 5,000 元。

圖 5-20　買基金

2. 賣基金

投資者在贖回基金時，須選擇是否順延贖回。如選擇順延贖回，在遇巨額贖回的情況時，則當日贖回不能全額成交的部分，延遲至下一交易日執行；如選擇非順延贖回，則當日贖回不能全額成交部分，在下一交易日不再繼續贖回。申請賣出的基金份額必須符合該基金最低贖回份額的要求，同時賣出後的剩餘基金份額不得低於最低持有份額。如賣出後剩餘份額低於最低持有份額，則要求一次性全部賣出。

3. 基金轉換

申請轉出的基金份額必須符合該基金最低贖回份額的要求，同時轉出後的剩餘基金份額不得低於最低持有份額。如轉出後剩餘份額低於最低持有份額，則要求一次性全部轉出，否則轉出申請失敗。

投資者在持有本公司發行的任一開放式基金後，可將其持有的基金份額直接轉換成本公司管理的其他開放式基金的基金份額，而不需要先贖回已持有的基金，再申購目標基金的一種業務模式。

4. 分紅設置

投資者若想修改分紅方式，應事先考慮好是對整個帳戶的默認分紅方式進行修改還是只對某只基金的分紅方式進行修改。

（1）若對整個帳戶的默認分紅方式進行修改，則應通過帳戶資料變更交易來修改分紅方式。採用此種方法修改的分紅方式僅表示投資者對帳戶默認的分紅方式進行了修改，今後若再購買新的開放式基金，即可按新的默認分紅方式開立新基金帳戶。若要修改已經開戶，併購買過的某只基金的分紅方式，此方法無效，投資者只能對單只基金進行修改。

（2）對某只基金分紅方式進行修改。個人投資者提交申請後，銀行通過分紅方式選擇交易為投資者辦理。採用此種方法修改的分紅方式表示投資者只對已持有的某一只開放式基金的分紅方式進行了修改。

5. 場外轉場內

（1）交易所基金帳戶。

投資者必須開有中登深圳公司基金帳戶（基金 TA 戶），如果投資者曾經在基金公司或其他代銷點買過 LOF 基金，中登深圳公司就已自動分配了一個隨機配號的 TA 戶給客戶，以 98 開頭；如果從未買過 LOF 基金，投資者可以去發行有 LOF 基金的基金公司直銷網站，開立中登深圳公司的基金 TA 戶，也可通過投資者的深交所股票帳戶的基金公司來開戶，中登深圳公司會將 98+其深交所 10 位股票帳戶作為其基金 TA 戶，前提是這個 TA 戶號碼沒有其他人用，否則會隨機分配 98 開頭的 TA 戶。

（2）申請。

若投資者的 TA 戶是 98+深交所 10 位股票帳戶，填上其的深 A 營業部的席位號，直接申請轉託管進場內交易即可。

若投資者的 TA 戶是隨機分配的，投資者須到深 A 營業部，申請加掛一個中登深圳公司 TA 戶在其的資金帳戶下（營業部人員會可查到），投資者即可得到一個去掉了 98 開頭的深 A 基金帳戶，此時就可以把場外申購的 LOF 基金轉託管進場內交易。

6. 撤單

在基金發行期，投資者認購基金後，不允許做撤單交易。發行期結束後，基金的申購與贖回交易允許投資者在當日規定的營業時間內（下午 15：00 前）辦理撤單。撤單需在原交易網點辦理。客戶必須完全撤單，不允許部分撤回原交易委託。

知識拓展

超級轉換

超級轉換業務是指投資者通過天天基金交易系統提交交易申請，將其持有的可進

行轉換的基金的份額，轉換為符合條件的任意基金公司旗下的基金份額的交易。投資者在 T 日提交申請，T+1 日即可確認轉入和轉出份額。目前已支持股票型、混合型、債券型、保本型、貨幣型、指數型等各類產品 2,400 多只。QDII、新發基金及部分 T+2 日確認的產品暫不支持該功能。

若是投資者購買的基金無法進行基金超級轉換，可利用「賣基金」這個操作將自己所持有的基金轉換為其他公司的基金產品。超級轉換則可以支持跨基金公司轉換，比普通轉換更加自由，方便用戶及時轉換投資標的，使投資更靈活。同時其轉換確認快，轉入基金 T+1 日即可確認。與先贖回 A 基金，等待資金到帳後再發起買入 B 基金的流程相比，使用超級轉換功能至少快 3 個工作日。

知識拓展

基金定投

基金定投是定期定額投資基金的簡稱，是指在固定的時間（如每月 8 日）以固定的金額（如 500 元）投資到指定的開放式基金中，類似於銀行的零存整取方式。人們平常所說的基金主要是指證券投資基金。基金的投資方式有兩種，即單筆投資和定期定額。由於基金「定額定投」起點低、方式簡單，所以它也被稱為「小額投資計劃」或「懶人理財」。

如王先生設定每月 8 日做 300 元的定投，在三個月中基金淨值大幅下跌（不考慮手續費等），如表 5-9 所示。

表 5-9

	份額淨值	申購金額	獲得份額
第一期	1.5	300 元	200 份
第二期	1	300 元	300 份
第三期	0.5	300 元	600 份
合計		900 元	1,100 份
盈虧點：投入的 900 元/1,100 份 = 0.818 元/份			

王先生只需要等基金淨值回升到 0.818 元就可以回本，漲回到 1.00 元就可以賺 22%。這時基金定投在降低投資成本方面顯示了威力。

各基金網站或是證券公司、基金公司網點均可辦理基金定投，下面以某證券營業部網點為例介紹基金定投的步驟：

（1）客戶攜帶個人有效身分證件、證券資金卡到營業部櫃臺簽訂定投協議，約定扣款日期，扣款金額。

（2）基金定投業務根據不同基金，每月最低申購額為 100 元人民幣，投資金額級

差為100元人民幣，不設置金額上限。

（3）對通過基金定投申購並確認成功的基金份額，投資人可以在交易時間通過其網上交易系統贖回基金份額。

（4）與一般申購一樣，基金定投申購需遵循「未知價」和「全額申購」的原則。「未知價」是指投資人辦理基金定投申購業務後，以實際扣款當日的基金份額淨值為基準進行計算。

（5）基金定投業務不收取額外費用，各基金的基金定投具體收費方式及費率標準與一般申購相同（優惠活動除外）。

（6）投資人申請開辦基金定投後，該交易系統於當日從投資人指定的資金帳戶扣款，之後每月固定日期從投資人指定的資金帳戶扣款，如指定日期資金帳戶餘額不足，交易系統將會停止本月扣款，但不影響下月扣款，連續三個月資金卡餘額不足，無法扣款，則定投默認毀約、失效。

（7）投資人退出基金定投業務有兩種方式：

一種是投資人通過證券公司向基金管理公司主動提出退出基金定投業務申請，並經基金管理公司確認後，投資人基金定投業務計劃停止。

二是投資人辦理基金定投業務申請後，指定日期投資人指定的扣款帳戶內資金不足，造成基金定投業務計劃無法繼續實施時，系統將記錄投資人違約次數，如連續違約次數達到三次，系統將自動終止投資人的基金定投業務。

案例分享

某股權投資基金非法集資

北方某股權投資基金公司成立於2010年7月，之後，該公司在互聯網上散布「公司有某縣政府特批免5年的稅；享有政府推薦項目的優先選擇權；享有託管銀行10倍的支持，正常情況下銀行對被託管企業的支持是3~5倍，國外是10倍；縣政府將擁有的一塊5,800畝（1畝≈666.67平方米）的土地全權交給該公司清理、包裝、掛牌上市、出售」等虛假信息，以投資理財為名，以高息為誘餌非法吸收公眾存款。截至案發，涉案金額高達12.78億元，涉及全國30個省市的8,964名投資者。經當地公安機關調查，該公司串通會計師事務所，出具虛假驗資報告，進行工商註冊；違反股權投資基金不能面向公眾招募的有關規定，在互聯網上向公眾散布信息；採用虛假宣傳的方式，捏造事實，欺騙社會公眾；承諾高額固定回報，月息6%~10%；尚未形成投資收益，提前向涉案群眾返款。

目前，該案已處置完畢。主犯韓某某以非法吸收公眾存款罪、虛報註冊資本罪，被判處有期徒刑10年，並處罰金100萬元；其他犯罪嫌疑人分別判處一年以上七年以下有期徒刑，共處罰金324萬元。所有涉案人員均已開始服刑。

（資料來源：搜狐財經）

任務六　投資收益

【知識目標】

學習和掌握股票收益的公式與計算；
學習和掌握債券收益的公式與計算；
學習和掌握基金收益的公式與計算。

【能力目標】

能夠熟練進行證券投資收益計算。

【情境引入】

小張：我在 2015 年 3 月 25 日以 13 元/股的價格買入合康變頻 100 手，我需要多少資金？

工作人員：您好，你購買股票的本金是 130,000 元。我們公司的佣金是萬分之三，你需要繳納的佣金為 39 元。您總共需要的資金為 130,039 元。

小張：我在 5 月 20 號以 20 元/股的價格全部賣出，那我的收益率是多少呢？

工作人員：您的股票收益率為 53.6%。

投資收益是指企業對外投資所得的收入（所發生的損失為負數），如企業對外投資取得股利收入、債券利息收入以及與其他單位聯營所分得的利潤等。投資可分為實業投資和金融投資兩大類，人們平常所說的金融投資主要是指證券投資。

證券投資收益是指投資者在一定時期內進行投資，其所得與支出的差額，即證券投資者在從事證券投資活動中所獲得的報酬。證券投資收益包括股票投資收益、債券投資收益和基金投資的收益。投資者通過對投資收益的計算瞭解自己投資的情況，在投資過程中進行投資收益評價，分析其投資項目後續的可行性，投資決策是否可行，投資方式選擇是否正確等，目的是從成本與效益的角度分析其投資的財務表現，以做出科學的決策。

活動一　股票收益

【知識準備】

知識點 1：股票交易費用含義

股票交易費用，是指投資者在委託買賣股票時應支付的各種稅收和費用的總和。中國的證券投資者在委託買賣證券時應支付各種費用和稅收，這些費用按收取機構可分為證券商費用、交易場所費用和國家稅收。證券交易費用影響著投資者的成本。

例 6-1：

假設某投資者的資金量為 100 萬元，每月交易 4 筆，佣金有 1‰、2‰、3‰三種費率，此時每年的交易成本如表 6-1 所示。

表 6-1

客戶	資金量	每年交易次數	年交易量	佣金	每年交易成本	每年節約成本
A	10 萬元	48	960 萬元	1‰	9,600 元	19,200 元
B	10 萬元	48	960 萬元	2‰	19,200 元	9,600 元
C	10 萬元	48	960 萬元	3‰	28,800 元	0

知識點 2：股票交易費用內容

目前，投資者在交易上交所和深交所掛牌的 A 股、基金、債券時，需交納的各項股票交易費用主要有委託費、佣金、印花稅、過戶費等股票交易費用。

1. 委託費

委託費用主要用於支付通信等方面的開支，一般按筆計算（大城市的證券公司一般沒有，小地方的證券公司可能成交一筆收五元）。

2. 佣金

佣金是投資者在委託買賣成交後所需支付給券商的費用。目前世界各國證券交易所實行的佣金制度大致可分為以下幾種：

（1）單一的固定佣金制。

（2）差別佣金制，對大宗交易和小額交易進行劃分，然後規定不同的佣金費率。

（3）按交易額的大小遞減收費。

（4）浮動佣金制，即設定最高、最低或者中間的佣金比例，允許在此基礎上下

浮動。

（5）佣金完全自由化。

中國的證券交易佣金制度從 2002 年 5 月開始執行，明確 A 股、B 股和證券投資基金的最高上限和最低下限。證券公司向客戶收取的佣金（包括代收的證券交易監管費和證券交易所手續費等）不得高於證券交易金額的 3‰，也不得低於代收的證券交易監管費和證券交易所手續費等。依據該規定，中國目前的證券佣金制度非完全自由化。

佣金是證券公司經紀業務收入的主要來源，也是投資者的成本。證券公司競爭激烈，因而在提高佣金收取標準和減少佣金成本雙重作用下，眾多證券公司為吸引客戶資源會針對不同客戶、不同交易方式以及交易頻率、資金量等情況，採取靈活的佣金定價策略。

知識拓展

佣金的收取標準

國際證券市場發展的必然趨勢是佣金自由化，目前絕大部分的世界主要的證券交易所已採用自由協商制，雖然中國尚未實現完全的佣金自由化，但是中國現行的最高限額內向下浮動佣金制度，即投資者與證券公司在證監會規定範圍內自行協商佣金比例。不管是機構還是個人投資者，其與證券公司之間都是可以自行協商佣金收取標準的，只是標準的幅度範圍必須在最高限額（3‰）內向下浮動。中國上海證券交易所和深圳交易所的佣金收取標準有所不同。

上海證券交易所，A 股的佣金為成交金額的 0.3‰，起點為 5 元；債券的佣金為成交金額的 0.1‰，起點為 5 元；基金的佣金為成交金額的 0.3‰，起點為 5 元；證券投資基金的佣金為成交金額的 0.3‰，起點為 5 元；回購業務的佣金標準為：3 天、7 天、14 天、28 天和 28 天以上回購品種，分別按成交額 0.15‰、0.25‰、0.5‰、1‰和 1.5‰以下浮動。

深圳證券交易所，A 股的佣金為成交金額的 0.3‰，起點為 5 元；債券的佣金為成交金額的 1‰（上限），起點為 5 元；基金的佣金為成交金額的 3‰，起點為 5 元；證券投資基金的佣金為成交金額的 3‰，起點為 5 元；回購業務的佣金標準為：3 天、4 天、7 天、14 天、28 天、63 天、91 天、182 天、273 天回購品種，分別按成交金額 0.1‰、0.12‰、0.2‰、0.4‰、0.8‰、1‰、1.2‰、1.4‰、1.4‰以下浮動。

3. 印花稅

證券交易印花稅是從普通印花稅中發展而來的，屬於行為稅類，根據一筆股票交易成交金額單獨對賣方收取的。A 股基本稅率為 0.1%且單向徵收，基金和債券不徵收印花稅。股票交易印花稅是從普通印花稅發展而來的，是專門針對股票交易額徵收的一種稅。中國稅法規定，對證券市場上買賣、繼承、贈予所確立的股權轉讓依據，按確立時實際市場價格計算的金額徵收印花稅。

印花稅的繳納是由證券經營機構在同投資者交割中代為扣收，然後在證券經營機構同證券交易所或登記結算機構的清算交割中集中結算，最後由登記結算機構統一向徵稅機關繳納。目前中國證券交易印花稅實行單邊徵收（賣出時徵收），稅率為千分之一。

4. 過戶費

過戶費是指委託買賣的股票、基金成交後買賣雙方為變更股權登記所支付的費用。這筆收入屬於證券登記清算機構的收入，由證券經營機構在同投資者清算交割時代為扣收。由於中國兩家交易所不同的運作方式，兩家證券交易的過戶費有所不同。上海股票採取的是「中央登記、統一託管」，所以此費用只在投資者進行上海股票、基金交易中才支付此費用，深股交易時無此費用。此費用按成交股票數量（以每股為單位）的千分之一支付，不足1元按1元收。2012年4月30日，結算公司上海分公司的A股交易過戶費將按照成交面額的0.375‰雙向收取。2012年9月1日起，上交所下調過戶費，為0.6‰。2015年8月1日起，A股交易過戶費由滬市按照成交面值0.3‰、深市按照成交金額0.025,5‰向買賣雙方投資者分別收取，統一調整為按照成交金額0.02‰向買賣雙方投資者分別收取。交易過戶費為中國結算收費，證券經營機構不予留存。

5. 轉託管費

轉託管費這是辦理深圳股票、基金轉託管業務時所支付的費用。此費用按戶計算，每戶辦理轉託管時需向轉出方券商支付30元。

例6-2：

某投資者於2月2日在深市買入Y股票（屬於A股）500股，成交價10.92元；2月18日賣出，成交價11.52元。假設證券經紀商不收委託手續費，對股票交易佣金的收費為成交金額的2.8‰，則盈虧計算如下：

（1）買入股票的實際付出。500股成交價為10.92元的Y股票成交金額是5,460元。深圳證券交易所免收A股過戶費，按成交金額2.8‰計算的佣金為15.29元，按稅制規定對受讓方不徵收印花稅。於是，買入Y股票的實際付出為5,475.29元。

（2）賣出股票的實際收入。500股成交價為11.52元的Y股票成交金額是5,760元，佣金按成交金額2.8%0計算為16.13元，印花稅對出讓方按成交金額1‰稅率徵收，計算為5.76元。於是，賣出Y股票的實際收入為5,738.11元。

該投資者股票買賣盈利262.82元。

知識點3：股票收益

股票收益即股票投資收益，是指企業或個人以購買股票的形式對外投資取得的股利、轉讓、出售股票取得款項高於股票帳面實際成本的差額，股權投資在被投資單位增加的淨資產中所擁有的數額等。股票收益是反應股票收益水準的指標，是反應投資

者以現行價格購買股票的預期收益。

例 6-3：

某投資者以 10 元每股買了 1,000 股，20 元賣了。不考慮手續費：該投資者股票收益是（20-10）×1,000=10,000 元。

案例分享

輕信券商保底承諾吞苦果

2002 年 7 月 18 日，樓某與渤海證券簽訂《代理國債投資協議》，委託渤海證券代理國債投資，渤海證券確保年收益率為 10.5%。簽約後，渤海證券擅自在樓某資金帳戶內掛其他人的股東帳戶進行股票交易，造成巨大虧損。

樓某訴至第一中級人民法院，要求渤海證券返還投資款，並支付保底收益。渤海證券卻稱股票交易系樓某自己所為，其交易結果應由樓某本人承擔。由於股票交易都是通過電腦系統完成，一時之間難以判斷究竟系何者所為。承辦法官通過深入調查，最終查明事實。遂判決渤海證券返還樓某本金並支付存款利息，對其保底收益的請求則未予支持。

分析：一些投資者輕信證券公司保證投資收益的承諾，將資金交予證券公司。投資者應當明白，證券公司不是銀行，不能保證固定收益的回報。

（資料來源：767 股票學習網）

知識點 4：股票收益構成

股票收益包括股息收入、股息和紅利等。

1. 股票收入

股票收入包括現金股利和股票股利，是股票市價的升值部分，它根據企業資產增加的程度和經營狀況而定，具體體現為股票價格所帶來的收益。

2. 股息

股息指股票持有人定期從股份公司中取得的一定利潤。利潤分配的標準以股票的票面資本為依據。公司發放股息的原則是：必須依法進行必要的扣除後才能將稅後利潤用於分配股息。其具體的扣除項目和數額比例要視法律和公司章程的規定。

3. 紅利

紅利是超過股息的另一部分收益，一般是普通股享有的收益，優先股是不能參加紅利分配的。

知識點 5：股票收益率

股票收益率（stock yield），是指投資於股票所獲得的收益總額與原始投資額的比

率。股票絕對收益率是股息,相對收益是股票收益率。

股票收益率=收益額/原始投資額

衡量股票投資收益水準的指標主要有股利收益率、持有期收益率與拆股後持有期收益率等。

1. 股利收益率

股利收益率,又稱獲利率,是指股份公司以現金形式派發的股息或紅利與股票市場價格的比率。該收益率可用計算已得的股利收益率,也能用於預測未來可能的股利收益率。其計算公式為:

$$股利收益率 = \frac{D}{P_0} \times 100\%$$

其中,D 為股利收入,P_0 為股票市價。

股利收益率是挑選其他類型股票的參考標準之一。決定股利收益率高低的不僅是股利和股利發放率的高低,還要視股價來定。

例 6-4:

兩支股票,A 股價為 10 元,B 股價為 20 元,兩家公司同樣發放每股 0.5 元股利,則 A 公司 5% 的股利收益率顯然要比 B 公司 2.5% 誘人。

2. 持有期收益率

持有期收益率指投資者持有股票期間的股息收入和買賣差價之和與股票買入價的比率。股票還沒有到期日的,投資者持有股票時間短則幾天、長則為數年,持有期收益率就是反應投資者在一定持有期中的全部股利收入以及資本利得占投資本金的比重。持有期收益率是投資者最關心的指標之一。其計算公式為:

$$Y = \frac{(D + P_1 - P_0)/n}{P_0} \times 100\%$$

其中 D 為股利收入,P_1 為股票賣出價,P_0 為股票買入價,n 為持有年數。

若將持有期收益率與債券收益率、銀行利率等其他金融資產的收益率做一比較,須注意時間可比性,即要將持有期收益率轉化成年率。

3. 持有期回收率

持有期回收率是投資者持有股票期間的現金股利收入和股票賣出價之和與股票買入價比率。其計算公式如下:

$$Y_n = \frac{D + P_1}{P_0} \times 100\%$$

其中 D 為股利收入,P_1 為股票賣出價,P_0 為股票買入價。

該指標主要反應其投資回收情況,如果投資者買入股票後股價下跌或操作不當,均有可能出現股票賣出價低於其買入價,甚至出現了持有期收益率為負值的情況,此時,持有期回收率能作為持有期收益率的補充指標,計算投資本金的回收比率。

4. 拆股後的持有期收益率

投資者在買入股票後,在該股份公司發放股票股利或進行股票分割(即拆股)的

情況下，股票的市場的市場價格及其投資者持股數量都會發生變化。因此，有必要在拆股後對股票價格及其股票數量做相應調整，以計算拆股後的持有期收益率。其計算公式如下：

拆股後持有期收益率＝（調整後的資本所得/持有期限＋調整後的現金股利）/調整後的購買價格×100%

例 6-5：

某公司上年現金股利為 24 元，該股票現行市價為 160 元，則：

股利收益率＝24/160×100%＝15%

例 6-6：

某投資者 5 月 30 日以每股 125 元的價格購買某公司的股票，11 月 30 日又以每股 131 元的價格賣出，在半年的持有期間每股從公司獲利 14 元。則持有期交易收益率為：

$$Y = \frac{(14 + 131 - 125)/0.5}{125} \times 100\% = 32\%$$

例 6-7：

某投資者以每股 20 元的價格買入某股票，持有 1 年分得現金股息 1.8 元。該公司隨後以 10 送 3 的比例送股。送股後，股票價格漲至 18 元，投資者出售股票。計算持有期收益率。

該投資者購買 1 股，價格為 20 元。送股後，該投資者有 1.3 股，每股的價格是 20/1.3≈15.38 元/股，調整後的現金股息＝1.8/1.3≈1.38。

調整後持有期收益率＝［（18－15.38）＋1.38］/15.38≈26%

【技能訓練】

實訓目的：掌握股票收益率的計算。

實訓步驟：

步驟一，以個人為單位分發實訓具體內容和要求；

步驟二，掌握股票收益率的計算方法；

步驟三，個人獨立完成股票收益率的計算；

步驟四，訓練效果的自我評價和教師講解與點評。

實訓內容：

1. 投資者以每股 20 元的價格買入 X 公司股票，持有一年，分得現金股息 1.8 元，則該投資者已獲得的股利收益率多少？

2. 投資者以每股 20 元的價格買入 X 公司股票，持有一年，分得現金股息 1.8 元，投資者在分得現金股息兩個月後，將股票以 23.2 元的價格出售，則持有期收益率為多少？

3. 投資者以每股 20 元的價格買入 X 公司股票，持有一年，分的現金股息 1.8 元，若投資者買入股票並分得現金股利後，該公司以 1：2 的比例進行拆股，拆股決定做出後，股票市價上漲到 22 元/股，若投資者此時出售，則股價變動後持有期收益率為多少？

活動二　債券收益

【知識準備】

知識點1：債券投資成本

債券投資成本是指企業在進行債券投資的過程中所發生的全部現金流出。債券投資的成本大致有購買成本、交易成本和稅收成本三部分。

1. 購買成本

投資者要獲得債券還須等價交換，它的購買成本在數量上就等於通常所說的本金，即購買債券的數量與債券發行價格的乘積，若是中途的轉讓交易就乘以轉讓價格。對貼息債券，其購買成本的計算還有一種方法，即：

購買價格＝票面金額×（1－年貼現率）

例6-8：

某債券的面額為100元，年貼現率為8%，期限為1年。則其購買價格為多少？購買價格＝100×（1－8%）＝92元。

2. 交易成本

債券在發行一段時間後就進入二級市場進行流通轉讓。如在交易所進行交易，還得交付自己的經紀人一筆佣金。不過，投資人通過證券商認購交易所掛牌分銷的國債可以免收佣金。其他情況下的佣金收費標準是：每一手債券（10股為一手）在價格每升降0.01元時，收取的佣金起價為5元，最高不超過成交金額的2‰。經紀人在為投資人辦理一些具體的手續時，又會收取成交手續費、簽證手續費和過戶手續費。每筆買賣成交後，交易所會向買賣雙方都收取占交易額3‰的成交手續費；達成口頭交易後在債券交易櫃臺辦理鑑別債券真偽業務還要交納鑑證手續費；最後，記名債券在交割劃帳時，債券買方還要繳納占購買總金額2‰的過戶手續費。

3. 稅收成本

投資者要考慮的是稅收成本。雖然國債、地方政府債券和金融債券是免稅的，債券交易也免去了股票交易需要繳納的印花稅。但若投資企業債券，需要交納占投資收益額20%的個人收益調節稅，這筆稅款是由證券交易所在每筆交易最終完成後替我們清算資金帳戶時代為扣除的。

知識點 2：票面收益率和當期收益率

1. 票面收益率

票面收益率又稱為名義收益率，是指投資者按既定的債券票面利率每年所獲得的利息收益與債券票面金額的比率。其計算公式為：

$$債券的名義收益率 = \frac{債券年利息}{債券面額} \times 100\%$$

名義收益率所考慮的債券收益只是債券的票面利息收益，而沒有考慮買入價與票面額不一致的情況和債券到期償還時的資本損益。因此債券名義收益率一般不能反應債券的實際收益水準，這種收益率對投資者不一定有很大影響，但由於債券名義收益率規定了債券發行人必須支付的利息額，反應了發行人的投資成本，因此，它對於債券發行人來講，具有重要意義。

2. 當期收益率

當期收益率又稱為直接收益率，是指利息收入所產生的收益，通常每年支付兩次，它占了公司債券所產生收益的大部分。當期收益率是年利息與債券當時市場價格的比值，它僅僅衡量了利息收入的大小。債券的買入價格可以是發行價格，也可以是流通市場的交易價格，它可能等於債券面額，也可能高於或低於債券面額。假設 C 為按票面利率每年支付的利息，P 為債券當前市場價格，CY 為當期收益率，則：

$$CY = \frac{C}{P}$$

當期收益率並沒有考慮債券投資所獲得的資本利得或是損失，只在衡量債券某一期間所獲得的現金收入相較於債券價格的比率。

例 6-9：

有一種 10 年後到期的債券，每年付息一次，下一次付息正好在一年後。面值為 100 元，票面利率為 8%，市場價格是 107.02 元，求它的當期收益率。

當期收益率 = 8/107.02×100% ≈ 7.48%

當期收益率優點在於簡便易算，可以用於期限和發行人均較為接近的債券之間進行比較。缺點是：①零息債券無法計算當期收益；②不同期限附息債券之間不能僅僅因為當期收益高低而評判優劣。

>>同步練習

假定某投資者以 940 元的價格購買了面額為 1,000 元、票面利率為 10%、剩餘期限為 6 年的債券，求該投資者的當期收益率。

知識點 3：到期收益率

到期收益率是能使債券未來現金流的現值正好等於債券當前的市場價格（初始投

資）的貼現率，用YTM表示。它是按複利計算的收益率，考慮了貨幣的時間價值，能較好地反應債券的實際收益。所有衡量債券收益率的指標中，其到期收益率是應用最廣泛的指標。

1. 短期債券到期收益率

對處於最後付息週期的附息債券、貼現債券和剩餘流通期限在一年以內（含一年）的到期一次還本付息債券，到期收益率計算公式為：

到期收益率＝（到期本息和－債券買入價）／（債券買入價×剩餘到期年限）×100%

各種不同債券到期收益率的具體計算方法分別列示如下：

（1）息票債券的計算。

到期收益率＝（債券年利息＋債券面值－債券買入價）／（債券買入價×剩餘到期年限）×100%

（2）一次還本付息債券到期收益率。

到期收益率＝［債券面值（1＋票面利率×債券有效年限）－債券買入價］／（債券買入價×剩餘到期年限）×100%

（3）貼現債券到期收益率。

貼現債券發行時，只公布面額和貼現率，並不公布發行價格，所以要計算貼現債券到期收益率必須先計算其發行價格，其計算公式為：

發行價＝債券面值×（1－年貼現率×債券期限）

$$到期收益率 = \frac{債券面額 - 購買價}{購買價} \times \frac{365}{期限（年限）} \times 100\%$$

2. 長期債券到期收益率

（1）到期一次還本付息債券。

$$到期收益率 = \sqrt[剩餘年限]{\frac{面值 + 面值 \times 票面利率 \times 債券期限}{債券買入價}} - 1$$

（2）分期付息債券。

$$P = \sum_{i=1}^{N} \frac{C}{(1+YTM)^i} + \frac{F}{(1+YTM)^N}$$

其中，YTM為到期收益率；P為債券市場價格；F為債券面值；N為剩餘的付息年數；C為當期債券票面年利息。

知識拓展

收益率的比較

到期收益率假設債券不存在違約風險和利率風險，投資者將債券持有至到期日，並且每次獲得的利息按計算出來的到期收益率進行再投資直至到期日。到期收益率不僅反應了利息收入，還考慮了債券購買價格和到期價格之間的資本利得（損失）。因

此，到期收益率通常被看作是投資者從購買債券直至債券到期所獲得的平均收益率。到期收益率是衡量債券預期收益率比較準確的指標。

債券平價出售：票面利率＝當期收益率＝到期收益率

債券折價出售：票面利率<當期收益率<到期收益率

債券溢價出售：票面利率>當期收益率>到期收益率

債券價格越接近債券面值，期限越長，則其當期收益率就越接近到期收益率。

債券價格越偏離債券面值，期限越短，則當期收益率就越偏離到期收益率。

但是不論當期收益率與到期收益率近似程度如何，當期收益率的變動總是預示著到期收益率的同向變動。

例 6-10：

8 某公司 2013 年 1 月 1 日以 102 元的價格購買了面值為 100 元，利率為 10%，每年 1 月 1 日支付 1 次利息的 2009 年發行 5 年期國庫券，到期日為 2014 年 1 月 1 日，則息票到期收益率為：

$$\frac{100\times 10\% + (100-102)}{102\times 1}\times 100\% \approx 7.84\%$$

例 6-11：

甲公司於 2016 年 1 月 1 日以 1,250 元的價格購買了乙公司於 2012 年 1 月 1 日發行的面值為 1,000 元，利率為 10%，到期一次還本利息的 5 年期公司債券，持有到 2017 年 1 月 1 日，計算其到期收益率。

$$YTM = \frac{1,000(1+10\%\times 5) - 1,250}{1,250\times 1}\times 100\% = 20\%$$

例 6-12：

某貼現債券面值為 1,000 元，期限 180 天，以 10% 的貼現率公開發行。某投資者發行時買入，持有到期：

$$發行價格 = 1,000\times \left(1 - 10\%\times \frac{180}{360}\right) = 950 元$$

$$到期收益率 = \frac{1,000-950}{950}\times \frac{360}{180}\times 100\% \approx 10.5\%$$

例 6-13：

某債券面值為 100 元，還有 8 年到期，票面利率為 7%，半年支付一次利息，下一次利息支付正好在半年後，該債券當前價格為 94.17 元，求該債券的年長期分期到期收益率。

該債券每次支付的利息為 $100\times (7\%/2) = 3.5$ 元

$$94.17 = \sum_{i=1}^{16}\frac{3.5}{(1+YTM)^i} + \frac{100}{(1+YTM)^{16}}$$

通過上式求出該債券的半年到期收益率為 4%。

因此，該債券的年到期收益率為 $4\%\times 2 = 8\%$

知識點 4：贖回收益率

到期收益率假設債券持有直至到期日，如果債券可以在到期日之前被發行人贖回，債券的收益率就要用贖回收益率（Yield to Call，簡稱 YTC）來衡量。贖回收益率是使債券在贖回日以前的現金流現值與當前的市場價格相等的貼現率。贖回收益率的計算與到期收益率類似，區別在於要用贖回日代替到期日，用贖回價格代替面值。其計算公式如下：

$$P = \sum_{i=1}^{N^*} \frac{C}{(1+\text{YTC})^i} + \frac{F^*}{(1+\text{YTC})^{N^*}}$$

其中 P 是債券的市場價格，C 為利息，F^* 贖回價格，YTC 是每期的贖回收益率，N^* 是直到贖回日期的期數。

通常，利率下降時，債券價格會隨之上升。但低利率時，由於贖回風險很大，故可贖回債券的價格是平緩的，不如不可贖回債券價格的上升。高利率時，可贖回債券和不可贖回債券的價格趨同價格，故贖回風險可忽略不計。

知識點 5：持有期回報率

即使將債券持有至到期，投資者獲得的實際回報率與事先計算出來的到期收益率也可能不相等。在投資期結束後，為了準確地計算債券的事後收益率，人們經常計算債券的持有期回報率（Holding Period Return，簡稱 HPR）。

持有期回報率是債券在一定持有期內的收益（包括利息收入和資本利得或損失）相對於債券期初價格的比率，它是衡量債券事後實際收益率的準確指標。

1. 息票債券

$$Y = \frac{C+(P_1-P_0)/n}{P_0} \times 100\%$$

其中，Y 是持有期收益率；C 是債券年利息；P_1 是債券賣出價；P_0 是債券買入價，n 是持有年限。

2. 一次還本付息債券

$$Y = \frac{(P_1-P_0)/n}{P_0} \times 100\%$$

其中，Y 是持有期收益率；P_1 是債券賣出價；P_0 是債券買入價，n 是持有年限。

3. 貼現債券

貼現債券也可以不等到期滿而中途出售。證券行情表每天公布各種未到期貼現債券二級市場的折扣率。投資者須先計算債券的賣出價，再計算持有期收益率。

賣出價 = 債券面值 × （1−折扣率×剩餘期限）

$$持有期收益率 = \frac{賣出價 - 買入價}{買入價} \times \frac{365}{期限} \times 100\%$$

債券持有期收益率和到期收益率，考慮到了資本損益，即買入價與賣出價的差額，能全面反應投資者的實際收益。所以這兩種收益率是債券的實際收益率，是投資者進行債券投資決策的最主要的依據。

例 6-14：

某債券 10 年後到期，半年付息一次，下一次付息在半年後。它的面值為 1,000 元，票面利率為 7%，市場價格是 950 元。假設在第五年時該債券可贖回，贖回價格為 980 元。求解贖回收益率。

$$950 = \sum_{i=1}^{10} \frac{35}{(1+YTC)^i} + \frac{980}{(1+YTC)^{10}}$$

根據公式可以求出半年的贖回收益率為 3.95%，因此，該債券的年贖回收益率為 2×3.95% = 7.90%。

例 6-15：

某債券面額為 1,000 元，5 年期，票面利率為 10%，現以 950 元的發行價向社會公開發行，若投資者在認購債券後持有至第三年末以 995 元的市價出售，則可獲得的持有期收益率為：

$$Y = \frac{1,000 \times 10\% + (995-950)/3}{950} \times 100\% \approx 12.11\%$$

例 6-16：

某貼現債券面值為 1,000 元，期限 180 天，距到期日 120 天，以 9% 的折扣在二級市場出售，買價 950 元，則賣出價和持有期收益率是多少？

賣出價 = 1,000 × (1 − 9% × 120/360) = 970 元

$$持有期收益率 = \frac{970-950}{950} \times \frac{365}{60} \times 100\% \approx 12.8\%$$

【技能訓練】

實訓目的：掌握債券到期收益率、贖回收益率和持有期回報率的計算。

實訓步驟：

步驟一，以個人為單位分發實訓具體內容和要求；

步驟二，掌握債券到期收益率、贖回收益率和持有期回報率的計算方法；

步驟三，個人獨立完成到期收益率贖回收益率和持有期回報率的計算；

步驟四，訓練效果的自我評價和教師講解與點評。

實訓內容：

1. 某貼現債券面值為 1,000 元，期限 240 天，以 10.5% 的貼現率公開發行。某投資者發行時買入，到期收益率為多少？

2. H 公司於 2017 年 1 月 1 日以 1,010 元價格購買了 TTL 公司於 2014 年 1 月 1 日發

行的面值為 1,000 元、票面利率為 10% 的 5 年期債券。該債券為一次還本付息，計算其到期收益率。

3. 假設一個票面利率為 8%，半年付息一次，期限為 30 年的債券的賣價是 1,276.76 美元。年到期收益率是多少？

4. 假設一張面值 1,000 美元的債券具有下列特徵：時價 761 美元，期限 12 年，票面利率為 8%（每年支付一次利息），求 YTM。

5. 某債券面值 1,000 元，還有 5 年到期，票面利率 5%，當前市場價 1,019.82 元，則到期收益率為多少？

6. 某債券的票面價值為 1,000 元，息票利率為 5%，期限為 4 年，現以 950 元的發型價格向社會公開發型，2 年後債券發行人以 1,050 元的價格贖回，第一贖回日為付息日後的第一個交易日，求贖回收益率。

7. 某貼現債券面值 1,000 元，期限 180 天，距到期日 120 天，以 10.5% 的貼現率公開發行，若以 9% 的折扣在二級市場出售，則持有期收益率為多少？

活動三　基金費用

【知識準備】

知識點 1：基金投資費用

基金在運作過程中產生的費用支出就是基金費用，部分費用構成了基金管理人、託管人、銷售機構以及其他當事人的收入來源。開放式基金的費用由直接費用和間接費用兩部分組成。直接費用包括交易時產生的認購費、申購費和贖回費，這部分費用由投資者直接承擔；間接費用是從基金淨值中扣除的法律法規及基金契約所規定的費用，包括管理費、託管費和運作費等其他費用。基金投資的費用主要體現在銷售費、管理費和交易費用三方面，涉及渠道（經紀人）、基金公司和券商。

知識點 2：直接費用

1. 認購費

認購費指投資者在基金發行募集期內購買基金單位時所交納的手續費。為鼓勵投資人在認購期購買基金，認購費率通常比申購費率優惠。（基金合同規定的不收取認申購、贖回費用的基金除外）

目前國內通行的認購費計算方法為：

認購費用＝認購金額×認購費率

淨認購金額＝認購金額−認購費用

認購費費率通常在1%左右，並隨認購金額的大小有相應的減讓。

淨認購金額＝認購金額／（1+認購費率）

認購費用＝認購金額−淨認購金額

以華夏紅利基金為例，其認購費率如表6-2所示。

表6-2

前端認購費率	後端認購費率
100萬元以下：1.0%	1年以內：1.2%
100萬元（含100萬）~500萬元：0.8%	滿1年不滿2年：0.9%
500萬元（含500萬）~1,000萬元以下0.5%	滿2年不滿3年：0.7%
1,000萬元以上（含1,000萬元）：每筆500元	滿3年不滿4年：0.6%
	滿4年不滿8年：0.5%
	滿8年以後：0

2. 申購費

申購費是指投資者在基金存續期間向基金管理人購買基金單位時所支付的手續費。目前國內通行的申購費計算方法為：

淨申購金額＝申購金額／（1+申購費率）

申購費用＝申購金額−淨申購金額

中國《開放式投資基金證券基金試點辦法》規定，開放式基金可以收取申購費，但申購費率不得超過申購金額的5%。申購費費率通常在1%左右，並隨申購金額的增大而相應的降低。開放式基金收取認購費和申購費主要是用於銷售機構的佣金和宣傳行銷費用等方面的支出。在實際的運作當中，開放式基金申購費的收取方式有兩種，一種稱為前端收費，另一種稱為後端收費。

3. 贖回費

贖回費是指在開放式基金的存續期間，已持有基金單位的投資者向基金管理人賣出基金單位時所支付的手續費。他是對基金渠道提前墊支佣金的一種補償，而大部分基金的後端申購費用往往比前端申購費用高。贖回費設計的目的主要是對其他基金持有人安排一種補償機制，通常贖回費計入基金資產。中國《開放式投資基金證券基金試點辦法》規定，開放式基金可以收取贖回費，但贖回費率不得超過贖回金額的3%。贖回費費率通常在1%以下，並隨持有期限的增長而相應的降低。

4. 轉換費用

轉換費用指投資者按基金管理人的規定在同一基金管理公司管理的不同開放式基金之間轉換投資所需支付的費用。基金轉換費的計算可採用費率方式或固定金額方式。採用費率方式收取時，應以基金單位資產淨值為基礎計算，費率不得高於申購費率。通常情況下，此項費用率很低，一般只有百分之零點幾。轉換費用的有無或多少具有

隨意性，同時與基金產品性質和基金管理公司的策略有密切關係。例如，傘式基金內的子基金間的轉換不收取轉換費用，有的基金管理公司規定一定轉換次數以內的轉換不收取費用或由債券基金轉換為股票基金時不收取轉換費用等。

知識拓展

前段收費和後端收費

1. 前端申購費

前端收費指當認購、申購基金時就需支付認購（申購）費的付費方式。購買基金的前端銷售費用，這一項是從投資者支付的淨投資額中扣除的佣金，用於支付銷售基金的仲介機構。佣金的多少通常隨著投資額的不同而不同，主要參考的是基金申購費比率結構。通常投資者的交易量越大，可能獲得的佣金折扣就越多。從不同的渠道購買，佣金的折扣不盡相同。銀行的費用往往最高，在基金公司網站購買的費用最低。通過銀行的渠道，投資者仿佛置身於基金超市中，可以選擇不同基金公司的產品，同時也可以獲得銀行理財經理的投資建議，這也是我們因此而支付更多費用的主要原因。而通過公司網站購買，投資者只能購買單一基金公司旗下的基金，且無法獲取更多的理財建議。前端收費一般有優惠，費率 0.6%。

以國聯安新精選靈活配置（000417）為例，其前端申購費率如表 6-3 所示。

表 6-3

適用金額	費率	天天基金網優惠費率	
		銀行卡購買	活期寶購買
100 萬元以下	1.50%	0.15%	0.15%
100 萬（含 100 萬元）~200 萬元	1.00%	0.10%	0.10%
200 萬（含 200 萬元）~500 萬元	0.60%	0.06%	0.06%
500 萬元以上（含 500 萬元）	每筆 1,000 元		

2. 後端申購費

後端收費是在購買開放式基金時並不支付，等到賣出時才支付的付費方式，其目的是為了鼓勵長期持有基金，費用會隨著持有時間而遞減，有些基金規定持有一定時間，這個費用可以免除。後端申購費＝申購總金額－淨申購金額＝申購總金額－申購總金額/（1+適用的申購費率），後端申購費沒有 5 年以上的基金持有期，且基本上沒有優惠，一般費率是 1.5%。

知識點3：間接費用

1. 基金管理費

基金管理費是指支付給實際運用基金資產、為基金提供專業化服務的基金管理人的費用，也就是管理人為管理和操作基金而收取的報酬。基金管理費年費率按基金資產淨值的一定百分比計提，不同風險收益特徵的基金其管理費相差較大，如貨幣市場基金為0.33%，債券基金通常為0.65%左右，股票基金則通常為1%～1.6%。管理費逐日計提，月底由託管人從基金資產中一次性支付給基金管理人。

2. 基金託管費

基金託管費是指基金託管人為基金提供服務而向基金收取的費用，比如銀行為保管、處置基金信託財產而提取的費用。託管費通常按照基金資產淨值的一定比例提取，通常為0.25%，逐日累積計提，按月支付給託管人。此費用也是從基金資產中支付，不須另向投資者收取。

3. 紅利再投資費

指投資者將開放式基金的分配收益再投資於基金所需支付的費用。紅利再投資費的計算可採用費率方式或固定金額方式；採用費率方式收取時，應以基金單位資產淨值為基礎計算，費率不高於申購費率，一般情況下，紅利轉投免收手續費。

4. 基金清算費用

基金清算費用是指基金終止時清算所需費用，按清算時實際支出從基金資產中提取。

5. 基金運作費

基金運作費包括支付註冊會計師費、律師費、召開年會費用、中期和年度報告的印刷製作費以及買賣有價證券的手續費等。這些開銷和費用是作為基金的營運成本支出的。操作費占資產淨值的比率較小，通常會在基金契約中事先確定，並按有關規定支付。

6. 稅費

一般情況下，基金稅費包括所得稅、交易稅和印花稅三類，中國對個人投資者的基金紅利和資本利得暫未徵收所得稅，對企業投資者獲得的投資收益應並入企業的應納稅所得額，徵收企業所得稅。鑑於基金的投資對象是證券市場，基金的管理人在進行投資時已經交納了證券交易所規定的各種稅率，所以投資者在申購和贖回開放式基金時也不需交納交易稅。

例6-17：

如果某投資者認購某基金50,000元，該基金認購費率為1%，且其認購當日基金面值為1.00元/份，請問認購費用為多少？

淨認購金額=50,000元/（1+1%）=50,000/1.01≈49,504.95元

認購費用＝50,000元－49,504.95元＝495.05元

【技能訓練】

實訓目的：掌握基金投資費用的計算。

實訓步驟：

步驟一，以個人為單位分發實訓具體內容和要求；

步驟二，掌握基金投資直接費用的計算方法；

步驟三，獨立完成基金投資直接費用的計算；

步驟四，訓練效果的自我評價和教師講解與點評。

實訓內容：

1. 小新在某一個基金募集期間，投資10,000元認購該基金，認購費率為1%。小新購買到的基金份額和認購手續費。

2. 小新在某基金成立半年後，有投資5,000元申購該基金，成交的單位淨值為1.2元，申購費率為1.5%。小新購買到的基金份額和申購手續費。

3. 小新在某基金成立10個月後，贖回手中持有的該基金5,000份，成交的單位淨值為1.25元，贖回費率為0.5%，小新贖回可以得到的現金和贖回手續費。

活動四　基金價格

【知識準備】

知識點1：基金的申購、贖回價格

基金的申購價格是投資者申購基金份額時所要支付的實際價格，是基金申購申請日基金單位資產淨值再加上一定比例的申購費所形成的價格。

基金的贖回價格是指投資者贖回份額時可實際得到的金額，是基金贖回申請日基金單位資產淨值再減去一定比例的贖回費所形成的價格。

知識點2：單位淨值和累計淨值

開放式基金的申購和贖回價格不受基金市場的供求關係的影響，而是建立在基金單位淨值基礎之上，是以基金單位資產淨值為基礎再加上或減去一定比例的必要費用。

1. 基金資產淨值

基金資產淨值是指在某一估值時點上按照公允價格計算的基金資產總市值減去負債後的餘額，其計算公式為：

基金資產淨值＝基金總資產－基金總負債

基金總資產是指基金擁有的所有資產按照公允價格計算的資產總額，基金擁有的所有資產包括股票、債券、銀行存款和其他有價證券。

基金總負債是指基金運作及融資時所形成的負債總額，包括應付給他人的各項費用、應付資金利息等。

2. 基金的單位淨值

基金單位淨值是指每份基金單位的淨值在某一時點每一基金單位（或基金股份）所具有的市場價值，代表了基金持有人的權益。

單位基金資產淨值＝（總資產－總負債）/基金單位總數

3. 基金的累計淨值

累計淨值是反應該基金自成立以來的總體收益情況的數據，淨值的高低不是選擇基金的主要依據，基金淨值未來的成長性才是判斷投資價值的關鍵。

累計淨值＝單位淨值＋基金成立後累計單位派息金額

表6-4列出了幾只股票的累計淨值。

表6-4

基金名稱	份額淨值（元）	累計淨值（元）	2017年以來淨值增長率
景順長城鼎益股票	1.137,0	3.237,0	57.92%
華寶興業多策略股票	0.764,7	0.984,7	68.25%
富國天益價值股票	0.948,5	3.003,3	48.27%

基金淨值與其持有資產的市場價格有關，估算淨值時一般以當日收盤價為準，基金淨值並非即時數據，而是在當日收盤後進行估算，第二日才進行公布。一般來說，投資者看到的基金淨值並非當天的基金價格，而是前一天的基金價格。

知識點3：認購份額、申購份額、贖回金額的計算

1. 認購份額

認購總金額＝申請總金額

認購份額＝（認購總金額＋認購金額產生的利息）/基金份額初始面值

後端認購費用＝贖回份額×基金份額初始面值×後端認購費率

2. 申購份額

申購份額＝淨申購額/成交淨值

3. 贖回金額

贖回金額＝贖回總額－贖回費用

贖回總額＝贖回數量×贖回日基金單位淨值

贖回費用＝贖回總額×贖回費率

贖回金額＝贖回總額－後端收費金額－贖回費用

例6-18：

投資者投資100萬元認購開放式基金，認購費率為1%，基金單位淨值為1元，則：

認購費用＝100萬元×1%＝1萬元

淨認購金額＝100萬－1萬＝99萬元

認購份額＝99萬/1＝99萬份

例6-19：

買入10,000元某基金，成交淨值為1.050,0元，前端申購費率為0.6%。

淨申購額＝10,000/（1+0.6%）≈9,940.36元

申購費＝10,000－9,940.36＝59.64元

申購份額＝9,940.36/1.050,0≈9,467份

如果申購費是0，則淨申購額＝本金

例6-20：

假定某投資者在T日贖回10,000份，該日基金份額淨值為1.250元，贖回費率0.5%，為則贖回費用、淨贖回金額為？

贖回總金額＝10,000×1.250＝12,500元

贖回費用＝12,500×0.5%＝62.50元

淨贖回金額＝12,500－62.50＝12,437.50元

【技能訓練】

實訓目的：掌握基金價格的計算。

實訓步驟：

步驟一，以個人為單位分發實訓具體內容和要求；

步驟二，掌握基金價格的計算方法；

步驟三，個人獨立完成價格的計算；

步驟四，訓練效果的自我評價和教師講解與點評。

實訓內容：

1. 某投資者認購一債券基金，已知該基金認購費率為1%，投資者認購金額為5,000元，且認購期間獲得利息為10元。請問該投資者最終認購該基金多少份額？

2. 假如投資者投資50,000元申購某開放式基金，假設申購費為2%，當日的基金單位淨值為1.168,8元，其申購費用和申購份額為多少？

3. 假如投資者贖回50,000份基金單位，假設贖回費率為0.5%，當日的基金單位資產淨值為1.168,8元，其贖回的金額為多少？

活動五　基金收益

【知識準備】

知識點1：基金投資收益

1. 基金紅利

投資基金在獲取的投資收益中扣除費用開支以後，便取得基金淨收益。按照中國《證券投資基金管理暫行辦法》規定，基金收益分配應當採取現金形式，每年至少一次；基金收益分配比例不得低於基金淨收益的90%。一般而言，公司對股東的紅利分配有現金紅利和股票紅利兩種形式。基金作為長線投資，其主要目標在於為投資者獲取長期、穩定的回報，紅利是構成基金收益的一個重要部分。所投資的紅利是基金管理人選擇投資組合的一個重要標準。

2. 股息

基金因購買公司的優先股權而享有對該公司淨利潤分配的所得。股息通常是按一定的比例事先規定的，這是股息與紅利的主要區別。與紅利相同，股息也構成投資者回報的一個重要部分，股息高低也是基金管理人選擇投資組合的重要標準。

3. 債券利息

基金資產因投資於不同種類的債券（國債、地方政府債券、企業債、金融債等）而定期取得利息。中國《證券投資基金管理（暫行辦法）規定》，一個基金投資於國債的比例、不得低於該基金資產淨值的20%，由此可見，債券利息也是構成投資回報不可或缺的組成部分。

4. 買賣證券差價

基金資產投資於證券而形成的價差收益，通常也稱資本利得。

5. 存款利息

基金資產的銀行存款利息收入。這部分收益僅占基金收益很小的一個組成部分。開放式基金由於必須隨時準備支付基金持有人的贖回申請，必須保留一部分現金存在銀行。

6. 其他收入

運用基金資產而帶來的成本或費用的節約額，如基金因大額交易而從證券商處得到的交易佣金優惠等雜項收入。這部分收入通常數額很小。

案例分享

非法基金瘋狂斂財

胡某某、張某夫妻二人，頂著「2008和諧中國十大年度人物」「2008中華十大財智人物」和「上海市企業聯合會常務理事會執行委員」等光環，打著香港某某國際控股有限公司旗號，以「全球投資、複利增長」等噱頭，通過理財博覽會、許以高額回報等手段在全國30多個省市大肆招募投資者，銷售所謂的「複利產品」——XX環球基金，先後與844位客戶簽訂合同，將所收客戶資金用於中國內地、中國香港等地區的證券、期貨投資，涉及金額1.27億元，造成大部分本金虧損。當地證監局在查清上述違法事實後，將案件移送公安機關。

一個沒有相關資質的所謂香港公司，虛構新型複利產品，編製諸多美麗光環，騙取全國近千名投資者的信任，獲取令人咋舌的非法所得。犯罪分子最終受到法律的制裁，投資者應以該案為警鐘，自覺抵制高額回報、快速致富的誘惑，正確識別非法證券活動，努力提高風險防範意識。

（資料來源：搜狐財經）

知識點2：基金收益率

1. 紅利收益率

紅利收益率是指基金管理公司派發的現金紅利與基金單位買入價的比率。其計算公式為：

$$紅利收益率 = \frac{D}{P_0} \times 100\%$$

D表示基金紅利或預計基金紅利；P_0表示基金單位的購入價或基金單位市值。如果D為實際紅利，P_0為基金單位的購入價，這種已得的紅利收益率為長期投資者所重視；如果D為預計紅利，P_0為基金當時的單位市價，這種預計的紅利收益率是投資者參與基金投資決策的重要參考指標之一。

2. 持有期收益率

持有期收益指投資者在持有基金單位期間的紅利收入與買賣差價占基金單位買入價的比率。

如果須將基金收益率與股票收益率、債券收益率等其他有價證券的收益率相比較，應注意時間的可比性，這時應將持有期收益率化為年率。計算公式為：

$$持有期間基金年收益率 = \frac{[D + (P_1 - P_0 - C)]/n}{P_0} \times 10$$

3. 基金投資收益率

衡量基金收益率最重要的指標是基金投資收益率，即基金證券投資實際收益與投資成本的比率。投資收益率的值越高，則基金證券的收益能力越強。如果基金證券的購買與贖回要繳納手續費，則計算時應考慮手續費因素。計算公式為：

收益＝當日基金淨值×基金份額×（1－贖回費）－申購金額＋現金分紅

收益率＝收益/申購金額×100%

假設一投資者在一級市場上以每單位 1.01 元的價格認購了若干數量的基金。收益率是怎樣計算的呢？這裡分三種情況對此進行分析。由於所要計算的是投資於基金的短期收益率，因此我們選用了當期收益率的指標。

當期收益率 $R=(P-P_0+D)/P_0$

（1）市價 P＞初始購買價 P_0

初始購買價格 P_0 小於當期價格 P，基金持有人的收益率 R 處於理想狀態，R 的大小取決於 P 與 P_0 間的差價。

假設投資者在 2017 年 1 月 4 日購買興華的初始價格 P_0 為 1.21 元，當期價格 P 為 1.40 元，分紅金額為 0.022 元，收益率 R 為 17.2%；

2017 年 7 月 5 日購買，初始價格 P_0 為 1.34 元，則半年期的收益率 4.47%，折合為年收益率則為 8.9%；

2017 年 10 月 8 日的初始價格 P_0 為 1.33 元（也是 2017 年下半年的平均價格），那麼其三個月的持有收益為 5.26%，折合年率高達 21%。當然這樣折算只是為了和同期銀行儲蓄存款利率做對比，這種方法並不科學。從以上示例可見，在基金當期市價大於基金初始購買價時，投資者能夠獲得較為豐厚的收益。

（2）市價 P＝初始購買價 P_0

由於市價與初始購買價相同，因此基金投資者的當期的投資收益為 0。此時基金分紅派現數量的多少並不能增加投資者的收益率。

假設投資者初始購買價為 1.40 元，目前的市價也為 1.40 元，並且在基金除息日前一天還是這一價格，基金每單位分紅 0.36 元。如果投資者在除息日前一天賣掉了基金，顯然他的收益率為 0（不考慮機會成本）。除息後基金的價格變為 1.04 分，雖然投資者得到了 0.36 元的現金分紅，但他手中的基金只能夠在市場上賣到 1.04 分（不考慮基金受到炒作從而使基金價格出現類似「填權」的行情），可見投資者的收益率並沒有發生變化，仍為 0。當然，如果基金在除息後出現類似於「填權」的價格上升，則基金投資者的收益開始為正，並隨著價格漲幅的增大而增加。相反，如果基金價格下降，低於 1.04 分，則基金投資者就會出現虧損。

（3）市價 P＜初始購買價 P_0

在這種情況下，投資者收益為負。仍以基金興華為例，假設投資者初始購買價為 1.50 元，目前的價格為 1.40 元。如果基金在除息日前價格不能回到 1.50 元或除息後價格不能升至 1.14 元，那麼投資者將一直處於虧損狀態。

項目三
證券投資分析

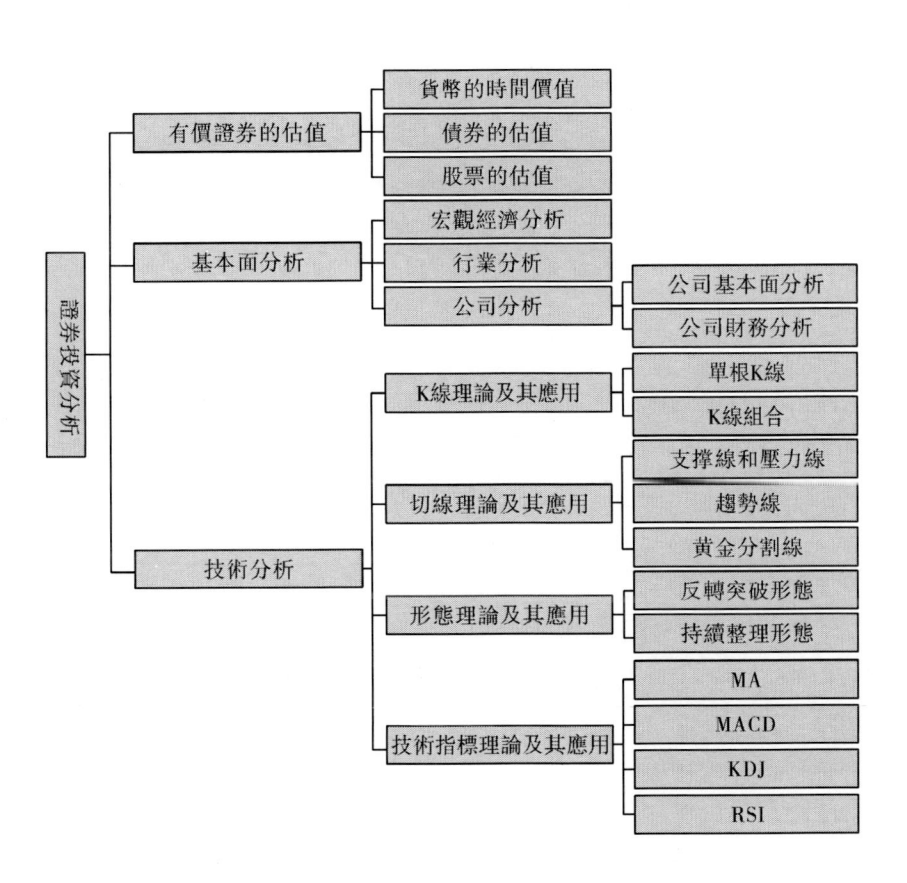

```
證券投資分析
├─ 有價證券的估值
│   ├─ 貨幣的時間價值
│   ├─ 債券的估值
│   └─ 股票的估值
├─ 基本面分析
│   ├─ 宏觀經濟分析
│   ├─ 行業分析
│   └─ 公司分析
│       ├─ 公司基本面分析
│       └─ 公司財務分析
└─ 技術分析
    ├─ K線理論及其應用
    │   ├─ 單根K線
    │   └─ K線組合
    ├─ 切線理論及其應用
    │   ├─ 支撐線和壓力線
    │   ├─ 趨勢線
    │   └─ 黃金分割線
    ├─ 形態理論及其應用
    │   ├─ 反轉突破形態
    │   └─ 持續整理形態
    └─ 技術指標理論及其應用
        ├─ MA
        ├─ MACD
        ├─ KDJ
        └─ RSI
```

通過前面兩部分的學習，大家應該已經掌握了證券市場的基礎知識和證券交易的基本流程，本部分內容將向大家介紹證券投資過程中能夠使用的基本分析方法和投資技巧。

證券投資分析是指通過各種專業分析，對影響證券價值或價格的各種信息進行綜合分析，以判斷證券價值或價格及其變動的行為，是證券投資過程中不可或缺的重要環節。

進行證券投資分析的目的是希望提高投資者投資決策的科學性，降低投資者的投資風險。科學的證券投資分析是投資者成功投資的關鍵，在風險既定的條件下投資收益最大化和在收益率既定的條件下風險最小化是證券投資的兩大具體目標。

證券投資的分析方法主要有如下三種：基本分析法，技術分析法、演化分析法，其中基本分析主要應用於投資標的物的選擇上，技術分析和演化分析則主要應用於具體投資操作的時間和空間判斷上，作為提高證券投資分析有效性和可靠性的有益補充。它們之間的關係是：技術分析要有基本分析的支持，才可避免緣木求魚，而技術分析和基本分析要納入演化分析的框架，才能真正提高可持續生存能力！

本部分內容主要向大家介紹證券投資分析方法中的基本分析法和技術分析法，該部分使用的軟件為同花順模擬投資軟件。

任務七　有價證券的估值

【知識目標】

掌握貨幣的時間價值概念；

掌握單利公式和複利公式；

掌握現金流貼現模型；

理解證券估值模型。

【能力目標】

能夠熟練進行貨幣時間價值的套算；

能夠對有價證券（債券、股票）進行估值。

【情境引入】

小張：聽說股票的價值也是可以估計出來的？

老股民乙：是啊，雖然只是用來參考，但是已經能幫助我們降低投資風險和進行合理決策了，怎麼你不知道嗎？

小張：發愁啊，有沒有什麼好的方法分享分享？

老股民乙：額，說來話長……

有價證券的估值是指對證券價值的評估。有價證券的買賣雙方根據各自掌握的信息對其持有的證券價值分別進行評估，然後才能以雙方均接受的價格成交，從這個意義上說，證券估值是證券交易的前提和基礎。而當證券的持有者參考市場上同類或同種證券的價格來給自己持有的證券進行估價時，我們發現，此時證券估值似乎又成為證券交易的結果。

對於有價證券的價值表示形式，投資者最為熟悉的是其市場價格，市場價格對投資者至關重要，很多投資者僅僅因為預期市場價格上漲而買入證券，因預期市場價格下跌而賣出證券。但與此同時，投資者在買賣證券時也常常會產生這樣的疑問：「以當前這個市場價格買（賣），是否劃算呢？這個證券到底應值多少錢？」即，投資者會在心理上認定證券自身存在著一個價值，這個價值決定了證券的市場價格，投資學上將這種價值稱之為「證券的內在價值」。

活動一　單利與複利的計算

【知識準備】

知識點1：貨幣的時間價值

　　貨幣的時間價值是指貨幣隨著時間的推移而發生的增值，也稱為資金時間價值。

　　專家給出的定義：貨幣的時間價值就是指當前所持有的一定量貨幣比未來獲得的等量貨幣具有更高的價值。從經濟學的角度而言，當前的一單位貨幣與未來的一單位貨幣的購買力之所以不同，是因為不消費現在的一單位貨幣而改在未來消費，則在未來消費時必須有大於一單位的貨幣可供消費，作為彌補延遲消費的貼水。

案例分享

拿破崙帶給法蘭西的尷尬

　　拿破崙1797年3月在盧森堡第一國立小學演講時說了這樣一番話：「為了答謝貴校對我，尤其是對我夫人約瑟芬的盛情款待，我不僅今天呈上一束玫瑰花，並且在未來的日子裡，只要我們法蘭西存在一天，每年的今天我將親自派人送給貴校一束價值相等的玫瑰花，作為法蘭西與盧森堡友誼的象徵。」時過境遷，拿破崙窮於應付連綿的戰爭和此起彼伏的政治事件，最終慘敗而流放到聖赫勒拿島，把對盧森堡的諾言忘得一干二淨。可盧森堡這個小國對「歐洲巨人與盧森堡孩子親切、和諧相處的一刻」念念不忘，並載入他們的史冊。

　　1984年年底，盧森堡舊事重提，向法國提出違背「贈送玫瑰花」諾言案的索賠。他們提出：要麼從1797年起，用3路易作為一束玫瑰花的本金，以5厘複利（即利滾利）計息全部清償這筆玫瑰案；要麼法國政府在法國各大報刊上公開承認拿破崙是個言而無信的小人。起初，法國政府準備不惜重金捍衛拿破崙的聲譽，但又被電腦算出的數字驚呆了：原本3路易的許諾，本息竟高達1,375,596法郎。經冥思苦想，法國政府斟詞酌句地答覆：「以後，無論在精神上還是物質上，法國將始終不渝地對盧森堡的中小學教育事業予以支持與贊助，來兌現我們的拿破崙將軍那一諾千金的玫瑰花信譽。」這一措辭最終得到了盧森堡人民的諒解。

（資料來源：《讀者》2000年17期）

知識點 2：利息的兩種計算方法：單利、複利

1. 單利

不管時間多長，只按照固定的本金計算利息，所生利息均不加入本金重複計算利息。

2. 複利

複利是指在每經過一個計息期後，都要將所生利息加入本金，以計算下期的利息。這樣，在每一個計息期，上一個計息期的利息都將成為生息的本金，即以利生利，也就是俗稱的「利滾利」。

知識點 3：終值和現值的計算

現值、終值、收益率和投資期是套算貨幣時間價值的四個基本要素。

1. 現值

現值指資金折算至基準年的數值，也稱折現值，是對未來現金流量以恰當的折現率進行折現後的價值。現值也可以理解為未來某一時點上的一定量現金折合到現在的價值，俗稱「本金」。

2. 終值

終值又稱將來值或本利和，是指現在一定量的資金在未來某一時點上的價值。

3. 收益率

最為通常的表示貨幣時間價值的是無風險利率，通常在實踐中以國債的到期收益率、國庫券的到期收益率（在中國是央行票據）或者同期銀行定期存款利率為無風險利率。但是貨幣的時間價值這個概念很廣，不單純指無風險收益率。換一種理解方式，其實它指的是投資貨幣的機會成本。所以在投資決策中更普遍地用等風險收益率或者必要報酬率來作為衡量貨幣時間價值的利息率。

4. 投資期

投資期即投資期限，是指從開始投資到預先確定的投資回收日為止的期限。其計算公式：

單利計息法：$FV = PV(1+i \times t)$，

複利計息法：$FV = PV \times (1+i)^t$，式中 $(1+i)^t$ 稱為複利終值係數。

其中，FV 為終值，PV 為現值，i 為收益率，t 為投資期。

知識拓展

複利的「72」法則

複利的「72」法則的含義是，如果投資的年收益率為 1%，那麼需要 72 年才能使投

資的本金翻一翻，依次類推，如果投資的年收益率為 10%，那麼需要 72/10=7.2 年才能使投資的本金翻一翻。即，將 72 除以年投資回報率，就是投資翻番所需要的年數。複利的「72」法則是一種估算方法，便於進行投資、籌資的粗略計算，有一定的誤差。

知識拓展

計息週期對貨幣時間價值的影響

計息週期是用於表示計算利息的時間單位，一般用年、半年、季、月、周或天來表示。通常情況下利率都是以年為單位，因此，當計息週期不是一年時，如每月複利一次、每季複利一次，這時候計算期的利率＝年利率/一年內計息的次數。而貨幣時間價值的終值和現值之間按照複利套算的話，公式就變為：

複利計息法：$FV = PV \times (1+i/n)^{t \times n}$

其中，FV 為終值，PV 為現值，i 為收益率，t 為投資期，n 為一年中計息的次數。

例 7-1：

若將 10,000 元存入銀行，年利率為 4%，單利計算。5 年後連本帶利可從銀行取出多少元？

解答：根據單利公式，$FV = PV \times (1+i \times t)$

$FV = 10,000 \times (1+4\% \times 5) = 12,000$

5 年後連本帶利可從銀行取出 12,000 元。

例 7-2：

若將 10,000 元存入銀行，年利率為 4%，複利計算。5 年後連本帶利可從銀行取出多少元？

解答：根據複利公式，$FV = PV \times (1+i)^t$

$FV = 10,000 \times (1+4\%)^5 \approx 12,167$

5 年後連本帶利可從銀行取出 12,167 元。

例 7-3：

若希望 5 年後從銀行取出 10,000 元，年利率為 4%，複利計算。則現在應存入銀行多少元？

解答：根據複利公式，$FV = PV \times (1+i)^t$

$10,000 = PV \times (1+4\%)^5$，$PV \approx 8,219$

現在應存入銀行 8,219 元。

例 7-4：

若希望 5 年後從銀行取出 10,000 元，年利率為 4%，單利計算。現在應存入銀行多少元？

解答：根據單利公式，$FV = PV \times (1+i \times t)$

$10,000 = PV \times (1+4\% \times 5)$，$PV \approx 8,333.33$

現在應存入銀行 8,333.33 元。

想一想

判斷上述各案例中貨幣時間價值的四個基本要素。如果例 7-3 中的計息週期為複利每季度計息一次，結果又會怎樣？

【技能訓練】

實訓目的：掌握單利、複利、終值和現值的計算。
實訓器材：金融計算器。
實訓場地：多媒體教室。
實訓要求：以個人為單位根據具體的實訓內容完成貨幣時間價值的計算，要求有計算過程和結果。
實訓步驟：
步驟一，以個人為單位分發實訓具體內容和要求。
步驟二，根據以下的操作流程對實訓內容進行實操。
（1）判斷利息計息方法，單利還是複利；
（2）確定現金流持續的時間，即確定投資期；
（3）確定該投資期內合適的收益率；
（4）進行貨幣的時間價值在現值和終值之間的套算。
步驟三，學生之間相互討論。
步驟四，教師公布結果並進行點評。
實訓內容：

1. 某人在 2002 年 1 月 1 存入銀行 1,000 元，年利率 12%，要求計算：①每年複利一次，2005 年 1 月 1 日存款帳戶餘額；②每季複利一次，2005 年 1 月 1 日存款帳戶餘額。
2. 若某項投資 4 年後可得收益 50,000 元，年利率 8%，則現在應投入多少元？
3. 王某的孩子 4 年後上大學，需一次性交納學費 50,000 元，利率 8%，問現在應存入銀行多少錢？

活動二　年金的計算

【知識準備】

知識點 1：年金

年金指在某個特定時段內一組時間間隔相同、金額相等、方向相同的現金流。按

年金發生的時刻劃分為期初年金和期末年金。年金收付形式在我們的經濟生活中非常普遍，如支付房屋的租金、抵押支付、商品的分期付款、分期付款賒購、分期償還貸款、發放養老金、提取折舊以及投資款項的利息支付等。

年金按其每次收付款項發生的時點不同，可以分為普通年金、即付年金、遞延年金、永續年金等類型。

普通年金是指從第一期起，在一定時期內每期期末等額收付的系列款項，又稱為後付年金。

即付年金是指從第一期起，在一定時期內每期期初等額收付的系列款項，又稱先付年金。

遞延年金是指第一次收付款發生時間與第一期無關，而是隔若干期後才開始發生的系列等額收付款項。

永續年金是指無限期等額收付的特種年金。它是普通年金的特殊形式，即期限趨於無窮的普通年金。

想一想

如果發生在一定時間段內每個時期上的現金流金額各不相同，是否還是年金的概念？

知識點2：年金終值

年金終值就是將每期發生的年金按照一定的利率，複利計算到未來某一時刻的價值之和，分為期末年金值和期初年金終值。其計算公式如下：

期末年金終值：$FV = A\left[\dfrac{(1+i)^n - 1}{i}\right]$，式中 $\left[\dfrac{(1+i)^n - 1}{i}\right]$ 稱為期末年金終值系數。

期初年金終值：$FV = A\left[\dfrac{(1+i)^n - 1}{i}\right](1+i)$

其中，FV 為終值，A 為年金，i 為收益率，n 為投資期。

知識點3：年金現值

年金現值指將每期發生的年金按照一定的貼現率複利折算到現在的合計數。它分為期末年金現值和期初年金現值。其計算公式如下：

期末年金現值：$PV = \dfrac{A}{i}\left[1 - \dfrac{1}{(1+i)^n}\right]$，式中 $\dfrac{1}{i}\left[1 - \dfrac{1}{(1+i)^n}\right]$ 稱為期末年金現值系數。

期初年金現值：$PV = \dfrac{A}{i}\left[1 - \dfrac{1}{(1+i)^n}\right](1+i)$

其中，PV 為現值，A 為年金，i 為收益率，n 國投資期。

例 7-5：

若投資一基金，每年年末定投 10,000 元，年投資回報率為 8%，複利計算。3 年後的終值為多少？

解答：根據期末年金終值公式：$FV = A\left[\dfrac{(1+i)^n - 1}{i}\right]$，查複利系數表得：

$FV = A\left[\dfrac{(1+i)^n - 1}{i}\right] = 10,000 \times \left[\dfrac{(1+8\%)^3 - 1}{8\%}\right] = 32,460$

3 年後的終值為 32,460 元。

例 7-6：

若投資一基金，每年年初定投 10,000 元，年投資回報率為 8%，複利計算。3 年後的終值為多少？

解答：根據期初年金終值公式：$FV = A\left[\dfrac{(1+i)^n - 1}{i}\right](1+i)$

$FV = A\left[\dfrac{(1+i)^n - 1}{i}\right](1+i) = 10,000 \times \left[\dfrac{(1+8\%)^3 - 1}{8\%}\right] \times (1+8\%)$
$\approx 35,056.80$

3 年後的終值為 35,056.80 元。

例 7-7：

若投資一基金，每年年末定投 10,000 元，年投資回報率為 8%，複利計算。定投 3 年的現值是多少？

解答：根據期末年金現值公式：$PV = \dfrac{A}{i}\left[1 - \dfrac{1}{(1+i)^n}\right]$，

$PV = \dfrac{A}{i}\left[1 - \dfrac{1}{(1+i)^n}\right] = \dfrac{10,000}{8\%}\left[1 - \dfrac{1}{(1+8\%)^3}\right] \approx 25,771$

定投 3 年的現值是 25,771 元。

例 7-8：

若投資一基金，每年年初定投 10,000 元，年投資回報率為 8%，複利計算。定投 3 年的現值是多少？

解答：根據期初年金現值公式：$PV = \dfrac{A}{i}\left[1 - \dfrac{1}{(1+i)^n}\right](1+i)$，

$PV = \dfrac{A}{i}\left[1 - \dfrac{1}{(1+i)^n}\right](1+i) = \dfrac{10,000}{8\%}\left[1 - \dfrac{1}{(1+8\%)^3}\right](1+8\%) \approx 27,832.68$

定投 3 年的現值是 27,832.68 元。

知識拓展

複利系數表和金融計算器

在進行終值、現值以及年金的計算中，大家會發現單純地使用公式進行計算的話，計算過程比較負雜，如果涉及的冪級數非常高時，無法通過普通計算方法快速計算出結果。為簡化計算過程，快速計算出結果，這裡介紹兩種方法：複利系數表和金融計算器。

複利系數表是將上述終值、現值和年金各公式的系數值列在表格中，按不同的利率值列出各個系數。若已知利率、計息週期，屬於哪種系數，便可直接從表上查得需要的系數值。常見的複利系數表有複利終值系數表、複利現值系數表、普通年金終值系數表和普通年金現值系數表。

金融計算器一款金融領域專用的計算器，包含強大的金融計算功能：TVM 計算器、貨幣轉換器、貸款計算器、複利計算器、信用卡還清計算器、投資回報率（ROI）計算器、貸款計算器、內部收益率淨現值計算器等。目前市面上有普惠金融、德州儀器、卡西歐等各種品牌及型號的金融計算器，按照不同型號的計算器使用說明可以快速準確計算出貨幣的時間價值。

【技能訓練】

實訓目的：掌握年金終值和年金現值的計算。

實訓器材：金融計算器。

實訓要求：以個人為單位根據具體的實訓內容完成貨幣時間價值中年金的計算，要求有計算過程和結果。

實訓步驟：

步驟一，以個人為單位分發實訓具體內容和要求。

步驟二，根據下面的操作流程對實訓內容進行實操。

（1）判斷發生的現金流是否是年金；

（2）判斷該年金是發生在期初還是期末；

（3）確定該現金流持續的時間，即確定投資期；

（4）確定適合該投資期的收益率；

（5）選擇合適的公式，進行年金在終值和現值之間的套算。

步驟三，學生之間相互討論。

步驟四，教師公布結果並進行點評。

實訓內容：

1. 5 年中每年年底存入銀行 1 萬元，存款利率為 8%，求第 5 年末年金終值。

2. 5 年後還清 10,000 元，從現在起每年年初等額存入銀行一筆款項，銀行存款利

率 $i=10\%$，求每年年初存入的款額。

3. 假設你準備抵押貸款 400,000 元購買一套房子，貸款期限 20 年，每月等額償還一次；如果貸款的年利率為 8%，每月貸款償還額為多少？

活動三 債券的估值

【知識準備】

知識點 1：債券的內在價值

和其他的資本投資一樣，債券的內在價值取決於它將來預期現金流的現值。因此，債券的內在價值是債券的預期現金流經過合適的折現率折現以後的現值。當債券的購買價格低於債券價值時，才值得購買。

債券的估值就是估計其內在價值。計算步驟：

首先計算債券各年的利息現值並加總每年的利息現值；其次計算債券到期所收回本金的現值；然後將上述兩者相加即得債券的內在價值。

知識點 2：債券的估值方法

根據現金流貼現的基本原理，對債券進行估值時通常採用的是現金流貼現的方法，即不含嵌入式期權的債券理論價格計算公式為：

$$P = \sum_{1}^{n} \frac{C_t}{(1+i)^t} + \frac{M}{(1+i)^n}$$

其中，P 為債券的價值，M 為債券的面值，C 為債券的利息，i 為投資者要求的必要回報率，n 為債券的期限。

根據現金流貼現公式確定債券的內在價值的關鍵在於估計預期現金流入和投資者要求的必要收益率。

預期債券的現金流入主要包括利息和到期收回的本金或出售時獲得的現金兩部分，投資者要求的必要收益率是投資者對該債券要求的最低回報率，可以表示為：

投資者要求的必要收益率＝真實無風險收益率＋預期通貨膨脹率＋風險溢價

其中，真實無風險收益率，是指真實資本的無風險回報率，理論上由社會平均回報率決定；預期通貨膨脹率，是對未來通貨膨脹的估計值；風險溢價，根據各種債券的風險大小而定，是投資者因承擔投資風險而獲得的補償。債券投資的風險因素包括違約風險、流動性風險、匯率風險等。

知識點 3：債券的估值模型

根據債券類型的不同，再結合現金流貼現模型，可以將債券的估值模型分為以下幾種：

1. 零息債券

零息債券不計利息，折價發行，到期還本，通常期限為 1 年以內的債券。零息債券的估值模型為：

$$P = \frac{M}{(1+i)^n}$$

其中，P 為債券的價值，M 為債券的面值，i 為投資者要求的必要回報率，n 為債券的期限。

2. 附息債券

附息債券是指在債券券面上附有息票的債券或是按照債券票面載明的利率及支付方式支付利息的債券。附息債券的利息支付方式一般會在償還期內按期付息，如每半年或一年付息一次。附息債券的估值模型為：

$$P = \sum_{1}^{n} \frac{C_t}{(1+i)^t} + \frac{M}{(1+i)^n}$$

其中，P 為債券的價值，M 為債券的面值，C 為債券的利息，i 為投資者要求的必要回報率，n 為債券的期限。

3. 累息債券

與附息債券相似，累息債券也規定了票面利率，但是，債券持有人須在債券到期時一次性獲得本息，存續期間沒有利息支付。累息債券的估值模型為：

$$P = \frac{M(1+r \times n)}{(1+i)^n}$$

其中，P 為債券的價值，M 為債券的面值，r 為債券的票面利率，i 為投資者要求的必要回報率，n 為債券的期限。

想一想

如果債券還未持有到期就將其賣出，則上述債券的估值模型應如何修改？

知識點 4：債券估值的影響因素

債券投資過程中，其價值通常會受到內外部各種因素的影響，從而導致債券價值發生改變。因此，投資過程中投資者需要隨時關注有哪些影響債券價值的因素發生了變化。

（一）影響債券價值的內部因素

影響債券價值的內部因素是指債券本身相關的因素，債券自身有六個方面的基本特性影響著其定價。

1. 期限

一般來說，債券的期限越長，其市場變動的可能性就越大，其價格的易變性也就越大，投資價值越低。

2. 票面利率

債券的票面利率越低，債券價格的易變性也就越大。在市場利率提高的時候，票面利率較低的債券的價格下降較快。但是，當市場利率下降時，它們增值的潛力也較大。

3. 提前贖回條款

提前贖回條款有利於發行人，因為發行人可以通過行使該條款來發行較低利率的債券取代原有利率較高的債券，從而減少融資成本。而對於投資者來說，其再投資機會受到限制，再投資利率也較低，這種風險是要補償的。因此，具有較高提前贖回可能性的債券價值相對較低。

4. 流通性

如果某種債券的流通性較差，即按市價賣出很困難，那麼該債券的投資者會因此遭受損失，這種損失包括較高的交易成本以及資本損失。因此，流通性好的債券與流通性差的債券相比，具有較高的價值。

5. 債券的信用等級

一般來說，除政府債券以外，一般債券都有信用風險，只不過風險大小有所不同而已。信用越低的債券，投資者要求的到期收益率就越高，債券的價值也就越低。

6. 稅收待遇

一般來說，免稅債券的到期收益率比類似的應納稅債券的到期收益率低。此外，因各國稅收制度的不同，稅收還以其他方式影響著債券的價格和收益率。

（二）影響債券價值的外部因素

影響債券價值的外部因素是指債券投資過程中所處的經濟環境方面的因素，有以下幾點：

1. 基礎利率

基礎利率是債券定價過程中必須考慮的一個重要因素，在證券的投資價值分析中，基礎利率一般是指無風險債券利率。政府債券可以看作是現實中的無風險債券，它風險最小，收益率也最低。一般來說，銀行利率應用廣泛，債券的收益率也可參照銀行存款利率來確定。

2. 市場利率

市場利率風險是各種債券都面臨的風險。在市場總體利率水準上升時，債券的收益率水準也應上升，從而使債券的內在價值降低；反之，在市場總體利率水準下降時，

債券的收益率水準也應下降，從而使債券的內在價值增加。並且，市場利率風險與債券的期限相關，債券的期限越長，其價格的利率敏感度也就越大。

3. 其他因素

影響債券定價的外部因素還有通貨膨脹水準以及外匯匯率風險等。通貨膨脹的存在可能會使投資者從債券投資中實現的收益不足以抵補由於通貨膨脹而造成的購買力損失。當投資者投資於某種外幣債券時，匯率的變化會使投資者的未來本幣收入受到貶值損失。這些損失的可能性也都必須在債券的定價中得到體現，使其債券的到期收益率增加，債券的內在價值降低。

想一想

基礎利率上升或者下降會如何影響債券的價值？除了上述外部因素外，還有哪些外部因素會影響債券的價值？

例 7-9：

某債券面值 1,000 元，期限為 1 年，期內沒有利息，到期一次還本，當時市場利率為 8%，則債券的發行價格為多少元時你願意進行投資？

解答：根據零息債券估值模型，$P = \dfrac{M}{(1+i)^n}$

$$P = \dfrac{M}{(1+i)^n} = \dfrac{1,000}{(1+8\%)^1} = 925.93$$

因此當債券的發行價格小於等於 925.93 元時願意進行投資。

例 7-10：

有一 5 年期國庫券，面值 1,000 元，票面利率 12%，單利計息，到期時一次還本付息。假設必要報酬率為 10%，則該債券的價值為多少？

解答：根據零息債券估值模型，$P = \dfrac{M(1+r \times n)}{(1+i)^n}$

$$P = \dfrac{M(1+C \times n)}{(1+i)^n} = \dfrac{1,000(1+12\% \times 5)}{(1+10\%)^5} = \dfrac{16,000}{(1+10\%)^5} \approx 993.44$$

該債券的價值為 993.44 元。

例 7-11：

有一面值為 1,000 元的債券，票面利率為 8%，每年支付一次利息，2010 年 1 月 1 日發行，2015 年 1 月 1 日到期。現在是 2013 年 1 月 1 日，假設投資的必要報酬率為 10%，問該債券的價值是多少？

解答：根據付息債券估值模型，$P = \sum\limits_{1}^{n} \dfrac{C_t}{(1+i)^t} + \dfrac{M}{(1+i)^n}$

$$P = \sum\limits_{1}^{n} \dfrac{C_t}{(1+i)^t} + \dfrac{M}{(1+i)^n} = \sum\limits_{1}^{2} \dfrac{1,000 \times 8\%}{(1+10\%)^t} + \dfrac{1,000}{(1+10\%)^2} = \dfrac{80}{(1+10\%)} +$$

$$\frac{80}{(1+10\%)^2} + \frac{1,000}{(1+10\%)^2} \approx 965.29$$

該債券的價值是 965.29 元。

【技能訓練】

實訓目的：掌握債券的估值方法。

實訓器材：金融計算器、同花順模擬交易軟件。

實訓場地：多媒體教室。

實訓要求：以小組為單位根據具體的實訓內容完成債券的估值並形成實訓報告。

實訓步驟：

步驟一，分小組（4~5 人/組），對小組成員進行合理分工。

步驟二，小組成員根據下面的操作流程對實訓內容進行討論和實操。

（1）判斷債券的類別；

（2）確定該債券未來投資期的現金流情況；

（3）根據實際投資情況確定投資者要求的必要收益率；

（4）選擇正確的估值模型對該債券進行估值；

（5）分析債券價值的影響因素。

步驟三，各小組推選代表向全班展示小組實操成果。

步驟四，教師進行點評。

實訓內容：

1. 有一債券面值為 1,000 元，票面利率為 8%，每年支付一次利息，5 年到期。假設必要報酬率為 10%。計算該債券的價值。

2. 某債券面值為 100 元，票面利率為 8%，期限為 3 年，到期還本付息，已知投資者要求的必要報酬率為 12%，請問債券發行價是多少時值得投資？

3. 各小組登錄同花順模擬交易軟件，自行選擇並下載一個債券的基本信息資料；根據所選債券的相關資料進行該債券的估值；討論目前影響該債券內在價值的內外部影響因素。

活動四　股票的估值

【知識準備】

知識點 1：股票的內在價值

股票的估值就是判斷其內在價值，而不是市場價格。相對於債券而言，股票的內

在價值更為複雜，有些投資者認為投資股票是為了長期穩定地獲得紅利，因此，股票的內在價值取決於該股票未來所帶來的現金流入情況；還有一些投資者認為投資股票就是投資一家公司，因此，股票的內在價值取決於企業的盈利能力、成長前景等，這些說法都沒錯，由此看來，股票的內在價值因投資者所處的角度不同，其結果也不一樣。

知識點2：股票的估值方法

依據投資者預期回報、企業盈利能力或企業資產價值等不同角度出發，不同的人對股票內在價值的估算也是不同的。因此，對股票估值的方法有多種，這裡介紹比較常用的兩種：

1. 絕對估值法

絕對估值法是通過對上市公司歷史及當前的基本面的分析和對未來反應公司經營狀況的財務數據的預測獲得上市公司股票的內在價值，包括現金流貼現定價模型和B-S期權定價模型，後者主要應用於期權定價、權證定價等。本教材對股票進行估值時採用的是現金流貼現模型中的股利折現模型DDM，即將公司未來發放的全部股利折現為現值來衡量當前股票內在價值的估值模型。其公式為：

股票價值＝每股股利÷（折現率－股利增長率）

絕對估值法的優點在於能夠較為精確地揭示公司股票的內在價值，但是如何正確地選擇參數則比較困難。未來股利、現金流的預測偏差、貼現率的選擇偏差，都有可能影響到估值的精確性。

2. 相對估值法

相對估值法是使用市盈率、市淨率、市售率、市現率等價格指標與其他多只股票進行對比，如果結果偏低則說明股票價格被低估，股價將很有希望上漲。

相對估值法包括PE、PB、PEG、EV/EBITDA等估值法。通常的做法是對比，一個是和該公司歷史數據進行對比，二是和國內同行業企業的數據進行對比，確定它的位置，三是和國際上的（特別是和美國）同行業重點企業數據進行對比。這裡介紹市盈率和市淨率兩種方法。

（1）市盈率

市盈率是簡潔有效的估值方法，其公式為：PE＝P/E，即市場價格與每股收益的比值。

其中，P通常取最新收盤價，而E若按已公布的上年度每股收益計算，稱為歷史市盈率；若E是通過追蹤公司業績的機構搜集多位分析師的預測所得到的預估平均值或中值，則計算的是預估市盈率。何謂合理的市盈率沒有一定的準則。

市場廣泛談及市盈率通常指的是靜態市盈率，通常用來作為比較不同價格的股票是否被高估或者低估的指標。用市盈率衡量一家公司股票的質地時，並非總是準確的。

一般認為，如果一家公司股票的市盈率過高，那麼該股票的價格具有泡沫，價值被高估。利用市盈率比較不同股票的投資價值時，這些股票必須屬於同一個行業，因為此時公司的每股收益比較接近，相互比較才有效。

（2）市淨率

市淨率的計算公式為：PB＝P/B，即每股股價與每股淨資產的比率。其中，P 仍然取最新收盤價，而每股淨資產 B 是股票的帳面價值，他是用成本計量的。

一般認為，市價高於帳面價值時企業資產的質量較好，有發展潛力；反之則質量較差，沒有發展前景。市淨率側重於對未來盈利能力的期望。因此，市淨率能夠較好地反應出「有所付出，即有回報」，它能夠幫助投資者找到哪個上市公司能以較少的投入得到較高的產出，對於大的投資機構，它能幫助其辨別投資風險。

想一想

市盈率和市淨率兩種相對估值法各自的優缺點是什麼？在實際投資過程中應如何結合使用？

知識點 3：股票的估值模型

股票的估值方法多種多樣，這裡介紹的是在現金流貼現模型中的股利折現模型 DDM 基礎上，再結合不同的股利假設條件形成的兩個基本估值模型：

1. 零增長模型

零增長模型又稱為「股利貼息不增長模型」。該模型有兩個基本假定條件：第一，假定股利增長率等於零，也就是說未來的股利按一個固定數量支付；第二，假定股息的支付在時間上是永久性的。根據股利折現模型 DDM 的估值原理，股票的內在價值取決於未來無窮期所取得的股利收入，因此，零增長模型公式為：

$$P = \sum_{1}^{\infty} \frac{D_0}{(1+i)^n} = \lim_{n \to \infty} \sum_{1}^{\infty} \frac{D_0}{(1+i)^n} = \frac{D_0}{i}$$

其中，P 為股票的價值，D_0 為每年支付的每股股利，i 為投資者要求的必要回報率，n 為債券的期限。

3. 不變增長模型

不變增長模型又稱為「股利貼息不變增長模型」「戈登模型」（Gordon Model）。該模型通過計算公司預期未來支付給股東的股利現值，來確定股票的內在價值，它相當於未來股利的永續流入。不變增長模型分兩種情況：一是不變的增長率；另一個是不變的增長值。

該模型的假設條件為：第一，股息的支付在時間上是永久性的；第二，股息的增長速度是一個常數；第三，模型中的貼現率大於股息增長率。不變增長模型公式為：

$$P = \sum_{1}^{\infty} \frac{D_0(1+g)^n}{(1+i)^n} = \lim_{n \to \infty} \sum_{1}^{\infty} \frac{D_0(1+g)^n}{(1+i)^n} = \frac{D_0(1+g)}{i-g}$$

其中，P 為股票的價值，D_0 為上年末支付的每股股利，g 為股利增長率，i 為投資者要求的必要回報率，n 為債券的期限。

知識拓展

多元增長模型

使用零增長模型和不變增長模型對股票進行估值時有一個非常嚴格的假設條件，即未來的股利支付是不變增長的。而大部分情況下，公司進行股利支付時會根據其業績、發展戰略等的變動而變動，因此，為了更切合實際情況，這裡提出了多元增長模型。

多元增長模型是假定在某一時點之後股息增長率為一常數，但是在這之前股息增長率是可變的。多元增長模型是被最普遍用來確定普通股票內在價值的貼現現金流模型。這一模型假設股利的變動在一段時間內並沒有特定的模式可以預測，在此段時間以後，股利按不變增長模型進行變動。因此，股利流可以分為兩個部分：第一部分包括在股利無規則變化時期的所有預期股利的現值；第二部分包括從某一時點 T 以後的股利不變增長率時期內所有預期股利的現值。

知識點 4：股票估值的影響因素

像債券一樣，股票的內在價值也一樣會受到各種內外在因素的影響，而且與債券相比，影響股票價值的因素更多更複雜。

（一）影響股票價值的內部因素

一般來講，影響股票價值的內部因素包含很多，其中主要包括公司淨資產、盈利水準、股利政策、股份分割、增資和減資以及資產重組等。

1. 公司淨資產

公司淨資產是決定股票投資價值的重要基準。公司經過一段時間的營運，其資產淨值必然有所變動。股票作為投資的憑證，每一股代表一定數量的淨值。從理論上講，淨值應該與股價保持一定比例，即淨值增加，股價上漲；淨值減少，股價下跌。

2. 公司盈利水準

公司的業績好壞集中表現在盈利水準的高低上。一般情況下，預期公司盈利增加，可分配的股利也會相應增加，股票市場價格上漲；預期公司盈利減少，可分配的股利相應減少，股票市場價格下降。但值得注意的是，股票價格的漲跌和公司盈利的變化並不完全同時發生。

3. 公司的股利政策

股份公司的股利政策直接影響股票投資價值，在一般情況下，股票價格與股利水

準成正比。股利水準越高，股票價格越高；反之，股利水準越低，股票價格越低。而股利的實際支付取決於公司的股利政策，不同的股利政策對各期股利收入有不同的影響，此外公司對股利的分配方式也會給股價波動帶來影響。

4. 股份分割

股份分割一般在年度決算月份進行，通常會刺激股價上升。股份分割給投資者帶來的不是現實的利益，因為股份分割前後投資者持有的公司淨資產和以前一樣，得到的股利也相同。但是投資者持有的股份數量增加了，給投資者帶來了今後可多分股利和更高收益的預期，因此股份分割往往比增加股利分配對股價上漲的刺激作用更大。

5. 增資和減資

增資是公司因業務發展需要增加資本額而發行新股的行為，對不同公司股票價格的影響不盡相同。在沒有產生相應效應前，增資可能使每股淨資產下降，因而可能促使股價下跌。但對那些業績優良，財務結構健全，具有發展潛力的公司而言，增資意味著將增加公司的經營實力，會給股東帶來更多回報，股價不僅不會下跌，可能還會上漲。當公司宣布減資時，多半是因為經營不善、虧損嚴重、需要重新整頓，所以股價會大幅下降。

6. 公司資產重組

公司重組屬於公司的重大事項，發生公司重組總會引起公司價值的重大變動，因而其股價也隨之產生劇烈的波動。但需要分析公司重組對公司是否有利，重組後是否會改善公司的經營狀況。因為這些是決定股價變動方向的決定因素。但是在中國，因為散戶眾多，投資者行為對股市影響較大，一般情況下資產重組都會刺激股價短期的上漲。

（二）影響股票價值的外部因素

一般來講，影響股票價值的外部因素主要包括宏觀經濟因素、行業因素和市場因素。這些因素的影響會在後面的基本面分析部分詳細介紹，此處略去。

案例分享

巴菲特投資經典案例 ——中石油

巴菲特倡導的價值投資理論風靡世界，被人尊稱為「股神」。「在別人貪婪的時候恐懼，在別人恐懼的時候貪婪」，這已經是眾所周知的巴氏投資秘訣。

中石油就在我們家門口，我們在信息上甚至比巴菲特更有優勢，當巴菲特投資中石油功成身退，獲利35億美元的時候；我們的股民卻跟股神相反，48元買入中石油股票，結果造就了2008年悲壯的一幕「問君能有幾多愁，恰似滿倉中石油」！

投資就是做生意，通過企業盈利帶來的價值增長賺錢。2003年，巴菲特認為中石油內在價值為1,000億美元左右，所以在市值370億美元時買進，安全邊際高達63%，相當於1塊錢的東西打了3.7折後買入，只要股價迴歸內在價值就賺2.7倍；而在持有

4年多以後，中石油發展帶來的價值增長，巴菲特賣出時淨賺7倍。

巴菲特是如何做到這麼好的生意的呢？據報導，巴菲特的決策過程非常簡單：他讀了中石油2002與2003年年報後，就決定投資5億美元給中石油，僅僅根據年報，而沒有見過管理層，也沒有見過分析家的報告，這未免讓人覺得太兒戲了吧，價值投資不是強調管理層的經營水準嗎？而亞洲地區公司的商業誠信一直為人詬病，況且中石油還是國有企業？巴菲特超出自己能力圈了嗎？讀者的疑惑都有道理，對於巴菲特投資中石油，當時市場也存在很多不同的意見。所羅門美邦等投行就建議沽出中石油，中國香港專欄作者曹仁超更認為，巴菲特投資中石油，那是「犯傻了」。除此以外，著名的鄧普頓資產管理公司還在巴菲特增持中石油時，減持了5,000萬股，收回資金8,300萬港元。那究竟巴菲特是否錯了呢？

謎底大家都已經知曉，巴菲特在投資中石油上再次顯現了股神的功力。其實巴菲特2003年選中石油背後的邏輯也是2006—2007年中國A股市場上最重要的選股邏輯之一，那就是「國企+硬資源」。為什麼「國企+硬資源」成為牛股誕生的集中營，背後至少有這麼幾條邏輯：①中國的重化工業化浪潮，由於中國經濟不可避免地從勞動密集型產業向重化工業產業升級，石油的戰略意義也會日漸突出。②美元指數下跌帶動的大宗商品漲價趨勢。9/11事件是個重要轉折，美國經濟霸主的地位從此日漸衰落。美元指數從2001年9月份的115點左右一直下跌到2008年4月的71點，在計價貨幣貶值效應下，代表大宗商品的CRB指數從2001年9月的220多點一直漲到2008年的485點。③在中國行政體系下，國企能得到壟斷帶來的暴利，而且資源挖出來就是錢，所以中石油是典型的連傻瓜也能經營的企業。

在中國重化工業化，石油價格進入上漲通道等經濟趨勢下，中石油表現出巨大的盈利能力，其帳面價值從2002年年底的365億美元增長到2007年年底的903億美元，5年漲了2.47倍，年均增長率接近20%。大家都明白，中石油這樣的巨無霸能夠連續5年以平均20%的增長率實現淨資產的增值，簡直是個神話。

（資料來源：學習啦【成功案例】網站）

例7-12：

某股份公司預計今後每年支付的股利為3元，假定投資者要求的必要收益率為10%，當前該股票的價格為39元，判定該股票價格的高低。

解答：根據零增長模型，$P = \dfrac{D_0}{i}$

$$P = \frac{D_0}{i} = \frac{3}{10\%} = 30$$

股票的內在價值30小於當前該股票的價格39元，故市場高估該股票。

例7-13：

某股份公司上年年末支付股利每股2元，預計今後每年支付的股利都在前一年的基礎上增長4%，假設投資者要求的必要收益率為15%，當前該股票的市場價格為17元，判定該股票價格的高低。

解答：根據不變增長模型，$P = \dfrac{D_0(1+g)}{i-g}$

$P = \dfrac{D_0(1+g)}{i-g} = \dfrac{2 \times (1+4\%)}{15\% - 4\%} = 18.91$

該股票的內在價值 18.91 元大於當前該股票的市場價格 17 元，故市場低估該股票。

例 7-14：

某只股票當前的市價為 28 元，該股份公司本年度的每股收益為 2 元，每股淨資產為 0.8 元，則該股票的市盈率為多少？

解答：根據市盈率公式：PE = P/E，

PE = P/E = 28/2 = 14 倍

該股票的市盈率為 14 倍。

例 7-15：

接例題 7-14，該股票的市淨率為多少？

解答：根據市淨率公式：PB = P/B，

PB = P/B = 28/0.8 = 35 倍

該股票的市盈率為 35 倍。

【技能訓練】

實訓目的：掌握股票的估值方法。

實訓器材：金融計算器、同花順模擬交易軟件。

實訓場地：多媒體教室。

實訓要求：以小組為單位根據具體的實訓內容完成股票的估值並形成實訓報告。

實訓步驟：

步驟一，分小組（4~5 人/組），對小組成員進行合理分工。

步驟二，小組成員根據下面的操作流程對實訓內容進行討論和實操。

（1）判斷股票的類別；

（2）確定該股票未來投資期的現金流情況；

（3）根據實際投資情況確定投資者要求的收益率；

（4）選擇正確的估值模型對該股票進行估值；

（5）分析股票價值的影響因素。

步驟三，各小組推選代表向全班展示小組實操成果。

步驟四，教師進行點評。

實訓內容：

1. 各小組登錄同花順模擬交易軟件，自行選擇一只股票並搜集和觀察該股票目前的市盈率。

2. 根據該股票的市盈率判斷其投資價值。

3. 討論目前影響該股票價值的內外部影響因素。

任務八　證券投資基本面分析

【知識目標】

掌握證券投資基本面分析的概念；

掌握宏觀經濟分析方法；

掌握行業分析方法；

掌握公司財務分析方法。

【能力目標】

能夠對當前宏觀經濟形勢進行分析和預測；

能夠對某一行業進行分析和預測；

能夠對公司財務報表進行分析。

【情境引入】

掌握了證券品種、證券交易流程和估值方法的小張來到證券公司營業廳，摩拳擦掌、躍躍欲試的他面對著滿屏的股票代碼，陷入困惑。這麼多只股，到底應該選哪只呢？

小張：各位，大家平時投資是怎麼選股的？

股民甲：我也不懂，沒深入研究過，現在就是聽聽股評專家的推薦，或者聽聽大家的意見。

股民乙：我本身就是搞財務的，所以經常看看感興趣的那幾個行業上市公司的財務報表，多少從財報上分析分析，主要選擇那些個利潤增長比較穩定的公司股票。

股民丙：對對對，千萬不要道聽途說啊，還是要分析分析的。

小張：分析？分析什麼？怎麼分析？

選股……這裡面學問就大了！

基本面分析又稱基本分析，是以證券的內在價值為依據，著重對影響證券價格及其走勢的各項因素進行分析，並以此決定投資購買何種證券及何時購買。

基本分析的假設前提：證券的價格是由其內在價值決定的，價格受政治的、經濟的、心理的等諸多因素的影響而頻繁變動，很難與價值完全一致，但總是圍繞價值上下波動。理性的投資者應根據證券價格與價值的關係進行投資決策。

股票市場基本面分析主要側重於從股票的基本面因素，如宏觀經濟、行業背景、企業經營能力、財務狀況等對公司進行研究與分析，試圖從公司的角度找出股票的

「內在價值」，從而與股票市場價值進行比較，挑選出最具投資價值的股票。基本分析主要適用於週期相對比較長的證券價格預測、相對成熟的證券市場以及預測精確度要求不高的領域。

活動一　把脈宏觀經濟形勢

【知識準備】

知識點 1：宏觀經濟分析的含義

宏觀經濟分析是以整個國民經濟活動作為考察對象，研究各個有關的總量及其變動，特別是研究國民生產總值和國民收入的變動及其與社會就業、經濟週期波動、通貨膨脹、經濟增長等之間的關係。因此宏觀經濟分析又稱總量分析或整體分析。

在證券投資過程中，宏觀經濟分析非常重要，它可以幫助把握證券市場的總體變動趨勢、判斷整個證券市場投資價值、掌握宏觀經濟政策對證券市場的影響力度與方向，從而幫助投資者做出正確的長期決策。本教材對宏觀經濟對分析主要是從宏觀經濟運行情況、宏觀經濟政策形勢兩個方面進行。

知識點 2：宏觀經濟分析方法

宏觀經濟的分析方法是以整個國民經濟活動作為分析的對象，研究各個有關總量以及變動，特別是研究國民生產總值和國民收入的變動，以及與社會就業、經濟增長等之間的關係，因此宏觀經濟分析也可以被稱之為總量分析或者是整體分析。下面給大家介紹兩個最基本的分析方法：總量分析法和結構分析法。

1. 總量分析法

總量分析就是指對宏觀經濟運行總量指標的影響因素及其變動規律進行分析，如對國民生產總值、消費額、投資額、銀行貸款總額及物價水準的變動規律的分析等，進而說明整個經濟的狀態和全貌。總量是反應整個社會經濟活動狀態的經濟變量：一是個量的總和，如國民收入是構成整個經濟各單位創新價值的總和，總投資是全社會私人投資和政府投資的總和，總消費是參與經濟活動各單位消費的總和；二是平均量或比例量，如價格水準是各種商品與勞務相對於基期而言的平均價格水準。

總量分析主要是一種動態分析，因為它主要研究總量指標的變動規律。同時，也包括靜態分析，因為總量分析包括考察同一時期內各總量指標的相互關係，如投資額、消費額和國民生產總值的關係等。

2. 結構分析法

結構分析法是在統計分組的基礎上，計算各組成部分所占比重，進而分析某一總體現象的內部結構特徵、總體的性質、總體內部結構依時間推移而表現出的變化規律性的統計方法。結構分析法的基本表現形式就是計算結構指標。

結構分析法是指對經濟系統中各組成部分及其對比關係變動規律的分析，如國民生產總值中三種產業的結構及消費和投資的結構分析，經濟增長中各因素作用的結構分析等。結構分析主要是一種靜態分析，即對一定時間內經濟系統中各組成部分變動規律的分析。如果對不同時期內經濟結構變動進行分析，則屬動態分析。

知識點3：宏觀經濟指標

進行宏觀經濟分析就需要瞭解宏觀經濟運行情況，而宏觀經濟指標是體現經濟情況的一種方式。因此，宏觀經濟指標對於宏觀經濟分析起著重要的分析和參考作用。

反應經濟情況的宏觀經濟指標種類很多，主要指標包括國內生產總值、投資指標、消費指標、金融指標、財政指標和主權債務等幾大類，如表8-1所示。

表 8-1　　　　　　　　　　宏觀經濟指標的分類

反應經濟形勢的宏觀經濟指標	國民經濟總體指標	國內生產總值（GDP）
		工業增加值
		失業率
		通貨膨脹
		採購經理指數（PMI）——宏觀經濟運行景氣指標
		國際收支
	投資指標	政府、企業和外商投資
	消費指標	社會消費品零售總額
		城鄉居民儲蓄存款餘額
		居民可支配收入
	金融指標	總量指標（貨幣供應量、金融機構各項存貸款餘額、金融資產總量、社會融資總額、外匯儲備、外匯占款）
		利率
		匯率
	財政指標	財政收入
		財政支出
		赤字和結餘
	主權債務	

對表 8-1 中主要宏觀經濟指標的分析主要通過兩個方面完成：一是對指標內涵的解讀，即瞭解和把握該指標的具體含義及其反應的經濟情況；一是對指標數據的解讀，即搜集該指標的相關具體數據，並根據數據的大小及其變化情況分析其反應的經濟形勢。

案例分享

宏觀經濟指標解讀

隨著供給側結構性改革的深入推進，工業生產穩中向好、結構優化、效益改善，支撐工業經濟穩中向好的有利因素不斷增多。

2018 年 5 月份，全國規模以上工業增加值同比實際增長 6.8%，比上年同期加快 0.3 個百分點；1—5 月份，工業增加值同比增長 6.9%，與 1—4 月份持平，比上年同期加快 0.2 個百分點。

分行業看，5 月份，41 個工業大類行業中，36 個行業增加值保持增長態勢，增長面為 87.8%。其中，電子、汽車、電力、醫藥、菸草等主要行業實現兩位數以上增長。

分產品看，在統計的 596 種主要工業產品中，有 368 種實現同比增長，增長面為 61.7%。太陽能電池、光纖、新能源汽車、工業機器人、集成電路、民用無人機等新興產品快速增長。鋼鐵、有色金屬、發電量等高耗能產品增長也有所加快。

（資料來源：國家統計局）

想一想

上述案例中應用到的宏觀經濟指標是什麼？該指標的具體內涵是？使用的分析方法有哪些？從案例中哪些地方可以判斷出這些分析方法的使用？

知識拓展

先行指標、同步指標和滯後指標

在經濟的週期循環中，一些經濟變量的變動與經濟景氣的變化存在著時間上的先後順序。把這種先後順序定量地揭示出來，就能用於經濟預測。

按統計指標變動軌跡與經濟變動軌跡之間的關係劃分，指標變動軌跡在時間上和波動起伏上與經濟波動軌跡基本一致的叫同步指標；在相同時間上的波動與經濟波動不一致，在時間軸上向前平移的指標成為先行指標；在時間軸上向後平移的指標成為滯後指標。

先行指標主要用於判斷短期經濟總體的景氣狀況，因為其在宏觀經濟波動到達高峰或低谷前，先行出現高峰或低谷，因而可以利用它判斷經濟運行中是否存在不安定

因素，同時進行預警、監測。這類指標可以對將來的經濟狀況提供預示性的信息，如利率水準、貨幣供給、消費者預期、主要生產資料價格、企業投資規模等。

同步指標，這類指標的變化基本上與總體經濟活動的轉變同步，如個人收入、工業總產值、全民工業總產值、預算內工業企業銷售收入、社會商品零售額、國內商品純購進、國內商品純銷售、海關進口額、貨幣流通量。

滯後指標，這類指標的變化一般滯後於國民經濟的變化，如失業率、全民固定資產投資、商業貸款、財政收支、零售物價總指數、消費品價格指數、集市貿易價格指數。

需要注意的是不同指標只是作為參考作用，單獨的指標只能做出推斷，必須結合具體的宏觀經濟波動和一系列後續的指標驗證，才能得出正確的結論。

知識點4：宏觀經濟政策

宏觀經濟政策是國家或政府有意識、有計劃地運用一定的政策工具，調節控制宏觀經濟的運行，以達到一定的政策目標。國家或者政府通過宏觀經濟政策工具干預宏觀經濟運行，以達到增進整個社會經濟福利、改進國民經濟運行狀況的目的。因此，進行宏觀經濟分析除了通過經濟指標瞭解其運行情況外，還需要分析宏觀經濟政策形勢。

一般認為，宏觀經濟政策的主要目標有四個：持續均衡的經濟增長、充分就業、物價水準穩定、國際收支平衡。以上四大目標相互之間既存在互補關係，也存在交替關係。互補關係是指一個目標的實現對另一個的實現有促進作用，如為了實現充分就業水準，就要維護必要的經濟增長。交替關係是指一個目標的實現對另一個有排斥作用，如物價穩定與充分就業之間就存在兩難選擇。

宏觀經濟政策工具是用來實現政策目標的手段。在宏觀經濟政策工具中，常用的有需求管理、供給管理、國際經濟政策。需求管理是指通過調節總需求來達到一定政策目標的宏觀經濟政策工具。它包括財政政策和貨幣政策。供給管理政策具體包括控制工資與物價的收入政策、指數化政策、人力政策和經濟增長政策。國際經濟政策是對國際經濟關係的調節。這裡主要介紹其中的四種政策：財政政策、貨幣政策、匯率政策、收入政策。

1. 財政政策

財政政策是指政府變動稅收和支出以便影響總需求進而影響就業和國民收入的政策，具體的運作模式如表8-2所示。

表 8-2　　　　　　　　　　　　財政政策分析

財政政策工具	政策種類	運作模式	對證券市場的影響
國家預算 稅收 國債 財政補貼 財政管理體制 轉移支付制度 註：這些工具可以單獨使用，也可以配合協調使用。	擴張性 財政政策	減少稅收，降低稅率，擴大減免稅範圍	刺激經濟增長，證券市場價格上漲
		擴大財政支出，加大財政赤字	
		減少國債發行（或回購部分短期國債）	
	緊縮性 財政政策	增加財政補貼	抑制經濟增長，證券市場價格下降
		增加稅收，提高稅率，減小減免稅範圍	
		減少財政支出，縮小財政赤字	
		增加國債發行	
		減少財政補貼	
	中性 財政政策		財政的分配活動對社會總需求的影響保持中性

2. 貨幣政策

貨幣政策也就是金融政策，是指中國人民銀行為實現其特定的經濟目標而採用的各種控制和調節貨幣供應量和信用量的方針、政策和措施的總稱。貨幣政策的實質是國家對貨幣的供應根據不同時期的經濟發展情況而採取「緊」「鬆」或「適度」等不同的政策趨向（見表 8-3）。

表 8-3　　　　　　　　　　　　貨幣政策分析

政策工具	政策種類	運作模式	對證券市場的影響
一般性政策工具：法定存款準備金率再貼現政策；公開市場業務 選擇性政策工具：直接信用控制、間接信用指導	擴張性 貨幣政策	利率下降	刺激經濟增長，證券市場價格上漲。
		公開市場業務大量買進	
		增加貨幣供應量	
		從鬆的選擇性貨幣政策	
	緊縮性 貨幣政策	利率上升	抑制經濟增長，證券市場價格下降。
		公開市場業務大量賣出	
		減少貨幣供應量	
		從緊的選擇性貨幣政策	

案例分享

宏觀經濟政策解讀

一、經濟過熱的表象

1993 年，中國經濟數據顯示國內生產總值增長 13.5%，全社會固定資產投資增長 61.8%，商品零售價格指數上漲 13.2%，CPI 達到 14.7%，狹義貨幣供應量（M1）增長 21.5%，廣義貨幣供應量（M2）增長 26.5%，對外貿易逆差 34.5 億美元。到 1994 年經濟還在走熱，CPI 達到了 24.1%。

二、經濟過熱的原因

為防止 1989 年以來經濟進一步下滑，國家採取擴張性貨幣政策和財政政策：

財政政策方面表現為投資急遽膨脹。

國內投資：20 世紀 90 年代初期，政府財政出現大量盈餘，政府就會考慮把錢花出去，於是出現了開發區熱、房地產熱、股票熱等現象。同時隨著改革開放以及國有體制改革，個人的投資熱也隨之出現，特別是沿海地帶。

外資直接投資（FDI）：1990 年代以來，外國直接投資開始大量流入中國，是實現高新技術由發達國家向發展中國家轉移的重要手段，所以外國直接投資對經濟增長的作用要大於國內投資，外國投資不僅可以起到彌補發展中國家物資資本缺口的初級作用，而且由於蘊含著發達國家的先進技術和管理經驗，還可以起到帶動發展中國家技術進步的二級資本深化的作用。

貨幣政策方面：自 1990 年 4 月 15 日至 1993 年 5 月 14 日，央行兩次降息（1990 年 4 月 15 日的利率調整不計），利率從 10.08% 降到 7.56%；同時貨幣供給飛速增加，1991—1993 年 M2 的平均增長速度約為 31.7%。

1992 年社會主義市場經濟體制改革，中西部大量廉價勞動力在市場機制的誘導下流到沿海經濟開放地區，從低附加值的務農轉移到高附加值的企業，對經濟增長作了重要貢獻。同時也在短期內增加了沿海地區的需求。這也在一定程度上導致經濟增長速度過快。

三、國家宏觀調控

針對此次經濟過熱的情況，中國政府推出緊縮性貨幣政策和財政政策來抑制經濟的過快發展。本次的貨幣政策和財政政策是適度從緊而不是全面緊縮，在結構上則做到有鬆有緊。主要措施如下：

貨幣政策：嚴格控制貨幣發行，M2 的同比增長率由 1993 年的 37.3% 逐年回落到 1997 年的 19.6%，穩定金融形勢；靈活運用利率槓桿，1993 年 5 月 15 日至 1996 年 4 月 30 日，央行兩次升息，利率上升至 10.98%，大力增加了儲蓄存款。

金融市場制度方面，堅決糾正違章拆借資金；堅決制止各種亂集資；專業銀行要保證對儲蓄存款的支付；進一步完善有價證券發行和規範市場管理等。綜上，國家採

取了一系列的貨幣政策，減少貨幣的供給，規範貨幣市場的運行，從而在給經濟降溫的同時，確保貨幣金融市場的穩定健康發展。

財政政策：加強房地產市場宏觀管理，促進房地產業的健康發展；對在建項目進行審核排隊，嚴格控制新開工項目等。這樣就強化了國家的宏觀調控，便於國家緊縮那些低水準無效益的企業，以及具有泡沫的經濟，如房地產行業；同時著重幫助那些高水準、高效益的企業和國家重點項目，如三峽工程、京九鐵路等；同時強化稅收徵管，堵住減免稅漏洞。

穩定物價水準：1990—1994年，CPI的飛速上漲，到1994年更是達到了24.1%，除了上述總需求增加的原因外，另一個因素是基於勞動力自由流動而引起的農業從業人員減少，糧食價格上漲，進而引起零售物價指數上漲中有70%是食品價格上漲。此時，國家果斷開倉放糧，穩定糧食價格；同時建立糧食最低收購價格等補償措施，鼓勵糧食的生產。

四、結論

綜上，經過國家一系列的宏觀調控，1997年M2的同比增長率回落到19.3%，CPI回落到4%以下，而GDP增長率卻維持在8%以上，中國經濟成功實現「軟著陸」。

（資料來源：百度文庫）

3. 匯率政策

匯率是指一個國家（或地區）政府為達到一定的目的，通過金融法令的頒布、政策的規定或措施的推行，把本國貨幣與外國貨幣比價確定或控制在適度的水準而採取的政策手段。

匯率政策工具主要有匯率制度的選擇、匯率水準的確定以及匯率水準的變動和調整。匯率制度傳統上分為固定匯率制度和浮動匯率制度兩大類。中國人民幣匯率制度是以市場供求為基礎，參考一籃子貨幣進行調節，有管理的浮動匯率制度。在浮動匯率制取代固定匯率制度後，各國原規定的貨幣法定含金量或與其他國家訂立紙幣的黃金平價，就不起任何作用了，因此國家匯率體系趨向複雜化、市場化。

匯率對證券市場的影響是多方面的，一般來講，一國的經濟越開放，證券市場的國際化程度就越高，證券市場匯率的影響就越大。這裡匯率用單位外幣的本幣幣值來表示。

如果匯率上升，本幣貶值，一方面本國產品競爭力強，出口型企業將受益，因而企業的股票價格將上漲。另一方面將導致資本流出本國，資本的流失將使得本國證券市場需求減少，從而市場價格下跌；同時本幣貶值使以本幣表示的進口商品價格提高，進而帶動國內物價水準上漲，引起通貨膨脹。為維持匯率穩定，政府可能動用外匯儲備，拋售外匯，從而將減少本幣的供應量，使得證券市場價格持續下跌，直到匯率水準回落恢復均衡，反面效應可能使證券價格回升。

從上述理論看出，匯率波動造成本幣升值時對證券市場形成利好，本幣貶值時對證券市場形成利空。

4. 收入政策

收入政策是後凱恩斯主流學派提出的政策主張之一，指政府為了影響貨幣收入或物價水準而採取的措施，其目的通常是為了降低物價的上漲速度，是政府為降低一般價格水準上升的速度而採取的強制性或非強制性的限制工資和價格的政策。其目的在於影響或控制價格、貨幣工資和其他收入的增長率，是貨幣政策和財政政策以外的一種政府行為。

收入政策是從兩個方面對證券市場產生作用：

一是消費者決定論方面。收入政策的調整能改變整體消費結構提高總體邊際消費傾向，從而擴大有效內需，與上市企業的發展和總體經濟環境改善相得益彰，另一方面，當消費與企業資本化形成匹配後，隨著證券預期收益率的上升並在稅率政策同步調整影響下，「財富效應」會顯現，消費者會追加消費，與企業資本化形成長期良性循環。

二是企業生產者決定論方面。企業的發展已經從工資侵蝕利潤轉向利潤侵蝕工資，企業中的相當一部分競爭資本由工資（應得而未得的收入）轉化而來，這就加大了企業過度競爭的邊際效應，會給虛擬市場帶來不良信息引導，所以收入政策的調節會抑制企業進行不良或者過度競爭的慾望，從而使虛擬（證券）與實體市場均衡發展。同時收入也代表著資本深化與廣化的比例分配，有效的、合理的收入分配（管理者和員工分配）會使企業在資本廣化過程中不斷加深資本深化，提高總體研發和創新的積極性，這對企業的發展和創新起到積極的作用，從而從實體面上支持著證券業（虛擬資本）的發展。

知識點 5：宏觀經濟與證券市場的關係

證券市場是整個國民經濟的重要組成部分，它在宏觀的經濟大環境中發展，同時又服務於國民經濟的發展。證券市場有經濟晴雨表之稱，這表明證券市場是宏觀經濟的先行指標，也表明宏觀經濟的走向決定證券市場長期趨勢。宏觀經濟因素是影響證券市場長期走勢的唯一因素。

宏觀經濟運行主要是通過公司經營效益、居民收入水準、投資者對股價的預期和資金成本四個途徑對證券市場產生影響，以 GDP 為例分析其對證券市場的影響，見表 8-4。

表 8-4　　　　　　　　GDP 變動對證券市場的影響

GDP 變動	影響機制	證券市場價格變動
持續、穩定、高速的 GDP 增長	公司經營效益上升、居民收入水準上升、投資者信心上升	證券市場價格上漲
高通脹下的 GDP 增長	企業經營困難，居民收入降低，投資者信心漸弱	證券市場價格下跌

表8-4(續)

GDP 變動	影響機制	證券市場價格變動
宏觀調控下的 GDP 減速增長	經濟矛盾得到緩解	證券市場價格平穩漸升
轉折性的 GDP 變動	惡化的經濟環境逐步得到改善	證券市場價格由下跌轉為上升
惡化環境逐步改善向高增長變動	新一輪經濟高速增長週期來臨	證券市場價格快速上漲

想一想

通貨膨脹或者通貨緊縮的變動是如何通過四個途徑影響證券市場的？

知識拓展

證券市場供求關係分析

從長期來看，證券的價格由其內在價值決定，但就中、短期的價格分析而言，證券的市場交易價格由供求關係決定。成熟市場的供求關係是由資本收益率引導的供求關係，即資本收益率水準對證券價格有決定性影響。而中國的證券價格在很大程度上由證券的供求關係決定。

證券市場的供給主體是公司（企業）、政府與政府機構以及金融機構。上市公司質量和數量是證券市場供給的決定因素，其中上市公司的質量和經濟效益狀況是影響證券市場供給的最根本因素。自 1990 年中國設立證券交易所以來，上市公司的數目逐年增加。在滬、深證券交易所上市公司增加的同時，中國企業在國內外資本市場的籌資也保持持續增長的趨勢。

證券市場的需求方主要包括個人投資者、機構投資者。機構投資者包括開放式基金、封閉式基金、社保基金，也包括參與證券投資的保險公司、證券公司，還包括一些投資公司和企業法人。相對於個人投資者，機構投資者的資金與人才實力雄厚，投資理念成熟，抗風險能力強，是市場主要參與者，是市場成熟的一個標志。

宏觀經濟環境、政策因素、居民金融資產結構的調整、機構投資者的培育和壯大、資本市場的逐步開放是影響和決定證券市場需求方發展變化的主要因素。

>>同步練習

以下是推薦的宏觀經濟分析報告，建議上網搜索並閱讀。

中國人民大學：2017—2018 中國宏觀經濟分析與預測報告——新常態邁向新階段的中國宏觀經濟

亞洲經濟分析：2018 年展望：亞洲出口型經濟體面臨資本開支方面的新利好（英

文版）

十九大後的宏觀展望：2018，向陽生長

大國崛起專題之宏觀篇：大國崛起：行百里半九十

方興未艾：2018年中國宏觀經濟展望

經濟世界：2018年世界經濟形勢與展望

經濟學人智庫：2018年全球行業年度特別報告（英文版）

聯訊宏觀專題研究：中國經濟大整合

新世紀評級：中國宏觀經濟分析與展望（2018）

【技能訓練】

實訓目的：掌握宏觀經濟分析過程。

實訓場地：多媒體教室。

實訓要求：以小組為單位根據具體的實訓內容完成一份宏觀經濟分析報告。

實訓步驟：

步驟一，以小組（4~5人）為單位分發實訓具體內容和要求。

步驟二，根據下面的操作流程對實訓內容進行實操。

（1）調查研究與搜集資料，包括宏觀經濟指標、宏觀經濟政策等方面的資料；

（2）選用總量和結構分析方法依據資料對指標進行分析；

（3）根據分析結果預測未來的經濟形勢是向好還是向壞；

（4）據宏觀經濟與證券市場的關係判斷證券市場的總體變動並進行投資決策。

步驟三，學生之間相互討論。

步驟四，教師公布結果並進行點評。

實訓內容：

登陸中國統計局官網（http：//www. stats. gov. cn/），點擊統計數據欄數據查詢項目，自選3個經濟指標，使用總量和結構分析法對近10年相關數據進行分析，並形成分析報告。

活動二　挖掘潛力行業

【知識準備】

知識點1：行業的含義

行業是指從事國民經濟中同性質的生產或其他經濟社會的經營單位或者個體的組織結構體系，如林業、汽車業、銀行業等。

廣義的行業一般是指職業的類別，不同的職業之間相互區別的特別顯著的徵象、標志，就是一類行業特徵。狹義的行業是指實業、商業、金融業、服務業等經濟實體，各個不同經濟實體內部又因為不同的行業特徵形成不同的子行業，如軍事工業、鋼鐵工業、汽車製造、農村經濟聯合體等，這些經濟實體及其內部不同子行業都有著其自身的運作模式、運行規律，有著不同的發生、發展、興旺、衰亡的過程。

行業分類可以幫助解釋行業本身所處的發展階段及其在國民經濟中的地位。行業分類的方法有很多種，這裡簡要介紹以下常見的幾種。

1. 道·瓊斯分類法

道·瓊斯分類法是指在19世紀末為選取在紐約證券交易所上市的有代表性的股票而對各公司進行的分類，它是證券指數統計中最常用的分類法之一。道·瓊斯分類法將大多數股票分為三類：工業、運輸業和公用事業。雖然入選的這些股票並不包括這類產業中的全部股票，但所選擇的這些股票足以表明行業的一種趨勢。

2. 標準行業分類

為了便於匯總各國的統計資料，進行對比，聯合國經濟和社會事務統計局曾制定了一個《全部經濟活動國際標準行業分類》（簡稱《國際標準行業分類》），建議各國採用。它把國民經濟劃分為10個門類，對每個門類再劃分大類、中類、小類。聯合國頒布的《國際標準產業分類》的特點是它與三次產業分類法保持著穩定的聯繫，從而有利於對產業結構的分層次深入研究。聯合國的標準產業分類法便於調整和修訂，也為各國各自制定標準產業分類以及進行各國產業結構的比較研究提供了十分方便的條件。

3. 國民經濟行業分類

《國民經濟行業分類》國家標準於1984年首次發布，於2017年第四次修訂。該標準（GB/T4754-2017）由國家統計局起草，國家質量監督檢驗檢疫總局、國家標準化管理委員會批准發布，並將於2017年10月1日實施。

《國民經濟行業分類》適用於在統計、計劃、財政、稅收、工商等國家宏觀管理中，對經濟活動的分類，並用於信息處理和信息交換。該分類方法採用經濟活動的同質性原則劃分國民經濟行業，即每一個行業類別按照同一種經濟活動的性質劃分，將國民經濟行業劃分為門類、大類、中類和小類四級。該標準規定了全社會經濟活動的分類與代碼。

4. 中國上市公司行業分類

為規範上市公司行業分類工作，根據《中華人民共和國統計法》《證券期貨市場統計管理辦法》《國民經濟行業分類》等法律法規和相關規定，制定《上市公司行業分類指引》（以下簡稱《指引》）。

《指引》是一個非強制執行的標準。它以在中國境內證券交易所掛牌交易的上市公司為基本分類對象，適用於證券期貨監管系統對上市公司行業分類信息進行統計、評價、分析及其他相關工作。中國證監會另有規定的，適用其規定。

《指引》以上市公司營業收入等財務數據為主要分類標準和依據，所採用財務數據

為經過會計師事務所審計並已公開披露的合併報表數據。當上市公司某類業務的營業收入比重大於或等於50%，則將其劃入該業務相對應的行業。當上市公司沒有一類業務的營業收入比重大於或等於50%，但某類業務的收入和利潤均在所有業務中最高，而且均占到公司總收入和總利潤的30%以上（包含本數），則該公司歸屬該業務對應的行業類別。不能按照上述分類方法確定行業歸屬的，由上市公司行業分類專家委員會根據公司實際經營狀況判斷公司行業歸屬；歸屬不明確的，劃為綜合類。

《指引》將上市公司的經濟活動分為門類和大類兩級，中類作為支持性分類參考。其中包括13個門類，90個大類和288個中類。

5. 上證和深證交易所的行業劃分

上證指數分類法。上海證券市場為編製新的滬市成分指數，將全部上市公司分為五類，即工業、商業、地產業、公用事業和綜合類，並分別計算和公布各分類股價指數。

深證指數分類法。深圳證券市場也將在深市上市的全部公司分成六類，即工業、商業、金融業、地產業、公用事業和綜合類，同時計算和公布各分類股價指數。

需要注意的是，中國的兩個證券交易所為編製股價指數而對產業進行的分類顯然是不完全的，這與中國證券市場發展狀況有關。中國上市公司數量少，不能涵蓋所有行業，如農業方面的上市公司就較為少見。但為了編製股價指數，從目前的情況來看，這些分類是適當的。

想一想

判斷下面幾家公司分屬什麼不同的行業並說明判斷依據：中石油、萬科、蘇寧易購、中國人壽、中青旅。

知識點2：行業分析的含義

行業分析是指根據經濟學原理，綜合應用統計學、計量經濟學等分析工具對行業經濟的運行狀況、產品生產、銷售、消費、技術、行業競爭力、市場競爭格局、行業政策等行業要素進行深入的分析，從而發現行業運行的內在經濟規律，進而進一步預測未來行業發展的趨勢。行業的一般特徵分析主要是從行業的市場結構（前期基礎課程已經介紹過）、行業的競爭結構、行業的週期性和行業的生命週期四個方面進行。

行業分析是介於宏觀經濟與微觀經濟分析之間的中觀層次的分析，是發現和掌握行業運行規律的必經之路，是行業內企業發展的大腦，對指導行業內企業的經營規劃和發展具有決定性的意義。行業分析的任務是解釋行業本身所處的發展階段及其在國民經濟中的地位，分析影響行業發展的各種因素以及判斷對行業的影響力度，預測並引導行業的未來發展趨勢，判斷行業投資價值，揭示行業投資風險，為政府部門、投資者以及其他機構提供決策依據或投資依據。

行業分析的目的是挖掘最具投資潛力的行業，進而選出最具投資價值的上市公司。

知識點 3：行業分析——生命週期分析

行業生命週期指行業從出現到完全退出社會經濟活動所經歷的時間。行業的生命發展週期主要包括四個發展階段：幼稚期，成長期，成熟期，衰退期。識別行業生命週期所處階段的主要指標有：市場增長率、需求增長率、產品品種、競爭者數量、進入壁壘及退出壁壘、技術變革、用戶購買行為等。表 8-5 分別介紹生命週期各階段的特徵。

表 8-5　　　　　　　　　　行業生命週期階段的特徵

	幼稚期	成長期	成熟期	衰退期
市場增長率	較高	高速增長	較低	下降
需求增長	較快	高速增長	較低	下降
產品成熟度	尚未成熟	品種數量增多	新產品的開發更加困難	品種數量減少
技術變革	技術上有很大的不確定性	技術漸趨定型	技術已經成熟	技術被模仿後出現的替代品
用戶	少，不確定	用戶特徵比較明朗	用戶特點非常清楚和穩定	用戶離開，減少

行業生命週期具體的發展階段和特點如下：

1. 幼稚期

幼稚期的企業規模可能很小，產品類型、特點、性能和目標市場不斷發展變化。市場中充滿各種新發明的產品或服務，管理層採取戰略支持產品上市。產品設計尚未成熟，行業產品的開發相對緩慢，利潤率較低，市場增長率較高。

2. 成長期

該行業已經形成並快速發展，大多數企業因高增長率而在行業中繼續存在。管理層需確保充分擴大產量達到目標市場份額。需大量資金達到高增長率和擴產計劃，現金短缺。利用專利或者降低成本來設置進入壁壘（內在規模經濟），阻止競爭者進入行業。

3. 成熟期

增長率降到較正常水準，相對穩定，各年銷售量變動和利潤增長幅度較小，競爭更激烈。後期一些企業因投資回報率不滿意而退出行業，一小部分企業主導行業，需監控潛在兼併機會（啤酒行業）、探索新市場（中國拖拉機出口）、研發新技術、開發具有不同特色功能的新產品。此時戰略管理至關重要。

4. 衰退期

行業生產力過剩，技術被模仿後出現的替代品充斥市場，市場增長率嚴重下降，產品品種減少，行業活動水準隨各公司從該行業退出而下降，該行業可能不復存在或被並入另一行業。行業的存在期比任何單一產品都要長。充分運用戰略管理很重要。

知識點 4：行業分析—波特五力模型分析

波特五力模型是邁克爾·波特於 20 世紀 80 年代初提出。他認為行業中存在著決定競爭規模和程度的五種力量，這五種力量綜合起來影響著產業的吸引力以及現有企業的競爭戰略決策。五種力量分別為同行業內現有競爭者的競爭能力、潛在競爭者進入的能力、替代品的替代能力、供應商的討價還價能力、購買者的討價還價能力。五種力量的特徵如表 8-6 所示。

表 8-6　　　　　　　　　　　　　　波特五力特徵

五種力量	特徵
現有競爭者的競爭能力	①行業進入障礙較低，勢均力敵的競爭對手較多，競爭參與者範圍廣泛； ②市場趨於成熟，產品需求增長緩慢； ③競爭者企圖採用降價等手段促銷； ④競爭者提供幾乎相同的產品或服務，用戶轉換成本很低； ⑤一個戰略行動如果取得成功，其收入相當可觀； ⑥行業外部實力強大的公司在接收了行業中實力薄弱企業後，發起進攻性行動，結果使得剛被接收的企業成為市場的主要競爭者； ⑦退出障礙較高，即退出競爭要比繼續參與競爭代價更高
潛在競爭者進入的能力	①進入障礙主要包括規模經濟、產品差異、資本需要、轉換成本、銷售渠道開拓、政府行為與政策、不受規模支配的成本劣勢、自然資源、地理環境等方面，這其中有些障礙是很難借助複製或仿造的方式來突破的； ②預期現有企業對進入者的反應情況，主要是預期採取報復行動的可能性大小，而該可能性則取決於有關廠商的財力情況、報復記錄、固定資產規模、行業增長速度等
替代品的替代能力	①現有企業產品售價以及獲利潛力的提高，將由於存在著能被用戶方便接受的替代品而受到限制； ②由於替代品生產者的侵入，使得現有企業必須提高產品質量、或者通過降低成本來降低售價、或者使其產品具有特色，否則其銷量與利潤增長的目標就有可能受挫； ③源自替代品生產者的競爭強度，受產品買主轉換成本高低的影響
供應商的討價還價能力	①供方行業為一些具有比較穩固市場地位而不受市場激烈競爭困擾的企業所控制，其產品的買主很多，以致每一單個買主都不可能成為供方的重要客戶； ②供方各企業的產品各具有一定特色，以致買主難以轉換或轉換成本太高，或者很難找到可與供方企業產品相競爭的替代品； ③供方能夠方便地實行前向聯合或一體化，而買主難以進行後向聯合或一體化（註：簡單地按中國說法就是店大欺客）
購買者的討價還價能力	①購買者的總數較少，而每個購買者的購買量較大，占了賣方銷售量的很大比例； ②賣方行業由大量相對來說規模較小的企業所組成； ③購買者所購買的基本上是一種標準化產品，同時向多個賣主購買產品在經濟上也完全可行； ④購買者有能力實現後向一體化，而賣主不可能前向一體化

關於五力分析模型的實踐運用一直存在許多爭論。較為一致的看法是該模型更多是一種理論思考工具，而非可以實際操作的戰略工具。

📁 **案例分享**

波特五力分析

零售行業競爭格局分析

零售商對上下游都有較強的議價能力，供應商依賴它銷售產品，銷售也多被動地接受零售商的產品定價。但是，零售商面臨著新進入對手的威脅和替代品的威脅，比如做生鮮的永輝超市面臨著京東生鮮和天貓生鮮的競爭。

```
                潛在進入者威脅程度－相對較高
                • 百貨：看對手能否拿到核心
                  商圈
                • 超市：外資對手資金雄厚、經
                  驗豐富，民營超市機制靈活
                • 家電：國美蘇寧已成為規模壁
                  壘，電商以價格方式再次殺入

供應商議價能力相對較低    現有競爭程度－競爭性市場格局    消費者議價能力相對較低
• 零售業位於產業鏈中端，目   • 百貨：看商圈價值，相對緩和   • 企業在走品牌化發展趨
  前製造業產能普遍過剩，大   • 超市：競爭激烈，外資優勢明顯    勢，品牌商的定價能力
  量產品均處於供過於求的態   • 家電連鎖－受電商衝擊          較高，消費者更多的是
  勢，廠家面臨銷售難的問題，                                被動的接受品牌商的定價
  議價能力較低

                替代品威脅程度相對較高
                • 其他業態包括網路購物、
                  一體化購物中心和專賣店
                  等可能從超市、家電手中
                  謀取份額。
```

（資料來源：《行業分析案例：零售就在我們身邊》）

知識點 5：行業分析——行業的週期性分析

各行業變動時，往往呈現出明顯的、可測的增長或衰退的格局。根據這些變動與國民經濟總體週期變動的關係的密切程度不同，可以將行業分為增長型、週期型和防禦型三類，它們各自的行業特徵如表 8-7 所示。

表 8-7　　　　　　　　　　　　　行業的週期性特徵

類型	含義	特徵	舉例
增長型行業	增長型行業的運動狀態與經濟活動總水準的週期及其振幅無關	這些行業主要依靠技術的進步、新產品的推出及更優質的服務來使其經常呈現出增長形態，因此其收入增長的速率與經濟週期的變動不會出現同步影響	電子信息業 生物製藥 新能源
週期型行業	週期型行業的運動狀態直接與經濟週期相關。當經濟處於上升時期，這些行業會緊隨其擴張；當經濟衰退時，這些行業也相應衰落	當經濟上升時，對這些行業相關產品的購買會相應增加；當經濟下行時，市場對該類產品的需求相應減少。因此，該類行業會伴隨經濟週期的波動而增長變化	消費品業 耐用品製造業 其他需求彈性較高的行業
防禦型行業	這些行業運動形態因其產業的產品需求相對穩定，所以不受經濟週期處於衰退階段的影響	當經濟衰退時，人們的基本需求不會受到影響，還會因經濟環境惡化而產生更多的購買需求，防禦型行業會有實際增長	食品業 公用事業

想一想

判斷不同的週期性行業在相同經濟週期環境下的證券市場價格表現。例如：耐用品製造業、食品業在經濟蕭條期時，其證券市場價格表現是怎樣的？

知識拓展

影響行業發展的其他因素

對行業發展影響的主要因素還包括技術進步、產業政策、產業組織創新、社會習慣的改變、經濟的全球化五個方面。

技術進步對行業的影響。目前人類社會所處的時代正是科學技術日新月異的時代。不僅新興學科不斷湧現，而且理論科學向實用技術的轉化過程也被大大縮短，速度大大加快。以信息通信技術為核心的高新技術成為21世紀國家產業競爭力的決定性因素之一。信息技術的擴散與應用引起相關行業的技術革命，並加速改造著傳統產業。技術進步速度加快，週期明顯縮短，產品更新換代變得更加頻繁，企業研發活動的投入強度成為劃分高技術群類和衡量產業競爭力的標尺。目前，多數國家和組織以 R&D 投入占產業或行業銷售收入的比重來劃分或定義技術產業群。

政府對行業的管理和調控主要是通過產業政策來實現的。產業政策包括四種政策：產業結構政策、產業組織政策、產業技術政策、產業佈局政策。其中，產業結構政策與產業組織政策是產業政策的核心。

產業組織是指同一產業內企業的組織形態和企業間的關係,包括市場結構、市場行為、市場績效三個方面內容。產業組織的創新過程(活動)實際上是對影響產業組織績效的要素進行整合優化的過程,是使產業組織重新獲取競爭優勢的過程。產業組織創新與產業技術創新共同成為產業不斷適應外部競爭環境或者從內部增強產業核心能力的關鍵。

　　社會習慣的改變。在當今社會,消費者和政府越來越強調經濟行業所應承擔的社會責任,越來越注重工業化給社會所帶來的種種影響。這種日益增強的社會意識或社會傾向對許多行業已經產生了明顯的作用。防止環境污染、保持生態平衡目前已成為工業化國家的一個重要的社會趨勢,在發展中國家也正日益受到重視。現在發達國家的工業部門每年都要花費幾十億美元的經費來研製和生產與環境保護有關的各種設備,以便使工業排放的廢物、廢水和廢氣能夠符合規定的標準。其他環境保護項目包括對有害物質(如放射性廢料)和垃圾的處理等。從上面的分析可知,社會傾向對企業的經營活動、生產成本和利潤收益等方面都會產生一定的影響。

　　經濟全球化是指在新科技革命和社會生產力發展到更高水準的推動下,社會在生產的各個環節(生產、分配、交換、消費)和各種資本形態(貨幣資本、生產資本、商品資本)的運動超出國界,在全球範圍內進行的過程。經濟全球化是在科學技術和社會生產力發展到更高水準、各國經濟相互依存、相互滲透的程度大為增強、阻礙生產要素在全球自由流通的各種壁壘不斷削弱、經濟運行的國際規則逐步形成並不斷完善的條件下產生的。經濟全球化的過程是生產社會化程度不斷提高的過程。在經濟全球化進程中,社會分工得以在更大的範圍內進行,資金、技術等生產要素可以在國際社會流動和優化配置,由此可以帶來巨大的分工利益,推動世界生產力的發展。

【技能訓練】

實訓目的:掌握行業分析方法。
實訓場地:多媒體教室。
實訓要求:以小組為單位根據具體的實訓內容完成一份行業分析報告。
實訓步驟:
步驟一,以小組(4~5人)為單位分發實訓具體內容和要求。
步驟二,根據下面的操作流程對實訓內容進行實操。
(1)調查研究與搜集資料,包括行業利潤、行業政策等方面的資料;
(2)綜合使用競爭結構、生命週期等行業分析方法對相關資料進行分析;
(3)根據分析結果預測行業未來的發展趨勢;
(4)根據對行業的分析和發展預測判斷其對證券市場價格的走勢影響,並形成行業分析報告。
步驟三,學生之間相互討論。
步驟四,教師公布結果並進行點評。

實訓內容：

各小組自選 1 個行業，登錄網絡平臺搜集該行業相關資料，選擇使用市場結構法、生命價值分析法、五力模型和週期性分析方法中的一個方法對行業資料進行分析，得出相關結論並形成分析報告。

活動三　解讀公司財務報表

【知識準備】

知識點 1：公司財務分析認知

財務報表是反應企業或預算單位一定時期資金、利潤狀況的會計報表。財務報表包括資產負債表、損益表、現金流量表或財務狀況變動表、附表和附註。

1. 資產負債表

資產負債表是反應企業在某一特定日期（年末、季末或月末）的資產、負債和所有者權益數額及其構成情況的會計報表。

2. 利潤表

利潤表是反應企業在一定期間的生產經營成果及其分配情況的會計報表。

3. 現金流量表

現金流量表是反應企業會計期間內經營活動、投資活動和籌資活動等對現金及現金等價物產生影響的會計報表。

4. 所有者權益變動表

它反應本期企業所有者權益（股東權益）總量的增減變動情況還包括結構變動的情況，特別是要反應直接記入所有者權益的利得和損失。

財務報表分析是對企業財務報表所提供的數據進行加工、分析、比較、評價和解釋。財務報表分析的目的在於判斷企業的財務狀況和診察企業經營管理的得失。通過分析，可以判斷企業財務狀況是否良好，企業的經營管理是否健全，企業業務前景是否光明，同時還可以通過分析，找出企業經營管理的癥結，提出解決問題的辦法。對於投資者而言，財務報表分析可以幫助投資者在眾多的公司中選擇出具有投資價值的那家公司。

知識點 2：財報分析方法

報表分析是基於報表的一種財務分析，主要對資產負債表、利潤表的分析。報表分析的常用方法有比率分析法、比較分析法、趨勢分析法和結構分析法，分析結果可

以文字、數值、圖形等多種形式輸出。本教材重點介紹比率分析法。

1. 比率分析法

比率分析法是以同一期財務報表上若干重要項目的相關數據相互比較，求出比率，用以分析和評價公司的經營活動以及公司目前和歷史狀況的一種方法，是財務分析最基本的工具。由於進行財務分析的目的不同，因而各種分析者包括債權人、管理當局、政府機構等所採取的側重點也不同。作為股票投資者，主要是掌握和運用四類比率，即反應公司的獲利能力比率、償債能力比率、成長能力比率、週轉能力比率這四大類財務比率。

2. 比較分析法

比較分析法是財務報表分析的基本方法之一，是通過某項財務指標與性質相同的指標評價標準進行對比，揭示企業財務狀況、經營情況和現金流量情況的一種分析方法。比較分析法是最基本的分析方法，在財務報表分析中應用很廣。

3. 趨勢分析法

趨勢分析法又叫比較分析法、水準分析法，它是通過對財務報表中各類相關數字資料，將兩期或多期連續的相同指標或比率進行定基對比和環比對比，得出它們的增減變動方向、數額和幅度，以揭示企業財務狀況、經營情況和現金流量變化趨勢的一種分析方法。

4. 結構分析法

結構分析法是指對經濟系統中各組成部分及其對比關係變動規律的分析。如國民生產總值中三次產業的結構及消費和投資的結構分析、經濟增長中各因素作用的結構分析等。結構分析主要是一種靜態分析，即對一定時間內經濟系統中各組成部分變動規律的分析。如果對不同時期內經濟結構變動進行分析，則屬動態分析。

知識點3：財務分析的比率指標

財務分析的比率指標是基於財務比率分析法產生的，四大主要財務指標是指：償債能力指標、營運能力指標、盈利能力指標、企業發展能力指標。本教材著重介紹前三類指標。

在財務分析中，比率分析用途最廣，但也有局限性，主要表現為：比率分析屬於靜態分析，對於預測未來並非絕對合理可靠。比率分析所使用的數據為帳面價值，難以反應物價水準的影響。因此，在運用比率分析時，一是要注意將各種比率有機聯繫起來進行全面分析，不可單獨地看某種或各種比率，否則便難以準確地判斷公司的整體情況；二是要注意審查公司的性質和實際情況，而不光是著眼於財務報表；三是要注意結合差額分析，這樣才能對公司的歷史、現狀和將來有一個詳盡的分析、瞭解，達到財務分析的目的。

知識點4：財務比率指標——償債能力指標

償債能力指標是一個企業財務管理的重要管理指標，是指企業償還到期債務（包括本息）的能力。主要包括短期償債能力指標和長期償債能力指標。

1. 短期償債能力指標

短期償債能力指標是反應短期償債能力，即將公司資產轉變為現金用以償還短期債務能力的比率，主要有流動比率、速動比率、現金比率、營運資金比率、流動資產構成比率等。具體內容見表8-8。

表8-8　　　　　　　　　　　短期償債能力指標

指標名稱	計算公式	應用標準
流動比率	流動資產÷流動負債	①比率越大，表明公司短期償債能力越強，並表明公司有充足的營運資金；比率越小，說明公司的短期償債能力不強，營運資金不充足 ②一般財務健全的公司，其流動資產應遠高於流動負債，流動比率起碼不得低於1∶1，一般認為大於2∶1較為合適 ③比率過高，表明企業資產利用率低，資金閒置嚴重，企業經營也顯得過於保守，沒有充分利用好財務槓桿
速動比率	速動資產÷流動負債	①速動比率最低限為0.5∶1，如果保持在1∶1，則流動負債的安全性較有保障 ②應收帳款的變現能力會影響該指標的有效性，即企業有大量應收帳款，且變現能力較差，則會降低該指標的有效性
現金比率	現金類資產÷流動負債	①比值高說明客戶直接支付能力強；反之則說明支付能力弱 ②比率過高則說明喪失獲利或投資機會
營運資金	流動資產－負債總額	①營運資金過大，變現能力強的，說明資產利用率不高；營運資金過小，反之變現能力差的，說明流動資產問題多，潛在的償債壓力大 ②營運資金過少，預示固定資產投資依賴短期借款等流動性融資額的程度高，經營上可能面臨一定的困難

2. 長期償債能力指標

公司長期償債能力的強弱，不僅關係到投資者的安全，而且關係到公司擴展經營能力的強弱。它反應長期償債能力，即公司償還長期債務能力的比率，主要有資產負債比率、產權比率、已獲利息倍數等。長期償債能力指的應用標準如表8-9所示。

表8-9　　　　　　　　　　　長期償債能力指標

指標名稱	計算公式	應用標準
資產負債比率	負債總額÷資產總額	①又稱「舉債經營比率」，用以反應企業總資產中借債籌資的比重，衡量企業負債水準，即反應企業經營風險的大小，又反應企業利用債權人提供的資金從事經營活動的能力 ②對債權人來說比率越低越好，該比率越低，債權人權益保障程度越高；反之，債權人權益保障程度越低

表8-9(續)

指標名稱	計算公式	應用標準
產權比率	負債總額÷股東權益	①反應債權人提供的資本與股東提供的資本的相對關係，反應公司基本財務結構是否穩定 ②產權比率低，是低風險、低報酬的財務結構；產權比率高，是高風險、高報酬的財務結構
已獲利息保障倍數	稅息前利潤÷利息費用	①該指標重點衡量公司支付利息的能力 ②比率越高說明債權人每期可收到的利息越有安全保障；反之則不然 ③注意選擇最低指標年度的數據作為標準

註：上表計算公式欄中出現的稅息前淨利潤＝淨利潤+所得稅+利息費用

知識點5：財務比率指標——營運能力指標

營運能力是指企業的經營運行能力，即企業運用各項資產賺取利潤的能力。企業營運能力的財務分析比率有存貨週轉率、應收帳款週轉率、營業週期、流動資金週轉率和總資產週轉率等。這些比率揭示了企業資金營運週轉的情況，反應了企業對經濟資源管理、運用的效率高低。企業資產週轉越快，流動性越高，企業的償債能力越強，資產獲取利潤的速度就越快。營運能力指標的應用標準如表8-10所示。

表8-10　　　　　　　　　　　營運能力指標

指標名稱	計算公式	應用標準
應收帳款週轉率	銷售收入÷平均應收帳款	①反應公司應收帳款的收回速度 ②比率越高，表明公司收帳速度快，平均收帳期短，壞帳損失少，資產流動快，償債能力強；反之，週轉率太小，每週轉一次所需天數太長，則表明公司應收帳款的變現過於緩慢以及應收帳款的管理缺乏效率 ③注意：公司生產經營的季節性因素、銷售過程中採用的分期付款或者現金支付等方式會對指標有效性造成影響
存貨週轉率	銷售成本÷平均存貨	①衡量公司銷貨能力強弱和存貨是否過多或短缺的指標 ②比率越高，說明存貨週轉速度越快，公司控制存貨的能力越強，則利潤率越大，營運資金投資於存貨上的金額越小；比率越小，則表明存貨過多，不僅使資金積壓，影響資產的流動性，還增加倉儲費用與產品損耗 ③比率過高，也可能說明公司管理方面存在一些問題，如存貨水準低，甚至經常缺貨等，常常是庫存管理不力，銷售狀況不好，造成存貨積壓，說明公司在產品銷售方面存在一定的問題等
固定資產週轉率	銷售收入÷平均固定資產	①用以衡量公司固定資產的利用效率 ②比率越高，表明固定資產週轉速度越快，固定資產的閒置越少，反之則不然 ③太高則表明固定資產過分投資，會縮短固定資產的使用壽命
總資產週轉率	銷售收入÷平均總資產	①衡量公司總資產是否得到充分利用的指標 ②比率越高，意味著總資產利用效率的越高；反之效率越低

註：上表計算公式欄中出現平均應收帳款＝（期初應收帳款+期末應收帳款）÷2

平均存貨＝（期初存貨+期末存貨）÷2

平均固定資產＝（期初固定資產+期末固定資產）÷2

平均總資產＝（期初資產總額+期末資產總額）÷2

知識點6：財務比率指標——盈利能力指標

盈利能力指標主要是衡量企業獲取利潤能力的指標。實務中，企業經常採用銷售毛利率、營業利潤率、總資產報酬率、淨資產收益率、每股收益、每股股利、市盈率、每股淨資產等指標評價其獲利能力。盈利能力指標的應用標準，如表8-11所示。

表8-11　　　　　　　　　　　　盈利能力指標

指標名稱	計算公式	應用標準
營業利潤率	營業利潤÷營業收入	①衡量企業經營效率的指標，反應了在考慮營業成本的情況下，企業管理者通過經營獲取利潤的能力 ②營業利潤率越高，說明企業商品銷售額提供的營業利潤越多，企業的盈利能力越強；反之，此比率越低，說明企業盈利能力越弱
總資產報酬率	稅息前淨利潤÷平均總資產	①表示企業包括淨資產和負債在內的全部資產的總體獲利能力，用以評價企業運用全部資產的總體獲利能力，是評價企業資產營運效益的重要指標 ②比率越高，表明企業投入產出的水準越好，企業的資產營運越有效 ③企業可據此指標與市場資本利率進行比較，如果該指標大於市場利率，則表明企業可以充分利用財務槓桿，進行負債經營，獲取盡可能多的收益
淨資產收益率	淨利潤÷平均淨資產	①衡量公司對股東投入資本的利用效率，即公司運用自有資本的效率 ②指標值越高，說明投資帶來的收益越高；該指標體現了自有資本獲得淨收益的能力 ③需要注意的是，負債增加會導致淨資產收益率的上升
每股股利	股利總額÷普通股股數	①是反應股份公司每一普通股獲得股利多少的一個指標 ②指標值越大表明獲利能力越強 ③需要注意的是，企業股利發放政策與利潤分配政策會影響該指標的有效性；如果企業為擴大再生產、增強企業後勁而多留利，每股股利就少，反之則多
每股收益	歸屬於普通股股東的當期淨利潤÷當期發行在外普通股的加權平均數	①通常被用來反應企業的經營成果，衡量普通股的獲利水準及投資風險，是投資者等信息使用者據以評價企業盈利能力、預測企業成長潛力、進而做出相關經濟決策的重要的財務指標之一 ②比率越高，表明企業所創造的利潤越多 ③需要注意，每股收益不反應股票所含有的風險；每股收益多，不一定意味著多分紅，還要看公司股利分配政策；股票是一個「份額」概念，不同股票的每一股在經濟上不等量，它們所含有的淨資產和市價不同，即換取每股收益的投入量不相同，限制了每股收益的公司間比較

表8-11(續)

指標名稱	計算公式	應用標準
市盈率	每股市價÷每股收益	①是最常用來評估股價水準是否合理的指標之一 ②靜態市盈率，通常用來作為比較不同價格的股票是否被高估或者低估的指標 ③動態市盈率是以靜態市盈率為基數，考慮了公司未來的持續發展能力，更具備參考價值 ④一般認為，如果一家公司股票的市盈率過高，那麼該股票的價格具有泡沫，價值被高估 ⑤利用市盈率比較不同股票的投資價值時，這些股票必須屬於同一個行業，因為此時公司的每股收益比較接近，相互比較才有效
每股淨資產	股東權益÷股本總額	①反應每股股票所擁有的資產現值，是判斷企業內在價值最重要的參考指標之一 ②值越大，表明公司每股股票代表的財富越雄厚，通常創造利潤的能力和抵禦外來因素影響的能力越強

註：上表計算公式欄中出現的稅息前淨利潤=淨利潤+所得稅+利息費用

平均總資產=（期初資產總額+期末資產總額）÷2

平均淨資產=（期初淨資產+期末淨資產）÷20

知識拓展

杜邦財務分析體系

杜邦分析法，又稱杜邦財務分析體系，簡稱杜邦體系，是利用各主要財務比率指標間的內在聯繫，對企業財務狀況及經濟效益進行綜合分析、評價的方法。因其最初由美國杜邦公司成功應用，所以得名。

該體系是以淨資產收益率為龍頭，以資產淨利率和權益乘數為核心，重點揭示企業獲利能力及權益乘數對淨資產收益率的影響，以及各相關指標間的相互影響作用關係，如下圖所示：

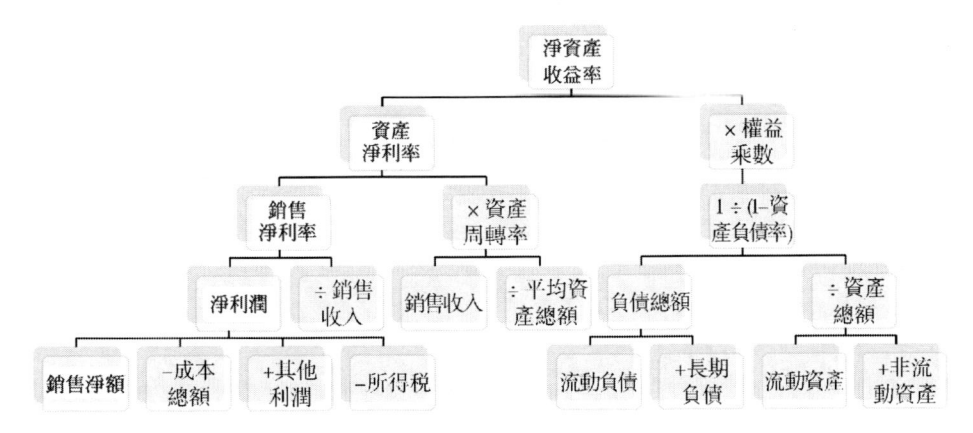

杜邦分析法中的幾種主要的財務指標關係為：

淨資產收益率＝資產淨利率×權益乘數

資產淨利率＝銷售淨利率×資產週轉率

淨資產收益率＝銷售淨利率×資產週轉率×權益乘數

杜邦分析法有助於企業管理層更加清晰地看到權益資本收益率的決定因素，以及銷售淨利潤率與總資產週轉率、債務比率之間的相互關聯關係，給管理層提供了一張明晰的考察公司資產管理效率和是否最大化股東投資回報的路線圖。

案例分享

某公司財務分析報告

（一）資產負債表分析

1. 資產規模和資產結構分析

（1）資產規模分析。

從表8-12可以看出，公司本年的非流動資產的比重2.35%遠遠低於流動資產比重97.65%，說明該企業變現能力極強，企業的應變能力強，企業近期的經營風險不大。

與上年相比，流動資產的比重，由88.46%上升到97.65%，非流動資產的比重由11.54%下降到2.35%，主要是由於公司分立，將公司原有的安盛購物廣場、聯營商場、舊物市場等非超市業態獨立出去，報表結果顯示企業的變現能力提高了。

（2）資產結構分析。

從表8-12可以看出，流動資產占總資產比重為97.65%，非流動資產占總資產的比重為2.35%，說明企業靈活性較強，但底子比較薄弱，企業近期經營不存在風險，但長期經營風險較大。

流動負債占總負債的比重為57.44%，說明企業對短期資金的依賴性很強，企業近期償債的壓力較大。

非流動資產的負債為42.56%，說明企業在經營過程中對長期資金的依賴性也較強。企業的長期的償債壓力較大。

表 8-12　　　　　　　　　某公司資產負債表　　　　　　　　單位：萬元

項目	年初數		年末數		增減變動	
流動資產	金額	比重	金額	比重	金額	比重
貨幣資金	24,821	37.34%	21,586	33.33%	-3,235	189.07%
應收帳款	290	0.44%	154	0.24%	-136	7.95%
預付帳款	726	1.09%	32	0.05%	-694	40.56%
其他應收款	29,411	44.25%	39,239	60.59%	9,828	-574.40%
存貨	3,399	5.11%	2,137	3.30%	-1,262	73.76%

表8-12(續)

項目	年初數		年末數		增減變動	
其他流動資產	151	0.23%	86	0.13%	-65	3.80%
流動資產合計	58,798	88.46%	63,234	97.65%	4,436	-259.26%
長期股權投資	800	1.20%	24	0.04%	-776	45.35%
固定資產	9,187	13.82%	2,458	3.80%	-6,729	393.28%
減：累計折舊	3,359	5.05%	1,684	2.60%	-1,675	97.90%
固定資產淨值	5,828	8.77%	774	1.20%	-5,054	295.38%
在建工程	42	0.06%	46	0.07%	4	-0.23%
無形資產	377	0.57%	180	0.28%	-197	11.51%
減：累計攤銷	107	0.16%	42	0.06%	-65	3.80%
無形資產淨值	270	0.41%	138	0.21%	-132	7.71%
長期待攤費用	732	1.10%	543	0.84%	-189	11.05%
非流動資產合計	7,672	11.54%	1,525	2.35%	-6,147	359.26%
資產總計	66,470	100.00%	64,759	100.00%	-1,711	100.00%
流動負債合計	38,784	57.44%	29,962	45.19%		
非流動負債合計	28,739	42.56%	36,334	54.81%		
負債合計	67,523	100.00%	66,296	100.00%		

2. 短期償債能力指標分析

(1) 營運資本分析。

營運資本越多，說明償債越有保障，企業的短期償債能力越強。債權人收回債權的概率就越高。因此，營運資金的多少可以反應償還短期債務的能力。

對該企業而言，年初的營運資本為20,014萬元，年末營運資本為33,272萬元，表明企業短期償債能力較強，短期不能償債的風險較低，與年初數相比營運資本增加了13,258萬元，表明企業營運資本狀況繼續上升，進一步降低了不能償債的風險。

(2) 流動比率分析。

該公司，期初流動比率為1.52，期末流動比率為2.11，按一般公認標準來說，企業的償債能力較強，且短期償債能力較上年進一步增強。

(3) 速動比率分析。

企業期初速動比率為1.42，期末速動比率為2.04，就公認標準來說，該企業的短期償債能力是較強的。

進一步分析該公司償債能力較強的原因，可以看出：①公司貨幣資金占總資產的比例較高，達33.33%，公司貨幣資金占用過多會大大增加企業的機會成本。②企業應收款項占比過大，其中其他應收款占總資產的60.59%，該情況可能會導致雖然速動比

率合理，但企業仍然面臨償債困難的情況。

表 8-13　　　　　　　　　　短期償債能力指標

指標	期末餘額	期初餘額	變動情況
營運資本	33,272 萬元	20,014 萬元	13,258 萬元
流動比率	2.11	1.52	0.59
速動比率	2.04	1.42	0.61
現金比率	0.72	0.64	0.08

（4）現金率分析

現金比率是速動資產扣除應收帳款後的餘額。速動資產扣除應收帳款後計算出來的金額，最能反應企業直接償付流動負債的能力。一般現金比率認為 20% 以上為好。

從表 8-13 中可以看出，期初現金比率為 0.64，期末現金比率為 0.72，比率遠高於一般標準 20%，說明企業直接償付流動負債的能力較好，但流動資金沒有得到了充分利用。

3. 長期償債能力指標分析

（1）資產負債率。

一般認為，資產負債率的適宜水準是 0.4~0.6。對於經營風險比較高的企業，為減少財務風險，選擇比較低的資產負債率；對於經營風險低的企業，為增加股東收益應選擇比較高的資產負債率。

如表 8-14 所示，公司期末資產負債率為 1.023,7，期初資產負債率為 1.015,8，遠超出適宜水準 0.4~0.6。數據顯示企業處於資不抵債狀態，說明該企業的償債能力極弱，長期償債壓力大。

（2）產權比率。

公司期末產權比率為 -43.133,4，期初產權比率為 -64.124,4，表明公司負債大於總資產，債權人的權益得不到保障，屬於高風險的財務結構。期末的產權比率由期初的 -64.124,4 上升到了 -43.133,4，說明企業的長期償債能力有所上升，但長期償債能力仍然極差。

表 8-14　　　　　　　　　　長期償債能力指標

項目	期末數	期初數	變動情況
資產負債率	1.023,7	1.015,8	0.007,9
產權比率	-43.133,4	-64.124,4	20.991,0

（二）利潤表分析

1. 利潤表結構分析

從表 8-15 可以看出，公司的主營業務利潤、其他業務利潤是盈利的，但是利潤總

額和淨利潤都是虧損的，由此這可以看出公司是具備盈利能力的，但由於費用較大，導致公司虧損。

表 8-15   單位：萬元

項目	本年累計	上年同期	增減變動
主營業務利潤	262	466	-204
其他業務利潤	756	3,349	-2,593
利潤總額	-464	-1,921	1,457
淨利潤	-464	-1,921	1,457

2. 利潤表構成比重分析

從表 8-16 可看出公司各項財務成果的構成情況，本年主營業務成本占主營業務收入的比重為92.54%，比上年同期的90.27%增長了2.27個百分點，主營業務稅金及附加占主營業務收入的比重為0.49%，比上年同期的1.95%降低了1.46個百分點，銷售費用占主營業務收入的比重增加了0.7個百分點，但管理費用、財務費用占主營業務收入的比重都有所降低，兩方面相抵的結果是營業利潤占主營業務收入的比重降低了3.17個百分點，由於本年實現投資收益1,468萬元，導致淨利潤占主營業務的比重比上年同期增加了12.81個百分點。從以上的分析可以看出，本年淨利潤比上年同期虧損額度小，並不是由於企業經營狀況好轉導致的，相反本年的經營狀況較上年有所惡化。雖然公司努力通過降低管理費用和財務費用的方式提高公司盈利水準，但對利潤總額的影響不是很大。

表 8-16   利潤表構成比重分析表

項目	本年累計（萬元）	構成	上年同期	構成	增減變動（萬元）	結構變動比率
主營業務收入	8,713	100.00%	10,591	100.00%	-1,878	0.00%
減：銷售折扣與折讓	8	0.09%	23	0.22%	-15	-0.13%
主營業務收入淨額	8,705	99.91%	10,569	99.79%	-1,864	0.12%
減：主營業務成本	8,063	92.54%	9,561	90.27%	-1,498	2.27%
銷售費用	337	3.87%	335	3.16%	2	0.70%
主營業務稅金及附加	43	0.49%	206	1.95%	-163	-1.45%
主營業務利潤	262	3.01%	466	4.40%	-204	-1.39%
加：其他業務利潤	756	8.68%	3,349	31.62%	-2,593	-22.94%
減：管理費用	1,901	21.82%	3,845	36.30%	-1,944	-14.49%
財務費用	994	11.41%	1,916	18.09%	-922	-6.68%
營業利潤	-1,877	-21.54%	-1,946	-18.37%	69	-3.17%
加：投資收益	1,468	16.85%	0	0.00%	1,468	16.85%
營業外收入	84	0.96%	43	0.41%	41	0.56%

表8-16(續)

項目	本年累計（萬元）	構成	上年同期	構成	增減變動（萬元）	結構變動比率
減：營業外支出	19	0.22%	19	0.18%	0	0.04%
加：以前年度損益調整	−120	−1.38%	0	0.00%	−120	−1.38%
利潤總額	−464	−5.33%	−1,921	−18.14%	1,457	12.81%
減：所得稅費用	0	0.00%	0	0.00%	0	0.00%
淨利潤	−464	−5.33%	−1,921	−18.14%	1,457	12.81%

3. 收入盈利能力分析

通過表8-17可知，公司本年銷售毛利率、營業利潤率指標比上年同期降低了，這表明公司的獲利能力降低了。公司獲利能力降低主要是由於經營規模和利潤空間縮減導致的。

表8-17　　　　　　　　　　收入盈利能力指標

項目	本年累計	上年同期	本年比上年
銷售毛利率	7.47%	9.72%	−2.26%
營業利潤率	−19.72%	−13.69%	−6.03%
銷售利潤率	−4.88%	−13.52%	8.64%
銷售淨利率	−4.88%	−13.52%	8.64%

4. 成本費用盈利能力分析

成本費用利潤率反應了公司成本費用和淨利潤之間的關係，公司本年成本費用利潤率比上年同期有所增長（見表8-18），表明公司耗費一定的成本費所得的收益增加不少，它直接反應出了我公司增收節支、增產節約效益，降低成本費用水準，以此提高了盈利水準。

表8-18

項目	本年累計	上年同期	本年比上年
成本費用利潤率	−4.09%	−12.06%	7.97%

5. 資產盈利能力分析

從表8-19可以看出，公司資產淨利率本年累計的比上年同期的增長了2.22%，這表明公司的資產利用的效益變有所好轉，利用資產創造的利潤增加。

在分析公司的盈利能力時，應重點分析公司的淨資產收益率，因為該指標是最具綜合力的評價指標，其是被投資者最為關注的指標。但從公司的資產負債表可以看出，公司的股東權益已經為負數，分析淨資產收益率已經沒有任何意義。

綜合以上分析，可判斷出公司現在的盈利能力極弱，隨著行業內部競爭壓力增大，

利潤空間呈下滑的趨勢，公司先要生存下去只有做到：①擴大經營規模，實現薄利多銷，才能扭轉虧損的趨勢；②努力拓展其他業務，尋找新的經濟增長點，否則企業會存在經營費用過高，發展後勁不足的風險。

表 8-19

項目	本年累計	上年同期	本年比上年
資產淨利率	-0.71%	-2.93%	2.22%

（三）現金流量表分析

1. 現金流量結構分析

（1）流入結構分析。

從表 8-21 中可以看出，在全部現金流入量中，經營活動所得現金占 28.32%，比上年同期下降 5.61%，投資活動所得現金占 5.19%，比上年同期上升 5.19%，籌資活動所得現金占 66.49%，比上年同期上升 0.43%。由此可以看出公司現金流入的主要來源為經營活動、籌資活動，其投資活動對於企業的現金流入貢獻很小。

（2）流出結構分析。

在全部現金流出量中，經營活動流出現金占 27.08%，比上年同期下降 20.90%，投資活動流出現金占 0.15%，比上年同期下降 0.55%，籌資活動流出現金占 72.77%，比上年同期上升 21.30%。公司現金流出主要在經營活動、籌資活動方面，其投資活動占用流出現金很少。

（3）流入流出比例分析。

從表 8-20 可以看出：經營活動中產生的現金流入量 12,254 萬元，現金流出量 12,593 萬元；公司經營活動現金流入流出比為 0.97，表明 1 元的現金流出可換回 0.97 元現金流入。投資活動中產生的現金流入量為 2,244 萬元，現金流出量 70 萬元；公司投資活動的現金流入流出比為 32.06，表明公司正處於投資回收期。

籌資活動中產生的現金流入量 28,765 萬元，現金流出量 33,836 萬元；籌資活動流入流出比為 0.85，表明還款明顯大於借款。

將現金流出與現金流入量和流入流出比例分析相結合，可以發現該公司的現金流入與流出主要來自經營活動和籌資活動。其部分投資活動現金流量淨額用於補償經營活動支出和籌資支出。

表 8-20　　　　　　　　現金流結構分析表

項目	本期金額（萬元）	構成	上年同期（萬元）	構成	增減變動（萬元）	增減變動率
經營活動產生的現金流量						
銷售商品、提供勞務收到的現金	10,318	84.20%	11,758	51.55%	-1,440	32.65%

表8-20(續)

項目	本期金額（萬元）	構成	上年同期（萬元）	構成	增減變動（萬元）	增減變動率
收到的租金	129	1.05%	1,029	4.51%	-900	-3.46%
收到的稅費返還	1,576	12.86%	1,819	7.97%	-243	4.89%
收到其他與經營活動有關的現金	231	1.89%	8,204	35.97%	-7,973	-34.08%
經營活動現金流入小計	12,254	100.00%	22,809	100.00%	-10,555	0.00%
購買商品、接收勞務支付的現金	10,165	80.72%	12,202	51.63%	-2,037	29.09%
經營租賃支付的現金	0	0.00%	0	0.00%	0	0.00%
支付給職工以及為職工支付的現金	1,202	9.54%	1,364	5.77%	-162	3.77%
支付的各項稅費	305	2.42%	462	1.95%	-157	0.47%
支付其他與經營活動有關的現金	921	7.31%	9,605	40.64%	-8,684	-33.33%
經營活動現金流出小計	12,593	100.00%	23,632	100.00%	-11,039	0.00%
經營活動產生的現金流量淨額	-339		-823		484	0.00%
投資活動產生的現金流量						
收回投資收到的現金	2,244	100.00%	0		2,244	100.00%
取得投資收益收到的現金	0	0.00%	0		0	0.00%
處置固定資產、無形資產和其他長期資產收回的現金淨額	0	0.00%	0		0	0.00%
收到其他與投資活動有關的現金	0	0.00%	0		0	0.00%
投資活動現金流入小計	2,244	100.00%	0		2,244	100.00%
購建固定資產、無形資產和其他長期資產所支付的現金	70	100.00%	272	100.00%	-202	0.00%
投資支付的現金	0	0.00%	0	0.00%	0	0.00%
支付其他與投資活動有關的現金	0	0.00%	0	0.00%	0	0.00%
投資活動現金流出小計	70	100.00%	272	100.00%	-202	0.00%
投資活動產生的現金流量淨額	2,174		-272		2,446	0.00%
籌資活動產生的現金流量						

表8-20(續)

項目	本期金額(萬元)	構成	上年同期(萬元)	構成	增減變動(萬元)	增減變動率
吸收投資收到的現金	0	0.00%	0	0.00%	0	0.00%
取得借款收到的現金	29,500	102.56%	42,000	94.59%	-12,500	7.96%
收到其他與籌資活動有關的現金	-735	-2.56%	2,401	5.41%	-3,136	-7.96%
籌資活動現金流入小計	28,765	100.00%	44,401	100.00%	-15,636	0.00%
償還債務支付的現金	31,405	92.82%	23,073	91.01%	8,332	1.80%
分配股利、利潤或償付利息支付的現金	2,431	7.18%	2,279	8.99%	152	-1.80%
支付其他與籌資活動有關的現金	0	0.00%	0	0.00%	0	0.00%
籌資活動現金流出小計	33,836	100.00%	25,352	100.00%	8,484	0.00%
籌資活動產生的現金流量淨額	-5,070		19,049		-24,119	0.00%
匯率變動對現金及現金等價物的影響	0		0		0	0.00%
期末現金及現金等價物餘額	21,586		37,014		-15,428	0.00%
減：期初現金及現金等價物餘額	24,821		19,060		5,761	0.00%
現金及現金等價物淨增加額	-3,235		17,954		-21,189	0.00%

表 8-21　　　　　　　　　現金流量結構分析整理表

項目	本期金額(萬元)	構成	上年同期(萬元)	構成	增減變動(萬元)	構成變動率	增減變動率
經營活動現金流入小計	12,254	28.32%	22,809	33.94%	-10,555	-5.61%	-46.28%
投資活動現金流入小計	2,244	5.19%		0.00%	2,244	5.19%	
籌資活動現金流入小計	28,765	66.49%	44,401	66.06%	-15,636	0.43%	-35.22%
現金流入小計	43,263	100.00%	67,210	100.00%	-23,947	0.00%	-35.63%
經營活動現金流出小計	12,593	27.08%	23,632	47.98%	-11,039	-20.90%	-46.71%
投資活動現金流出小計	70	0.15%	272	0.55%	-202	-0.40%	-74.26%
籌資活動現金流出小計	33,836	72.77%	25,352	51.47%	8,484	21.30%	33.46%

表8-21(續)

項目	本期金額（萬元）	構成	上年同期（萬元）	構成	增減變動（萬元）	構成變動率	增減變動率
現金流出小計	46,499	100.00%	49,256	100.00%	-2,757	0.00%	-5.60%
現金及現金等價物淨增加額	-3,236		17,954		-21,190		-118.02%

2. 盈利質量分析表

（1）盈利現金比率＝經營現金淨流量/淨利潤

由表8-22可知，公司本年經營現金淨流量為-339萬元，營業利潤為-464萬元，因此現金比率為73.06%，因公司處於虧損狀態，所以分析該指標無意義。

（2）再投資比率＝經營現金淨流量/資本性支出

＝經營現金淨流量/（固定資產+長期投資+其他資產+營運資本）

＝經營現金淨流量/（固定資產+長期投資+其他資產+（流動資產-流動負債））

由表8-22可知，公司本年經營現金淨流量為-339萬元，2009年資本性支出34,254萬元，再投資比率為-0.99%，說明在未來企業擴大規模、創造未來現金流量或利潤的能力很弱。

綜合以上兩項指標可以看出公司在未來的盈利能力很弱，且目前企業經營活動處在虧損狀態，經營活動現金流量不足，必須找到新的利潤增長點，才能擺脫困境。

表8-22

項目	本期金額（萬元）	上年同期（萬元）	增減變動（萬元）	增減變動率
經營流量淨額	-339	-823	484	158.81%
投資流量淨額	2,174	-272	2,446	999.26%
籌資流量淨額	33,836	25,352	8,484	33.46%
匯率流量淨額	0	0	0	0
現金流量淨額	-3,235	17,954	-21,189	-118.02%

3. 籌資與支付能力分析

由表8-21可知，公司本年現金流入總額為43,263萬元，經營現金流出量為12,593萬元，償還債務本息付現為33,836萬元，其計算的此指標值為0.93，說明公司本年創造的現金流入量不足以支付必要的經營和債務本息支出，表明公司在籌資能力、企業支付能力方面較弱。

綜合以上量化分析本年公司在現金流量方面得出如下結論：

第一，獲現能力很弱，且主要以偶然性的投資活動獲得，其經營活動、籌資獲現能力為負值。從企業以偶然性的投資活動所產生的現金來補償其日常經營活動、籌資

所產生現金不能補償其本身支出的部分支出可以看出公司維持日常經營活動及償還籌資所需的資金壓力較大，如營運不當，極易造成資金鏈斷裂。

第二，償債能力很弱，沒有充足的經營現金來源償還借款。

通過以上財務報表的分析，可以看出，由於取得長期借款，公司短期內流動資金比較充裕，能夠滿足日常經營和償還短期借款的需要，但是由於企業現有的經營活動不能給企業帶來利潤，企業未來面臨極大的償債壓力。如果不能找到新的利潤增長點，企業會面臨經營危機。

（資料來源：百度文庫）

【技能訓練】

實訓目的：掌握財務報表分析-比率分析法。

實訓器材：金融計算器。

實訓場地：多媒體教室。

實訓要求：以小組為單位根據具體的實訓內容完成上市公司財務報表等比率分析，要求有計算過程和結果。

實訓步驟：

步驟一，以小組（4~5人）為單位分發實訓具體內容和要求。

步驟二，根據下面的操作流程對實訓內容進行實操。

（1）獲取上市公司近期財務報表（通常為年報，至少獲取3年數據）；

（2）選用比率分析法對上市公司近3年財務報表進行比率指標的計算；

（3）運用比較分析法對公司指標數據進行連續3年的數據比較，同時與同行業其他公司同期數據進行比較得出結論；

（4）根據計算結果分析該公司的財務狀況；

（5）匯總前述步驟的計算結果和判斷結論形成報告。

步驟三，學生之間相互討論。

步驟四，教師公布結果並進行點評。

實訓內容和要求：

各小組選定一家上市公司，並下載其近3年財務報表，使用比率分析法計算財務指標，根據計算結果，運用比較分析法分析該上市公司近期財務狀況，得出結論並形成報告。

任務九　證券投資技術分析

【知識目標】

掌握證券投資技術分析的基本含義、三大假設、四個基本要素；

掌握K線理論分析方法；

掌握切線理論分析方法；

掌握形態理論分析方法；

掌握技術指標分析方法。

【能力目標】

能夠分別使用K線、切線、形態及技術指標分析法對股票盤面進行分析；

能夠綜合使用技術分析方法分析盤面並預測價格未來走勢。

【情境引入】

在一次股票投資交流活動上，小張又碰到了新的問題……

老股民甲：大家來聊一聊炒股心得吧，炒股時你們喜歡用哪種方法？喜歡看日K線圖還是月K線圖？用的哪個分析方法，均線還是MACD指標？

老股民乙：我喜歡使用均線，雖然感覺滯後性差些，不過比較穩……

新股民丙：聽說炒短線都是「賭」的，還需要什麼技術嗎？

……

小張：慚愧，慚愧！初入股市，很多都不懂的，剛剛才搞明白選股的問題，至於炒股技巧，看來又要惡補了！

技術分析起源於100多年前蒙昧時期創建的股票投資理論，是精明的投資者對股價變化進行長期觀察並累積經驗，逐步歸納總結出來的有關股市波動的若干所謂的「規律」。

技術分析以股票價格漲跌的直觀行為表現作為主要研究對象，以預測股價波動形態和趨勢為主要目的，從股價變化的K線圖表及技術指標入手，對股票市場波動規律進行分析。

與基本面分析法相比技術分析法貼近市場，對市場短期變化反應快，且直觀明了，但準確性和可靠性較差，且無法判斷長期趨勢，特別是對於宏觀經濟與政策因素的影響難有預見性，具體表現為：

第一，技術分析著重於分析股票價格的波動規律，基本分析側重於研究股票的長

期投資價值。

第二，技術分析主要分析股票的供需表現、市場價格和交易數量等市場因素；基本分析則是分析各種經濟、政治等股票市場的外部因素及這些外部因素與股票市場相互關係。

第三，技術分析主要針對股價的漲跌表現，是屬於短期性質的；基本分析主要針對企業的投資價值和安全邊際，是屬於長期性質的。

第四，技術分析重點幫助投資者選擇適當的交易時機和操作方法，基本分析重點幫助投資者正確地選擇投資對象。

因此，基本分析能把握長期的價格趨勢，而技術分析可為短期買入、賣出時機選擇提供參考，提高市場分析的科學性、適用性、時效性和可靠性。投資者在具體運用時，應該把它們有機地結合起來，才可實現效用最大化。

活動一　技術分析的認知

【知識準備】

知識點1：技術分析的三大假設

技術分析的三大假設是查爾斯・道根據多年的觀察，通過對美國各類工業價格變化、指數變化研究後，得出的三個結論。這三個結論被稱為是技術分析立論的基礎，且技術分析方法都要符合三大假設，三大假設的本身就是發現的股市價格運動的規律。

1. 假設一：市場行為涵蓋一切信息

「市場行為包容消化一切」構成了技術分析的基礎。技術分析者認為，能夠影響證券價格的任何因素——基礎的、政治的、心理的或任何其他方面的——實際上都反應在其價格之中。該假設認為，影響證券價格變動的所有內外因素都將反應在市場行為中，沒有必要對影響價格因素的具體內容給予過多的關心。這個假設的合理性在於，投資者關心的目標是市場中的價格是否會發生變化而並不關心是什麼因素引起變化，因為價格的變動才真正涉及投資者的切身利益。如果某一消息公布後價格沒有大的變動，就說明這個消息對市場不產生影響，儘管有可能在此之前無論怎麼看這個消息的影響力都是相當大的。

2. 假設二：市場運行以趨勢方式演變

「趨勢」概念是技術分析的核心。該假設認為價格的運動是按一定規律進行的，如果沒有外力的影響，價格將保持原來的運動方向。從物理學的觀點來看，就是牛頓第一運動定律。在技術分析中研究價格圖表的全部意義，就是要在一個趨勢發展的早期，及時準確地把它揭示出來，從而達到順著趨勢交易的目的。事實上，技術分析在本質

上就是順應趨勢，即以判定和追隨既成趨勢為目的。

3. 假設三：歷史會重演

第三個假設是從統計學和人的心理因素方面考慮的。在市場中具體進行買賣交易的是人，決策最終是由投資者做出的。既然是人，其行為就必然要受到某些心理因素的制約。在某個特殊的情況下，如果某個交易者按某種方式進行交易並取得成功，那麼以後遇到相同或相似的情況，他就會按同一方式進行交易。如果前一次失敗了，後面他就會採取不同於前一次的交易方式。投資者自己的和別人的投資實踐，將在投資者的頭腦裡留下很多的「戰例」，其中有失敗的，也有成功的。人們傾向於重複成功的做法，迴避失敗的做法。

在進行分析時，一旦遇到與過去相同或相似的情況，交易者最迅速和最容易想到的方法是與過去的結果做比較。我們假設，過去重複出現某個現象是因為有某個「必然」的原因，它不是偶然出現的，儘管我們不知道具體的原因是什麼。過去的結果是已知的，這個已知的結果應該就是用現在對未來作預測的參考。任何有用的東西都是經驗的結晶，是經過許多次實踐檢驗而總結出來的。我們對重複出現的某些現象的結果進行統計，得到成功和失敗的概率，對具體的投資行為也是有指導作用的。

知識點 2：技術分析的基本四要素

技術分析方法的「四要素」是價、量、時、空。

價指價格，即成交價。技術分析中的主要依據價格有開盤價、收盤價、最高價和最低價，其中收盤價是四個價格中最具參考意義的價格。

量指成交量，是證券市場中現在和過去的成交量信息；技術分析就是利用過去和現在的成交量、成交價資料，以圖形分析和指標分析工具來分析、預測未來的市場走勢。價升量增、價跌量減、價升量減、價跌量增是技術分析所依據的最重要的價量關係。

時指時間，是技術分析的重要概念，表示價格變動的時間因素或分析週期。一個已經形成的趨勢在短時間內不會發生根本改變，中途出現的反向波動對原有趨勢影響不大，但是，一個形成了的趨勢也不可能永遠不變，經過一定時間又會有新的趨勢出現。循環週期理論著重考慮的就是時間因素。分析人員進行分析時還要考慮分析的時間週期，可以以「日」為單位，也可以以「分鐘」「週」「季度」「年」為時間單位。

空指空間，即價格上漲或下跌的幅度。市場是以趨勢運行的，證券價格的上漲或下跌由於受到上升趨勢通道或下跌趨勢通道的約束而在一定的幅度內震盪運行，空間因素考慮的就是趨勢的運行幅度有多大。

在四個基本要素中，市場行為最基本的表現就是成交價和成交量。在某一時點上的價和量反應的是買賣雙方在這一時點上共同的市場行為，是雙方的暫時均勢點。隨著時間的變化，均勢會不斷發生變化，這就是價、量關係的變化。雙方的這種市場行

為反應在價、量上就往往呈現出這樣一種趨勢規律：價升量增，價跌量減。根據這一趨勢規律，當價格上升時，成交量不再增加，意味著價格得不到買方確認，價格的上升趨勢就將會改變；反之，當價格下跌時，成交量萎縮到一定程度就不再萎，意味著賣方不再認同價格繼續往下降了，價格下跌趨勢就將會改變。成交價、成交量的這種規律關係是技術分析的合理性所在，因此，價、量是技術分析的基本要素，一切技術分析方法都是以價、量關係為研究對象的，目的就是分析、預測未來價格趨勢，為投資者決策提供幫助。

知識點3：技術分析的流派

目前世界上較為認可的七大技術分析流派為：K線派、形態派、切線派、指標派、波浪理論派、道氏理論派和江恩理論派。本教材重點介紹前四個技術分析流派。

1. K線派

主要利用單純的K線圖來預測價格的未來走向。K線派認為，價格是一切變化的前提，是趨勢運動裡最重要的研究部分，是絕大部分技術指標的先行指標和投機基礎。因此研究K線就可以得到當前市場多、空力量的對比狀況，並進一步判斷出市場多、空雙方誰更占優勢，這種優勢是暫時還是決定性的。K線圖不僅符合東方人的交易哲學，同時具有很好的短線交易功能。

2. 形態派

形態學發源於西方的技術分析，當時的西方技術分析者主要使用的是線形圖，東方使用的是K線圖。但無論是K線還是線形都只是在圖表中記錄價格的一種方式。形態學就是根據圖表中過去所形成的特定價格形態，來預測價格未來發展趨勢的一種方法。

3. 切線派

切線派的研究手法是按照一定的方法和原則，在由標的物價格組成的數據圖表上畫直線，然後根據K線和這些直線的穿越情況來推測價格未來走勢的方法（這些直線就叫切線）著名的切線有趨勢線、通道線、壓力支撐線、角度線、甘式線、黃金分割線等。

4. 指標派

主要是利用開盤價，收盤價，成交量等常規交易數據，在考慮市場某方面行為的基礎上，建立一個數學模型，同時給出數學上的計算公式，以求得金融產品在某個方面的一些指標值，並推測金融產品價格未來走勢的方法。著名指標有MACD、RSI、KDJ等。

5. 波浪理論派

美國人艾略特在20世紀30年代提出了著名的破浪理論。它脫胎於道士理論，它把價格的上下變動和不同週期的持續上漲、下跌看成波浪一樣上下起伏。它認為價格波

浪的起伏遵循自然界的規律。波浪理論和其他技術流派相比，最大的區別就是能提前很長時間預測到價格的底部和頂部，而別的流派則往往要等到新的價格趨勢已經確立之後才能看到。波浪理論也是公認的最難掌握的技術分析方法。

6. 道式理論派

道式理論可以說是技術分析的鼻祖，也是最悠久，最著名的分析方法。該理論是由美國財經記者查爾斯‧亨利‧道首創，其後經過後繼者的不斷總結和補充來進一步豐富和完善。一般所稱的道式理論，是由查爾斯‧亨利‧道、漢密爾頓、雷亞三人共同研究的結果。

7. 江恩理論派

江恩理論是由威廉‧戴爾伯特‧江恩創造的，他是一名實戰派的技術分析大師。通過對數學、幾何學、心理學、宗教等的綜合應用，在他多年的股票和期貨的交易實踐中，他發展出自己一套獨特交易規則和測試方法，並獲得空前成功，具有非常高的準確性，贏得了世人的尊重。

當然除了以上主流流派，發展至今也有人發展出屬於自己的獨特的理論和交易方法，如亞當理論、纏論、周易論、狗股理論，等等，在此就不一一講述了。

總的來說，以上分析流派方法儘管考慮的出發點和表達方式不盡相同，但是彼此並不排斥，在使用上可以相互借鑑和融合。但是交易者要明白，市場不存在準確無誤的指標或公式，即使是那些最常見的。總體上最可靠的分析方法和分析結論，也只能以一種概率性的表述而存在，它不可能不出問題。

知識拓展

委比、量比；外盤、內盤

1. 委比指標

委比指標指的是在報價系統之上的所有買賣單之比，用以衡量一段時間內買賣盤相對力量的強弱。當委比值為正值並且委比數大，說明市場買盤強勁；當委比值為負值並且負值大，說明市場拋盤較強。

2. 量比指標

量比這個指標所反應出來的是當前盤口的成交力度與最近五天的成交力度的差別，這個差別的值越大表明盤口成交越趨活躍，從某種意義上講，越能體現主力即時做盤，準備隨時展開攻擊。因此量比資料可以說是盤口語言的翻譯器，它是超級短線臨盤實戰洞察主力短時間動向的秘密武器之一。它更適用於短線操作。

量比反應出的主力行為從計算公式中可以看出，量比的數值越大，表明了該股當日流入的資金越多，市場活躍度越高；反之，量比值越小，說明了資金的流入越少，市場活躍度越低。我們可以從量比曲線與數值曲線上，可以看出主流資金的市場行為，如主力的突發性建倉，建完倉後的洗盤，洗盤結束後的拉升，這些行為可以讓我們一

目了然！

3. 內盤和外盤

內盤外盤，股市術語。內盤常用 S 表示，外盤用 B 表示。

外盤是主動性買盤，是股民用資金直接攻擊賣一、賣二、賣三、賣四等的主動性買入。外盤的多少顯示了多方急於買入的能量大小。

內盤是主動性賣盤，是股民用手中所擁有的股票籌碼，直接攻擊買一、買二、買三、買四等的主動性賣出。內盤的多少顯示了空方急於賣出的能量大小。

外盤大於內盤：當外盤數量大於內盤數量，表現買方力量較強，股價將可能上漲。

內盤大於外盤：當內盤數量大於外盤數量，說明賣方力量較強，股價將可能下跌。

外盤和內盤相加為成交量。人們常用外盤和內盤來分析買、賣雙方哪方力量占優來判斷市場。

想一想

如果發生在一定時間段內每個時期上的現金流金額各不相同，是否還是年金的概念？你會如何處理？

活動二　K 線理論及其應用

【知識準備】

知識點 1：K 線的認知

1. K 線圖的發展概況

K 線圖起源於日本德川幕府時代，被當時日本米市的商人用來記錄米市的行情與價格波動，後因其細膩獨到的標畫方式而被引入到股市及期貨市場。由於用這種方法繪製出來的圖表形狀頗似一根根蠟燭，加上這些蠟燭有黑白之分，因而也叫陰陽線圖表。通過 K 線圖，我們能夠把每日或某一週期的市況表現完全記錄下來，股價經過一段時間的盤檔後，在圖上即形成一種特殊區域或形態，不同的形態顯示出不同意義。

2. K 線圖的繪製

首先我們找到該日或某一週期的最高和最低價，垂直地連成一條直線；然後再找出當日或某一週期的開市價和收市價，把這兩個價位連接成一條狹長的長方柱體（如圖 9-1）。假如當日或某一週期的收市價較開市價高（即低開高收），我們便以紅色來表示，或是在柱體上留白，這種柱體就稱之為「陽線」。如果當日或某一週期的收市價較開市價低（即高開低收），我們則以綠色表示，這柱體就是「陰線」了。

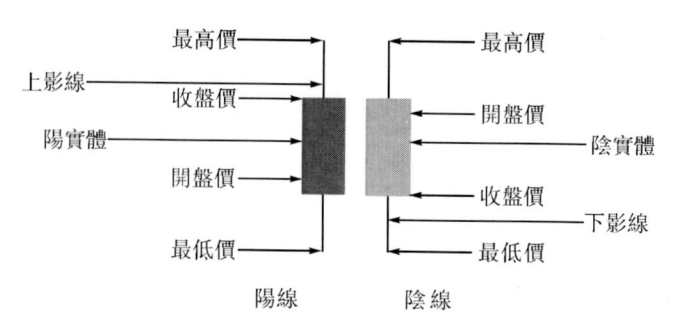

圖 9-1　K線圖的繪製

　　K線從時間上分為日K線、周K線、月K線、年K線，以及將一日內交易時間分成若干等分，如5分鐘K線、15分鐘K線、30分鐘K線、60分鐘K線等。這些K線各有不同的作用。周K線、月K線、年K線反應的是市場價格中長期趨勢。5分鐘K線、15分鐘K線、30分鐘K線、60分鐘K線反應的是市場價格超短期趨勢。

知識點2：單根K線的應用

　　K線圖可以非常直觀地反應出當天股票的走勢，我們也可以根據當天的單根K線圖形態來預測將來股票的走勢。表9-1展示了常見的單根K線圖形態及其圖解。

表 9-1　　　　　　　　　　　　單根K線形態及解釋

圖形	類別	市場含義	圖形解釋
	無下影線，上影線長	①實體比上影線長，後市看漲；②實體比上影線短，後市看跌；股價上漲遇到強力壓制	股價上漲一段時間之後股價可能會反轉；股價下跌一段時間之後，如果第二天繼續收出陽線，可以考慮買進
	無上影線，下影線長	①實體比下影線長，後市看漲；②實體比下影線短，後世看跌；股價下跌有支撐	股價下跌一段時間後股價預計會反彈下影線越長反彈越大；股價上漲了一段時間，預計股價會反轉，進入盤整
	上下影線短，實體長	①上影線長於下影線，賣方占優勢；②下影線長於上影線，買方占優勢；股價漲勢比較強	出現在股價大漲時，表明股價可能會下跌或進入整理階段；出現在下跌時，表明未來走勢可能會好轉
	無上下影線，實體長	①剛上漲時或上漲中，投資者可入場；②連續上漲後，要看大盤的股價走勢	股價一路漲到頂

214

表9-1(續)

圖形	類別	市場含義	圖形解釋
	上影線長，下影線短	賣家略勝一籌，多為反轉信號	上影線長於下影線，表明雖然買方進行了頑強抵抗，但還是賣方占據優勢
	上影線短，下影線長	股價上漲力較強	下影線長於上影線，表明賣方無力抵抗，買方占據明顯優勢
	上下影線長，實體短	多、空雙方實力相近，行情比較難以捉摸	根據股價和未來走勢進行操作
	無下影線，上影線長	①實體比上影線長，後市看跌；②實體比上影線短，後市看漲；③股價先漲後跌，空方強勢	股價上漲一段時間後，可能要下跌；股價下跌一段時間後，可能會反彈
	無上影線，下影線長	①實體長於下影線，空方占優；②實體短於下影線，多方反撲	股價下跌比較厲害，但在下方獲得支撐
	上下影線短，實體長	①上影線長於下影線，買方較弱；②下影線長於上影線，賣方占優	出現在大漲時，預示可能會下跌或進入盤整；出現在下跌時，預示未來可能會好轉
	無上下影線，實體長	①股價上漲中出現，預示進入盤整；②股價下跌中出現，預示繼續下跌	股價的跌勢強烈
	上影線長，下影線短	賣家略勝一籌，反彈無望	上影線長於下影線，表明買方的抵抗力量很弱
	上影線短，下影線長	賣家略勝一籌，但下跌時遇強勁支撐	下影線長於上影線，表明買方進行強烈抵抗，但最後還是賣方占據優勢
	上下影線長，實體短	多、空雙方實力相近，行情比較難以捉摸	根據股價和未來走勢進行操作
	無下影線，上影線長	買方雖厲害，但價格被賣方拉回	出現在連續上漲後，股價回落的可能性大；出現在持續下跌後，具體看第二天的走勢
	無上影線，下影線長	賣方雖厲害，但價格讓買方拉回	出現在連續上漲後，後期會轉弱；出現在保漲過程中，預示著會繼續上漲；出現在下跌過程中，股價走勢可能反轉

表9-1(續)

圖形	類別	市場含義	圖形解釋
┼	上影線長，下影線短	先漲後平，賣方較強	上影線越長表示賣壓越大，可能會逆轉
┼	上影線短，下影線長	先跌後平，買方較強	下影線越長表示買方旺盛，可能會逆轉

　　K線所包含的信息是極為豐富的。以單根K線而言，一般上影線和陰線的實體表示市場價格的下壓力量，下影線和陽線的實體表示市場價格的上升力量；上影線和陰線實體比較長就說明市場價格的下跌動能比較大，下影線和陽線實體較長則說明市場價格的揚升動力比較強。

知識點3：K線組合的應用

　　將多根K線按不同規則組合在一起，又會形成不同的K線組合。這樣的K線形態所包含的信息就更豐富。表9-2和表9-3展示了常見的K線組合形態及其圖解。

表9-2　　　　　　　　　　上升和見底類型的K線組合

序號	名稱	圖形	特徵	技術含義
1	早晨十字星		①出現在下跌途中；②由3根K線組成，第一根K線是陰線，第二根K線是十字線，第三根K線是陽線，第三根K線實體深入到第一根K線實體之內	見底信號，後市看漲
2	錘頭線		①出現在下跌途中；②陽線（或陰線）實體很小，下影線大於或等於實體的兩倍；③一般無上影線，少數會略有一點上影線	見底信號，後市看漲
3	紅三兵		①出現在上漲行情初期；②由三根連續創新高的小陽線組成	買進信號，後市看漲
4	上升抵抗形		①在上漲途中出現；②由若干根K線組成；③連續跳高開盤，即使中間收出陰線，但收盤價也比前一根K線的收盤價高	買進信號，後市看漲

216

表9-2(續)

序號	名稱	圖形	特徵	技術含義
5	兩陽夾一陰		①既可以出現在漲勢中，也可以出現在跌勢中；②由兩根較長的陽線和一根較短的陰線組成，陰線夾在陽線之中	漲勢中出現，繼續看漲；跌勢中出現，見底信號

表9-3　　　　　　　　　下跌和滯漲類型的K線組合

序號	名稱	圖形	特徵	技術含義
1	黃昏十字星		①出現在漲勢中；②由三根K線組成，第一根為陽線，第二根為十字線，第三根為陰線，第三根K線實體深入到第一根K線實體之內	見頂信號，後市看跌
2	射擊之星		①出現在上漲趨勢中；②陽線（或陰線）實體很小，上影線大於或等於實體的兩倍；③一般無下影線，少數會略有一點下影線	見頂信號，後市看跌
3	黑三兵		①既可以在漲勢中出現，也可以在跌勢中出現；②由三根小陰線組成，最低價一根比一根低	賣出信號，後市看跌
4	下降三部曲		①出現在下跌趨勢中；②由五根大小不等的K線組成；③先出現一根大陰線或中陰線，接著出現三根向上爬升的小陽線，但這三根小陽線都沒有衝破第一根陰線開盤價，最後又被一根大陰線或中陰線全部或大部分吞吃	賣出信號，後市看跌
5	兩陰夾一陽		①既可以在漲勢中出現，也可以在跌勢中出現；②由兩根較長的陰線和一根較短的陽線組成；陽線夾在陰線之中	漲勢中出現是見頂信號；跌勢中出現，繼續看跌

使用K線組合理論進行分析時需要注意兩個方面的問題：一是K線組合出現在行情中的位置，二是K線組合中幾根K線之間的相互關係。只有符合分析規律的K線組合才有較高的預測價值。

想一想

試對下面兩個 K 線組合進行簡要分析。

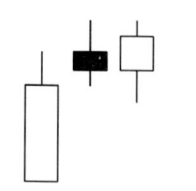

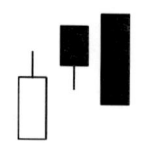

【技能訓練】

實訓目的：掌握 K 線分析方法。

實訓器材：金融計算器、同花順模擬交易軟件。

實訓場地：多媒體教室。

實訓要求：以個人為單位根據具體的實訓內容完成盤面分析並形成實訓報告；

實訓步驟：

步驟一，下載安裝並運行同花順行情軟件；

步驟二，根據實訓內容進行討論和實操；

步驟三，學生交換各自的實訓報告，相互點評；

步驟四，教師進行點評。

實訓內容：

1. 登陸同花順行情軟件，打開所選股票 K 線圖，為 K 線圖設定週期參數，注意觀察週期切換時圖形的變化情況。

2. 使用單根 K 線理論分析所選盤面，並驗證成功率。

3. 使用 K 線組合理論分析所選盤面，並驗證成功率。

4. 截圖並整理分析過程，形成分析報告。

活動三　切線理論及其應用

【知識準備】

知識點 1：切線理論認知

切線理論就是在道氏理論基礎上，遵循「順勢而為」的交易思想發展起來的理論之一。按一定方法和原則在由股票價格數據所繪製的圖表中畫出一些直線，然後根據這些直線的情況推測股票價格的未來趨勢，這些直線稱之為切線。據切線進行的技術

分析理論稱之為切線理論。

在證券市場中，按照證券市場價格的波動方向可以將趨勢分為：上升趨勢、下降趨勢和水準趨勢。按照道氏理論的觀點，趨勢又分為：主要趨勢、次要趨勢和短暫趨勢。主要趨勢是證券價格波動的主要方向，一般的持續時間比較長，是投資者極力要弄清楚的；次要趨勢是在主要趨勢的過程中進行調整的趨勢，主要趨勢不是直來直往的，在運行中難免會有調整和回撤，這都是次要趨勢的使命；短暫趨勢是對次要趨勢的調整，短暫趨勢和次要趨勢的關係就相當於次要趨勢和主要趨勢的關係。

按照切線在分析中的作用，可以將切線分為支撐線和壓力線；按照切線具體的分析方法可以將其分為趨勢線、黃金分割線、百分比線、布林線、甘氏線、角度線等。

使用切線理論應注意以下問題：

第一，切線理論是一種「趨勢」理論。應用該理論能夠很好地把握證券市場的整體趨勢，有利於投資者進行長期投資決策，但這一理論對短期投資沒有指導意義。

第二，切線理論為投資者進行投資決策時提供了可能存在的壓力線和支撐線，這些直線有很強的指導作用，但趨勢線和壓力線都有隨時被突破的可能，因此在應用切線理論進行投資決策時，不能將它們看作萬能的工具。

第三，切線理論中的黃金分割線和百分比線提供的一些價位點也只是具有參考作用，同時這些點是在一定的理論前提下提供的，與現實或多或少都是存在一定差距的，因此使用這些價位點進行分析時也要注意。

總之，切線理論不是一個萬能的理論，投資者在進行分析時必須和其他的技術分析理論相結合才能得到合適的結果。

知識點 2：支撐線和壓力線

1. 支撐線和壓力線的概述

支撐線又稱抵抗線，是指當證券價格下跌到某個價位附近時，價格停止下跌，甚至有可能回升。這個阻止價格繼續下跌或者暫時阻止價格繼續下跌的價格區域就是支撐線所在的位置。

壓力線又稱為阻力線。當證券價格上漲到某價位附近時，價格會停止上漲，甚至回落。這個起著阻止或暫時阻止股價繼續上升的價位就是壓力線所在的位置。

支撐線和壓力線的畫法：將兩個或兩個以上的相對低點連成一條直線即得到支撐線，將兩個或兩個以上的相對高點連成一條直線即得到壓力線。一般來說，一條支撐線或壓力線的有效性取決於下面三個方面，一是股價在這個區域停留時間的長短；二是股價在這個區域伴隨的成交量大小；三是這個支撐區域或壓力區域發生的時間距離當前這個時期的遠近。

2. 支撐線和壓力線的作用

支撐線和壓力線的作用是阻止或暫時阻止股價向一個方向繼續運動。同時，支撐

線和壓力線又有徹底阻止股價按原方向變動的可能（見圖9-2）。

股價上升趨勢中，如果未創出新高，即未突破壓力線，這個上升趨勢就已經處在很關鍵的位置了，如果再往後的股價又向下跌破上升趨勢的支撐線，這就產生了一個趨勢改變的強烈警告信號，通常這意味著，這一輪上升趨勢已經結束，下一步的走向是向下跌的過程。

同樣，股價在下降趨勢中，如果未創新低，即未突破支撐線，這個下降趨勢就已經處於很關鍵的位置，如果下一步股價向上突破下降趨勢的壓力線，這就發出下降趨勢將要結束的強烈信號，股價下一步將是上升趨勢。

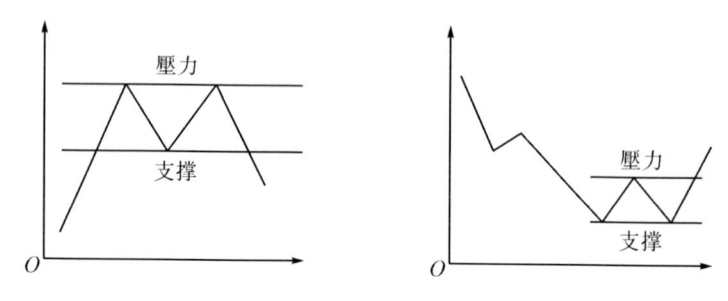

圖9-2 支撐和阻力線的作用（1）

當市場價格足夠強大到突破原有的支撐或壓力線，則支撐線與壓力線的地位就會相互轉化（見圖9-3）。即，一個支撐如果被突破，那麼這個支撐將成為壓力；同理，一個壓力被突破，這個壓力將成為支撐。這說明支撐線和壓力線的地位不是一成不變的，而是可以改變的，條件是它被有效地足夠強大的價格變動突破。

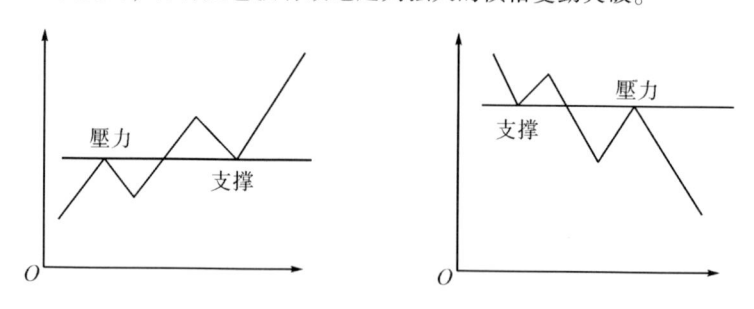

圖9-3 支撐和阻力線的作用（2）

知識拓展

真突破和假突破

趨勢線的突破對買入、賣出時機等的選擇具有重要的分析意義，因此，搞清趨向線何時為之突破，是有效的突破還是非有效的突破，於投資者而言是至關重要的。事實上，股價在趨勢線上下徘徊的情況常有發生，判斷的失誤意味著市場操作的失誤，

以下提供一些判斷的方法和市場原則，但具體的情況仍要結合當時的市場情況進行具體的分析。

1. 收市價的突破是真正的突破

技術分析家經研究發現，收市價突破趨勢線，是有效的突破因而是入市的信號。以下降趨勢線即反壓線為例，如果市價曾經衝破反壓線，但收市價仍然低於下降趨勢線，這證明，市場的確曾經想試高，但是買盤不繼，沽盤湧至，致使股價終於在收市時回落。這樣的突破，專家認為並非有效的突破，就是說反壓線仍然有效，市場的淡勢依然未改。

同理，上升趨勢線的突破，應看收市價是否跌破上升趨勢線。在圖表記錄中常有這樣的情況發生：趨勢線突破之後，股價又回到原來的位置上，這種情況就不是有效的突破，相反往往是市場上的陷阱。

2. 判斷突破的原則

為了避免入市的錯誤，技術分析專家總結了幾條判斷真假突破的原則：

(1) 發現突破後，多觀察一天。

如果突破後連續兩天股價繼續向突破後的方向發展，這樣的突破就是有效的突破，是穩妥的入市時機。當然兩天後才入市，股價已經有較大的變化：該買的股價高了；該抛的股價低了，但是，即便那樣，由於方向明確，大勢已定，投資者仍會大有作為，比之貿然入市要好得多。

(2) 注意突破後兩天的高低價。

若某天的收市價突破下降趨勢線（阻力線）向上發展，第二天，若交易價能跨越它的最高價，說明突破阻力線後有大量的買盤跟進。相反，股價在突破上升趨勢線向下運動時，如果第二天的交易是在它的最低價下面進行，那麼說明突破線後，沽盤壓力很大，值得跟進沽售。

(3) 參考成交量。

通常成交量是可以衡量市場氣氛的。例如，在市價大幅度上升的同時，成交量也大幅度增加，這說明市場對股價的移動方問有信心。相反，雖然市價上升，但交易量不增反減，說明跟進的人不多，市場對移動的方向有懷疑。趨勢線的突破也是同理，當股價突破支撐線或阻力線後，成交量如果隨之上升或保持平時的水準，這說明破線之後跟進的人多，市場對股價運動方向有信心，投資者可以跟進，博取巨利。然而，如果破線之後，成交量不升反降，那就應當小心，防止突破之後又回覆原位。事實上，有些突破的假信號可能是由於一些大戶入市、大盤迫價所致，如大投資公司入市、中央銀行干預等。但是市場投資者並沒有很多人跟隨，假的突破不能改變整個面勢，如果相信這樣的突破，可能會上當。

(4) 側向運動。

在研究趨勢線突破時，需要說明一種情況：一種趨勢的打破，未必是一個相反方向的新趨勢的立即開始，有時候由於上升或下降得太急，市場需要稍做調整，作上落

側向運動。如果上落的幅度很窄，就形成所謂牛皮狀態。側向運動會持續一些時間，有時幾天，有時幾周才結束。技術分析家稱為消化階段或鞏固階段。側向運動會形成一些複雜的圖形。側向運動結束後的方向是一個比較複雜的問題。

（資料來源：百度文庫）

知識點 3：趨勢線分析

趨勢線是技術分析家們用來繪製的某一證券（股票）或商品期貨過去價格走勢的線，其目的是用來預測未來的價格變化。這條直線是通過連接某一特定時期內證券或商品期貨上升或下跌的最高或最低價格點而成。最終直線的角度將指明該證券或商品期貨是處於上升的趨勢還是處於下跌的趨勢。如果價格上升到了向下傾斜的趨勢線之上或下降到了向上傾斜的趨勢線之下，技術分析家們一般認為，一個新的價格走向可能出現。趨勢線分析必須與其他的技術分析結合起來，效果才有可能更好。

（一）趨勢線的畫法

對於上漲趨勢，連接持續走高的兩個低點，使得大部分低點盡可能處於同一條直線上；對於下降趨勢，連接持續走高的兩個高點，使得大部分頂點盡可能處於同一條直線上；對於橫盤趨勢，我們可以將頂點和底點分別以直線連接，形成振蕩區間（如圖 9-4 所示）。

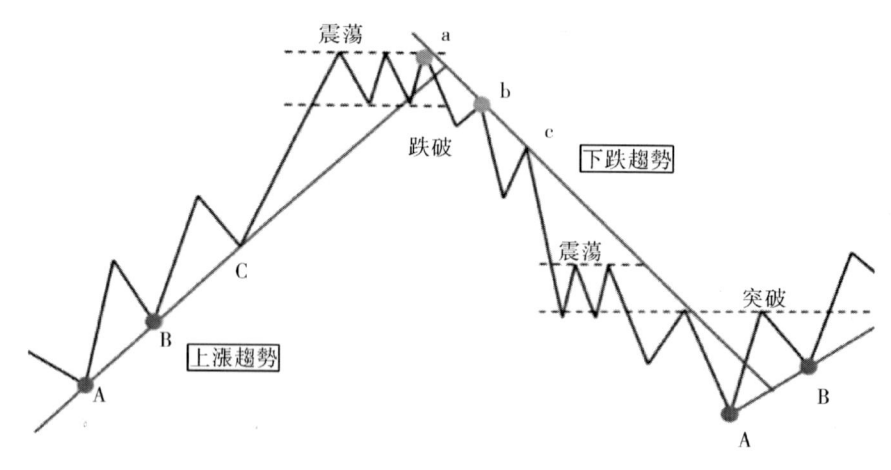

圖 9-4 趨勢線的畫法

畫趨勢線時需要注意以下幾個問題：

第一，2 個底部或者頂部就可以畫出一條有效的趨勢線，但是需要 3 個頂部或者底部才能確認。

第二，畫趨勢線時應盡量先畫出不同的實驗性線，待股價變動一段時間後，保留經過驗證能夠反應波動趨勢、具有分析意義的趨勢線。

第三，趨勢線的修正。以上升趨勢線的修正為例，當股價跌破上升趨勢線後又迅

速回到該趨勢線上方時，應將原使用的低點之一與新低點相連接，得到修正後的新上升趨勢線，這能更準確地反應出股價的走勢。

第四，趨勢線不應過於陡峭，否則很容易被橫向整理突破，失去分析意義。

(二) 趨勢線的應用

第一，趨勢線具有支撐壓力的作用，可以幫助追蹤趨勢。一般來說，在價格沒有突破趨勢線以前，上升趨勢線是每一次下跌的支撐，下降趨勢線則是股價每一次回升的阻力。

第二，證券價格的運行突破趨勢線，趨勢線釋放反轉信號，趨勢線在被突破後將起相反的作用。證券價格突破趨勢線時，收盤價與趨勢線有 3% 以上的差價，並且有成交量的配合（通常向上突破下降趨勢線需要大量成交量增加配合，但向下突破上升趨勢線成交量則不必配合）。股價在突破趨勢線時，如果出現缺口，反轉走勢極可能出現，並且出現反轉後股價走勢有一定的力度。

案例分享

趨勢線

圖 9-5 為某只股票的趨勢線。

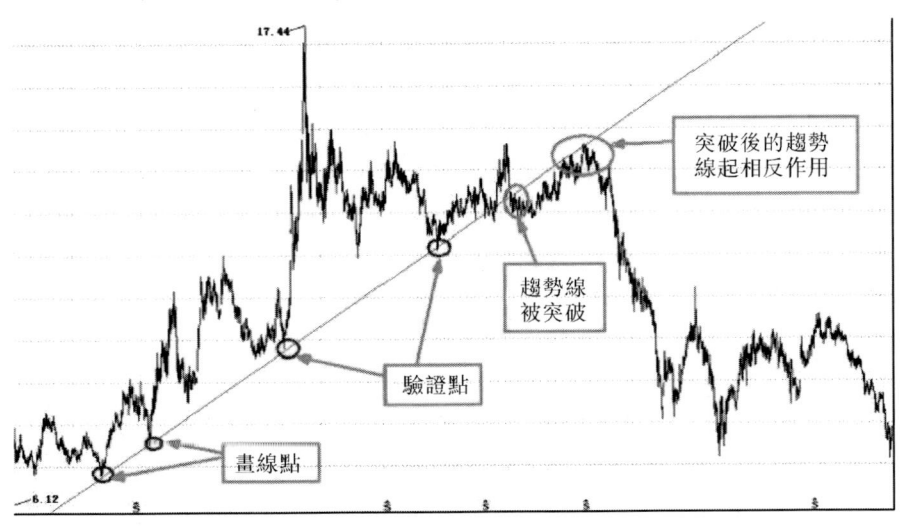

圖 9-5 趨勢線

（資料來源：767 股票學習網）

知識點 4：黃金分割線

黃金分割法來源於黃金分割率，是計算強阻力位或強支撐位的一種方法，即人們認為指數或股價運動的阻力位或支撐位會與黃金分割率的一系列數字有關，可用這些

數字來預判點位。黃金分割中最重要的數字是：

0.382　0.618

1.382　1.618

黃金分割線的應用如下：

在上升行情掉頭向下時，可用近期上升行情的漲幅乘以以上第一行數字，再加上近期上升行情的起點，得到此次下跌的強支撐位。

如 2007 年 10 月 17 日以來的調整，可視為是對 2005 年 6 月 6 日以來的大牛市行情的調整，上證指數起點為 2005 年 6 月 6 日的 998 點，高點為 2007 年 10 月 16 日的 6,124 點，則用黃金分割法得到：

（6,124-998）×0.618+998＝4,166

（6,124-998）×0.382+998＝2,956

則 4,166 點和 2,956 點附近可能成為本輪調整的強支撐位，這也正是某些機構報告中強調 4,200 點附近會是本輪調整的第一道強支撐位的依據。

在下降行情掉頭向上時，可用近期下跌行情的低點乘以以上第二行數字，得到此次上漲的強阻力位。

如若預期上證指數 2007 年 10 月 17 日以來的調整的最低點為 4,200 點，而調整到位後將演繹上升行情，則用黃金分割法得到：

4,200×1.618＝6,796

4,200×1.382＝5,804

則 6,796 點和 5,804 點附近可能成為上證指數本輪調整的強阻力位，這也正是某些機構報告中強調 6,800 點附近會是本輪調整的強阻力位的依據。

黃金分割法只是提供了一些不容易被突破的阻力位或支撐位，投資者需要確認該阻力位或支撐位是否被突破後再做投資決策，而不是一到阻力位就賣出或一到支撐位就買進。黃金分割率所用於預測的週期越長，準確性往往越高。

案例分享

黃金分割線的應用

從圖 9-6 可以看到，K 線圖從左下方圓圈處開始進入上漲行情，在右上方圓圈處結束，並開始掉頭向下，通過行情軟件的黃金分割線功能鍵可以將黃金分割線自這段上漲行情的末端（右上方圓圈）畫到行情起始處（左下方圓圈），如圖所示，介於兩條水準線中間的每一條水準虛線都是根據黃金分割比例計算出的價格參考回調支撐位。在上圖中，上漲行情結束回調時，可能會在 0.382 黃金分割位獲得支撐，如果價格向下突破該價位，則下一個可能獲得支撐的位置就在下面一條黃金分割線 0.5 黃金分割位處。

圖 9-6　K 線圖

(資料來源：百度文庫)

【技能訓練】

實訓目的：能夠使用切線分析預測盤面價格走勢。

實訓器材：同花順模擬交易軟件。

實訓場地：多媒體教室

實訓要求：以小組為單位根據具體的實訓內容完成盤面的切線分析並形成實訓報告。

實訓步驟：

步驟一，分小組（4~5 人/組），對小組成員進行合理分工；

步驟二，小組成員根據實訓內容進行討論和實操；

步驟三，各小組推選代表向全班展示小組實操成果；

步驟四，教師進行點評。

實訓內容：

1. 各小組登錄同花順行情軟件，自行選擇一只股票，打開該股票的 K 線圖，通過切換 K 線圖週期參數觀察盤面 K 線圖的趨勢情況（選擇 2 個不同趨勢進行分析）。

2. 根據切線理論中線的畫法原則在盤面中劃出趨勢線或水準支撐壓力線、黃金分割線，並判斷其作用。

3. 根據切線應用原理分析盤面，預測價格走勢並驗證選用切線的成功率。

4. 截圖並總結分析過程形成實訓報告。

活動四　形態理論及其應用

【知識準備】

知識點1：形態理論認知

　　形態理論是技術分析的重要組成部分，它通過對市場橫向運動時形成的各種價格形態進行分析，並且配合成交量的變化，推斷出市場現存的趨勢將會延續或反轉，價格形態可分為反轉形態和持續形態。

　　反轉形態表示市場經過一段時期的醞釀後，決定改變原有趨勢，而採取相反的發展方向，反轉形態的典型圖形有雙頂形、頭肩形、直線形、碟形和 V 形等。

　　持續整理形態是指經過一段時間的快速變動之後，就不再前進，而在一定區域內上下窄幅度變動，等時機成熟後再繼續以往的走勢。持續整理形態主要有以下幾種類型：三角形、旗形、楔形和矩形。

　　持續整理形態和反轉突破形態並沒有明顯的界限，而只是具有一定的傾向性，如三角形通常屬於持續整理形態，但有時也會成為反轉突破形態，甚至頭肩形這種主要的反轉突破形態偶爾也會變成持續整理形態。

知識點2：反轉形態

（一）所有反轉形態的基本特徵

1. 事先存在趨勢的必要性

　　市場上確有趨勢存在是所有反轉形態存在的先決條件。市場必須先有明確的目標，然後才談得上反轉。在圖表上，偶爾會出現一些與反轉形態相像的圖形，但是如果事前並無趨勢存在，那麼它便無物可反，因而意義有限；正因為反轉形態事先必須有趨勢可反，所以它才具備了測算意義。

2. 重要趨勢線的突破

　　即將降臨的反轉過程，經常以突破重要的趨勢線為其前兆。這個信號本身的意義是，原趨勢正有所改變。主要向上趨勢線被突破後，或許表示橫向延伸的價格形態開始出場，以後隨著事態的進一步發展，我們才能夠把該形態確認為反轉型或連續型。在有些情況下，主要趨勢線被突破同價格形態的完成恰好同步實現。

3. 形態的規模越大，市場動作越大

　　這裡所謂規模大小，是指價格形態的高度和寬度。高度標誌著價格波動的幅度強弱，而寬度則代表著該形態從發展到完成所花費的時間的長短。形態的規模越大，即

價格在形態內擺動的範圍越大、經歷的時間越長，那麼該形態就越重要。隨之而來的價格運動的餘地就越大。

4. 頂和底的差別

頂部形態與底部形態相比，它的持續時間短但波動性更強。在頂部形態中，價格波動不但幅度更大，而且更劇烈，它的形成時間也較短。底部形態通常具有較小的價格波動幅度，但耗費的時間較長。正因如此，辨別和捕捉市場底部比捕捉其頂部，通常來得容易些，損失也相應少些。

5. 成交量在驗證向上突破信號時更具重要性

任何形態在完成時，均應伴隨著交易量的顯著增加。但是，在趨勢的頂部反轉過程的早期，成交量並不如此重要。

(二) 幾種常見反轉形態的應用

1. 雙重頂

雙重頂，又稱「雙頂」或「M」頭，是K線圖中較為常見的反轉形態之一，由兩個較為相近的高點構成，其形狀類似於英文字母「M」，因而得名。在連續上升過程中，當股價上漲至某一價格水準，成交量顯著放大，股價開始掉頭回落；下跌至某一位置時，股價再度反彈上行，但成交量較第一高峰時略有收縮，反彈至前高附近之後再第二次下跌，並跌破第一次回落的低點，股價移動軌跡像M字，雙重頂形成。

(1) 雙重形態的特徵。

在雙重形態的第二個高點出現之前，股價有一段較大的漲幅，且成交量配合增加（即價漲量增）。理論上，雙重頂兩個高點應基本相同，但實際K線走勢中，第二個高點可以略高或略低於第一個高點，但其成交量一定要比第一個高點少，相差3%左右是比較常見的。在雙重頂形成過程中，第一個高點成交量較大，第二個成交量次之，成交量呈現遞減現象，說明股價在第二次反彈過程中資金追漲力度越來越弱，股價有上漲到盡頭的意味。兩個高點之間所延續的時間至少為2~3周；可能出現複合形態。

(2) 雙重形態的頸線。

在第一個高峰（左鋒）形成回落的低點，在這個位置畫水準線，就形成了通常說的頸線（具體畫法見圖9-7），當股價再度衝高回落並跌破這根水準線（頸線）支撐，雙重頂形態正式宣告形成。

(3) 雙重形態的預測價值。

雙重頂是一種常見的頂部反轉信號，一旦形成，股價下跌幾乎成為定局。當頸線跌破後，可根據這形態的最少跌幅量度方法預測股價會跌至哪一水準。這量度的方法是從頭部的最高點畫一條垂直線到頸線，然後在完成突破頸線的一點開始，向下量出同樣的長度，由此量出的價格就是該股將下跌的最小幅度。

交易策略

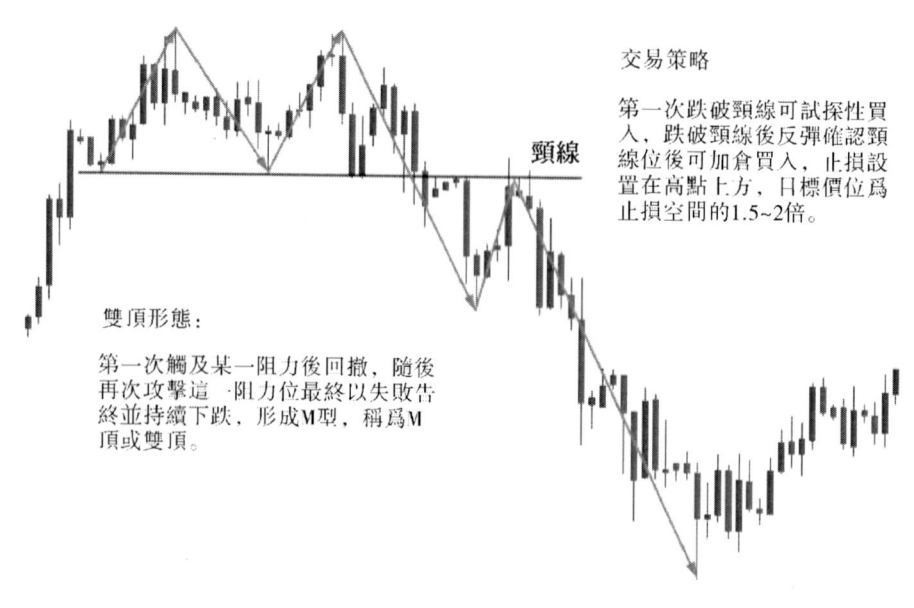

第一次跌破頸線可試探性買入，跌破頸線後反彈確認頸線位後可加倉買入，止損設置在高點上方，目標價位為止損空間的1.5~2倍。

頸線

雙頂形態：

第一次觸及某一阻力後回撤，隨後再次攻擊這一阻力位最終以失敗告終並持續下跌，形成M型，稱為M頂或雙頂。

圖 9-7　雙重形態

2. 頭肩形態

股票價格從左肩處開始上漲至一定高度後跌回原位，然後重新上漲超過左肩的高度形成頭部後再度下跌回原位；經過整理後開始第三次上漲，當漲幅達到左肩高度形成右肩後開始第三次下跌，這次下跌的殺傷力很大，很快跌穿整個形態的底部並不再回頭。頭肩頂形態為典型的趨勢反轉形態，是在上漲行情接近尾聲時的看跌形態，圖形以左肩、頭部、右肩及頸線形成。

（1）頭肩頂形態特徵。

在上升途中出現了3個峰頂，這3個峰頂分別稱為左肩、頭部和右肩。從圖形上看左肩、右肩的最高點基本相同，而頭部最高點比左肩、右肩最高點要高。

另外股價在上衝失敗向下回落時形成的兩個低點又基本上處在同一水準線上。這同一水準線，就是通常說的頸線（具體畫法見圖9-8），當股價第三次上衝失敗回落時，這根頸線就會被擊破。於是頭肩頂正式宣告成立。

在頭肩頂形成過程中，左肩的成交量最大，頭部的成交量略小些，右肩的成交量最小。成交量呈遞減現象，說明股價上升時追漲力量越來越弱，股價有漲到頭的意味。

（2）頭肩頂形態的預測價值。

當頭肩頂頸線擊破時，就是一個真正的賣出訊號，雖然股價和最高點比較，已回落了相當的幅度，但跌勢只是剛剛開始。當頸線跌破後，可根據這形態的最少跌幅量度方法預測股價會跌至哪一水準。這量度的方法是——從頭部的最高點畫一條垂直線到頸線，然後在完成右肩突破頸線的一點開始，向下量出同樣的長度，由此量出的價格就是該股將下跌的最小幅度。

頭

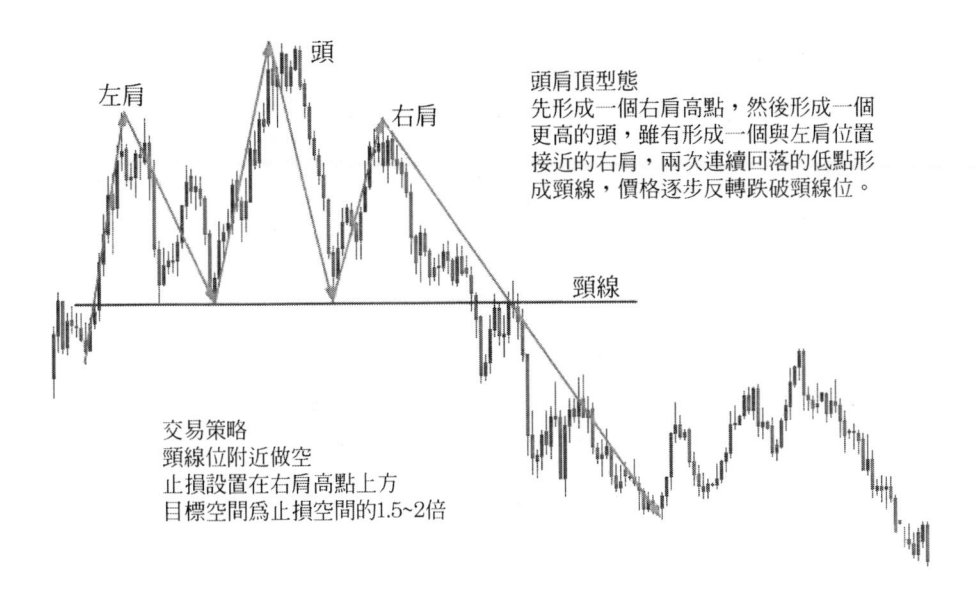

左肩

右肩

頭肩頂型態
先形成一個右肩高點,然後形成一個更高的頭,雖有形成一個與左肩位置接近的右肩,兩次連續回落的低點形成頸線,價格逐步反轉跌破頸線位。

頸線

交易策略
頸線位附近做空
止損設置在右肩高點上方
目標空間為止損空間的1.5~2倍

圖 9-8　頭肩形態

知識點 3:持續整理形態

(一) 所有持續整理形態的特徵

相對於反轉形態,持續整理形態通常較為短暫,一般屬於短暫形態或中等形態的類別,在形態的形成過程中成交量一般是逐漸縮減的,形態突破後有所增加(尤其是向上突破需要伴隨有成交量增加的配合),出現逆向走勢時不會突破重要趨勢線,其預測價值較為含糊。

(二) 幾種常見的持續整理形態的應用

1. 三角形

在一般情況下,三角形屬於持續整理形態。三角形又可分為對稱三角形、上升三角形和下降三角形。由於三者的形成過程和判別需要注意的地方都基本相同,在這裡就只介紹對稱三角形。

對稱三角形的形成過程:當股價進入盤整階段後,其波動幅度逐漸縮小,即每次變動的最高價低於前次的水準,最低價高於前次的水準,股價變動領域的上限為向下的斜線,下限為向上的斜線,從而形成一個相對稱的三角形,在此過程中成交量逐漸減少,多空雙方的力量對比趨於平衡。當股價走到三角形頂部時,多空雙方的力量對比發生變化,股價突破三角形區域,從而結束盤整狀態而繼續原先的走勢,如圖 9-9 所示。

在判別對稱三角形的形態時,應該注意以下幾個方面:首先,在對稱三角形中,

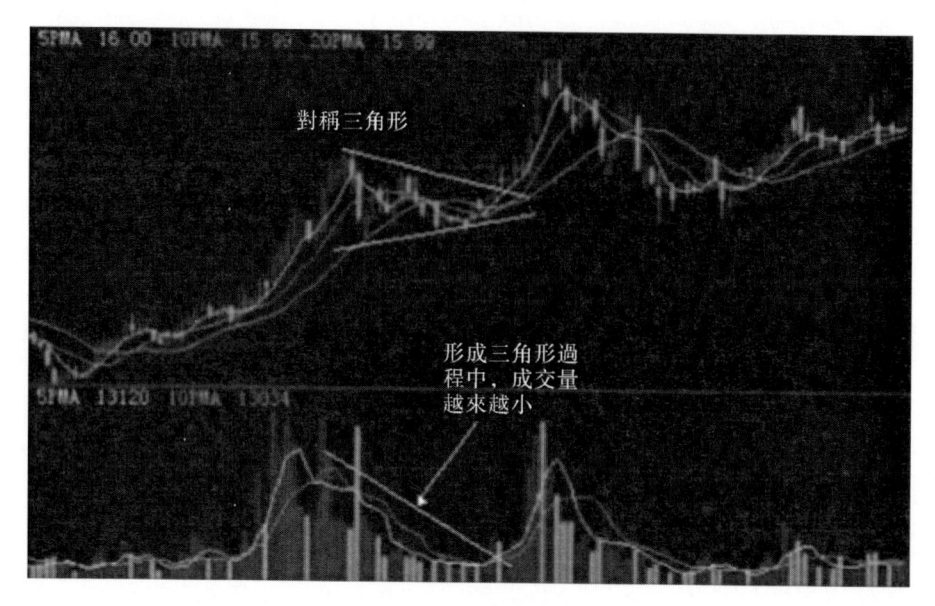

圖9-9 對稱三角形

股價越接近其頂點而未能突破其界限時,其力量越小,太接近頂點的突破通常會失效。根據以往的歷史經驗,突破點應該位於距離三角形底邊1/2~3/4處的地方。其次,股價向上突破三角形時,需要大成交量的配合,向下突破則沒有這個要求。再次,當股價突破界限時,其上漲或下跌的幅度至少為三角形底邊的距離。最後,當股價突破三角形後,是時會出現反抽的現象,這時要求向上突破後的反抽應止於上界線的延伸,向下突破後的反抽應止於下界線的延伸。否則,這種突破可能是假突破。

2. 旗形

旗形走勢的形態就像掛在旗杆上的一面小旗,通常出現在快速大幅度的市場波動中,是一種經常出現的中段整理形態。旗形又分為上升旗形和下降旗形。上升旗形是股價在經過陡峭上升之後,進入一個稍微向下傾斜的狹窄區域進行整理,上下界限就是兩條向下傾斜的平行直線。下降旗形是股價在急速下跌之後,進入一個稍微向上傾斜的狹窄區域進行整理,其上下界限也是兩條向上傾斜的平行直線,如圖9-10所示。

判斷旗形時,需要注意以下幾個方面:首先,成交量在旗形形成過程中是逐漸遞減的,但在旗形形成之前和被突破之後(不管是向上突破還是向下突破,這與其他形態有點不同),成交量都很大。其次,旗形持續的時間不能太長,否則旗形保持原來趨勢的能力將會下降。最後,突破旗形後,股價上升(或下降)的幅度至少等於旗杆的長度,即從形成旗杆的突破點開始到旗形頂(底)點為止。

3. 矩形

又稱箱形,是一種典型的持續整理形態。矩形走勢是指股價在兩條水準的上下界線之間波動,長時間沒有突破。矩形走勢在形成之初,多空雙方爭奪激烈,各不相讓,形成拉鋸場面。當股價升至某一高點時,空方就大量拋售股票,打壓股價;當股價跌

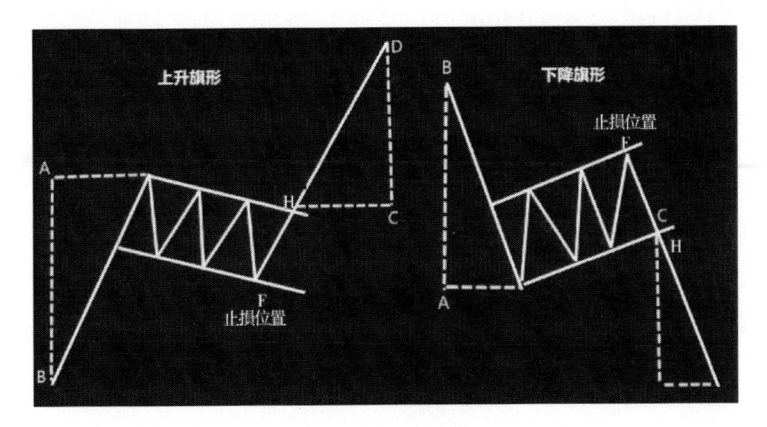

圖 9-10 旗形形態

至某一低點時，多方就買入。這樣時間一長，就形成兩條明顯的上下界線，並且隨時間的推移，市場趨於清淡，多空雙方的力量對比也逐漸趨於明朗，最後股價突破矩形形態，繼續原來的走勢。矩形也有上升矩形和下降矩形之分，如圖 9-11 所示。

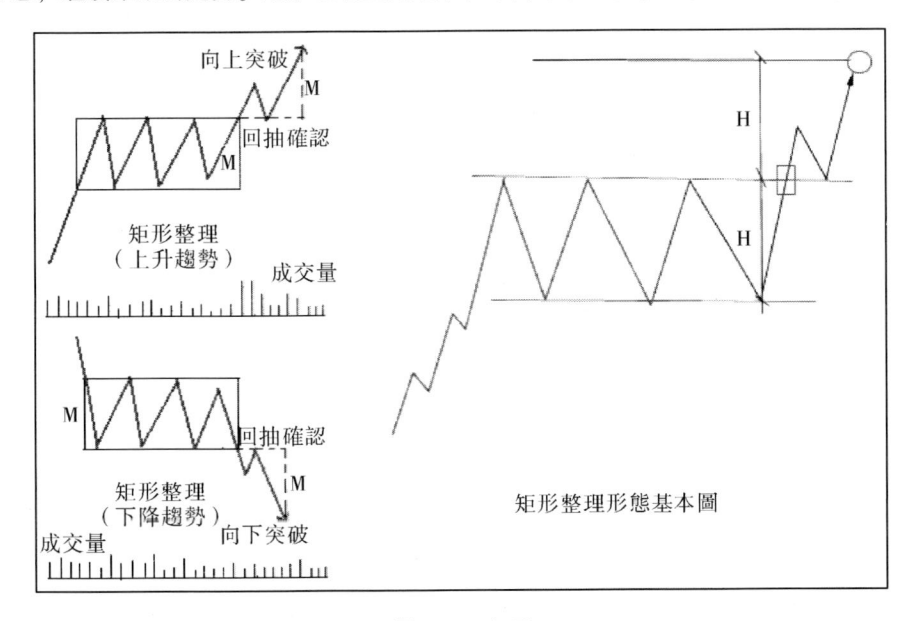

圖 9-11 矩形

判別矩形形態時，需要注意的幾個方面：首先，矩形形成過程中，成交量逐漸遞減，向上突破時，需要有大成交量的配合，向下突破則沒有這種要求。其次，股價突破矩形形態後，其上漲或下跌的幅度至少為矩形本身的寬度。

【技能訓練】

實訓目的：能夠使用形態理論分析盤面。

實訓器材：同花順模擬交易軟件。

實訓場地：多媒體教室。

實訓要求：以小組為單位根據具體的實訓內容完成盤面的形態分析並形成實訓報告。

實訓步驟：

步驟一，分小組（4~5人/組），對小組成員進行合理分工；

步驟二，小組成員根據實訓內容進行討論和實操；

步驟三，各小組推選代表向全班展示小組實操成果；

步驟四，教師進行點評。

實訓內容：

1. 各小組登錄同花順行情軟件，自行選擇一只股票，打開該股票的 K 線圖，通過切換 K 線圖週期參數觀察盤面中是否出現形態（至少選擇 2 個不同形態）；

2. 結合教材中的操作流程分析並驗證選定形態的成功率；

3. 截圖並總結分析過程形成實訓報告。

4. 根據完成形態的預測價值，預測所選股票未來價格走勢並驗證選定形態的成功率。

5. 截圖並總結分析過程，形成實訓報告。

活動五　技術指標理論及其應用

【知識準備】

知識點 1：技術指標理論認知

技術指標分析，是依據一定的數理統計方法，運用一些複雜的計算公式，來判斷匯率走勢的量化的分析方法。技術分析的指標相當多，主要的類別有趨勢型、超買超賣型、大盤型、人氣型，等等。

技術指標的使用方法並非固定不變，對同一個指標，每個投資者都可以有一套自己的研判方法，如修改指標的參數和週期等，但是萬變不離其宗，技術指標的核心使用原則主要有以下六點：

第一，指標的高低。通過指標數值的高低來判斷證券多空雙方的強弱，從而提示買賣時機。

第二，指標的交叉。通過技術指標圖形中的兩根指標曲線發生交叉的現象來判斷多空雙方力量的強弱對比，從而提示買賣時機。

第三，指標的背離。這是指的是技術指標曲線波動的趨勢和 K 線圖曲線的運行趨

勢沒有形成一致，當背離的現象一旦出現，表示價格的走勢沒有得到指標的支持，主要包括頂背離和底背離。

第四，指標的轉折。這是指技術指標曲線中高位或低位掉頭，也就是從超買超賣的區域回到正常狀態，表示前一個趨勢走到盡頭，新的趨勢即將開始。指標的轉折可以作為趨勢轉折的預警信號，但是需要成交量的配合。

第五，指標的盲點。大部分時間裡，指標是不能發出買賣信號，只有在很少時間，技術指標才能看清市場發出信號。

第六，指標的形態。這是指技術指標曲線中其波動區域呈現出類似於前面形態理論提到的形態形狀，同形態理論的判斷方式基本一致，表示行情反轉或者持續。

知識點2：技術指標的應用——移動平均線指標（MA）

移動平均線，簡稱MA，是由著名的美國投資專家葛蘭碧，又譯為格蘭威爾於20世紀中期提出來的。移動平均線是用統計分析的方法，將一定時期內的證券價格（指數）加以平均，並把不同時間的平均值連接起來，形成一根曲線，用以觀察證券價格變動趨勢的一種技術指標。平均線理論是當今應用最普遍的技術指標之一，它幫助交易者確認現有趨勢，判斷將出現的趨勢，發現過度衍生即將反轉的趨勢。

（一）移動平均線的特徵

由於移動平均線的四個特性，使得它在股價走勢中起支撐線和壓力線的作用。

1. 追蹤趨勢

注意價格的趨勢，並追隨這個趨勢，不輕易放棄。如果從股價的圖表中能夠找出上升或下降趨勢線，那麼，MA的曲線將保持與趨勢線方向一致，能消除中間股價在這個過程中出現的起伏。

2. 滯後性

在股價原有趨勢發生反轉時，由於MA的追蹤趨勢的特性，MA的行動往往過於遲緩，調頭速度落後於大趨勢，這是MA的一個極大的弱點。等MA發出反轉信號時，股價調頭的深度已經很大了。

3. 穩定性

通常越長期的移動平均線，越能表現安定的特性，即移動平均線不輕易往上往下，必須股價漲勢真正明朗了，移動平均線才會往上延伸，而且經常股價開始回落之初，移動平均線卻是向上的，等到股價下滑顯著時，才見移動平均線走下坡，這是移動平均線最大的特色。越短期的移動平均線，安定性越差，越長期移動的平均線，安定性越強，但也因此使得移動平均線有延遲反應的特性。

4. 助漲助跌性

當股價突破了MA時，無論是向上突破還是向下突破，股價有繼續向突破方面再走一程的願望，這就是MA的助漲助跌性。

(二) 移動平均線的應用

移動平均線最著名的應用法則是格蘭維爾法則（如圖 9-12 所示），具體內容如下：

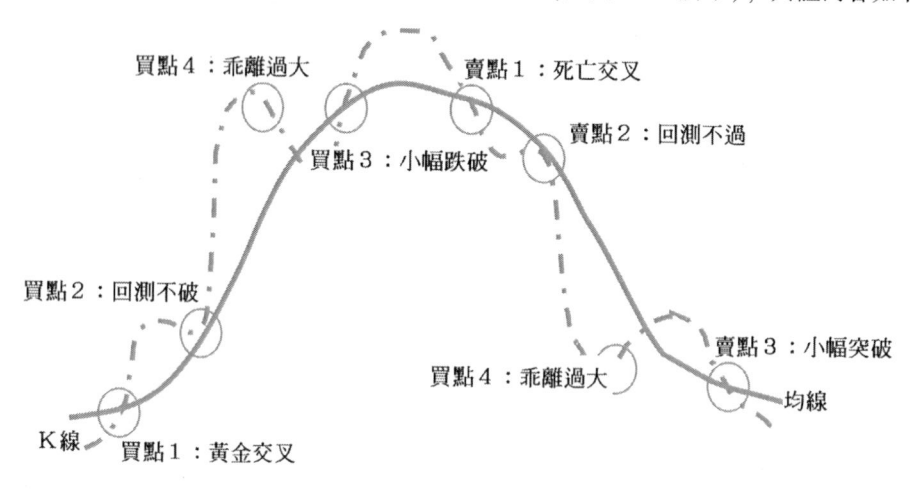

圖 9-12　格維爾法則

買點 1：黃金交叉。移動平均線從下降逐漸走平且略向上方抬頭，而股價從移動平均線下方向上方突破，為買進信號。

買點 2：回測不破。股價在移動平均線之上運行，回檔時未跌破移動平均線後又再度上升時為買進時機。

買點 3：小幅跌破。股價在移動平均線之上運行，回檔時跌破移動平均線，但短期移動平均線繼續呈上升趨勢，此時為買進時機。

買點 4：乖離過大。股價在移動平均線以下運行，突然暴跌，距離移動平均線太遠，極有可能向移動平均線靠近（物極必反，下跌反彈），此時為買進時機。

賣點 1：死亡交叉。移動平均線從上升逐漸走平，而股價從移動平均線上方向下跌破移動平均線時說明賣壓漸重，應賣出所持股票。

賣點 2：回測不過。股價在移動平均線下方運行，反彈時未突破移動平均線，且移動平均線跌勢減緩，趨於水準後又出現下跌趨勢，此時為賣出時機。

賣點 3：小幅突破。股價反彈後在移動平均線上方徘徊，而移動平均線卻繼續下跌，宜賣出所持股票。

賣點 4：乖離過大。股價在移動平均線之上運行，連續數日大漲，離移動平均線愈來愈遠，說明內購買股票者獲利豐厚，隨時都會產生獲利回吐的賣壓，應暫時賣出持股。

知識點 3：技術指標的應用——指數平滑異同平均線（MACD）

指數平滑異同移動平均線 MACD，是利用快速（短期）移動平均線和慢速（長期）移動平均線，在一段上漲或下降行情中兩線之間的差距拉大，而在漲勢或跌勢趨緩時

兩線又相互靠近或交叉的特徵，通過雙重平滑運算後研判買賣時機的方法。該指標可以去除掉移動平均線經常出現的假訊號，又保留了移動平均線的優點。但由於該指標對價格變動的靈敏度不高，屬於中長線指標，所以在盤整行情中不適用。

MACD 指標表現在圖形上是由兩條曲線和柱狀圖構成，如圖 9-13 所示。其中，DIF 線由快的指數移動平均線（EMA12）減去慢的指數移動平均線（EMA26）得到，表現在圖形上是一條波動幅度較大，波動較為頻繁的曲線，又稱快線；DEA 線是求取的 DIF 的 N 週期的平滑移動平均線，表現在圖形上則是一條波動幅度較小，且較為平滑的一條曲線，又稱慢線；（DIF-DEA）×2 即為 MACD 柱狀圖，表現在圖形上則是一條條向上（0 軸線以上）或者向下（0 軸線以下）的柱形。MACD 指標的應用就是通過觀察這兩條曲線和柱狀圖的波動變化來完成的。

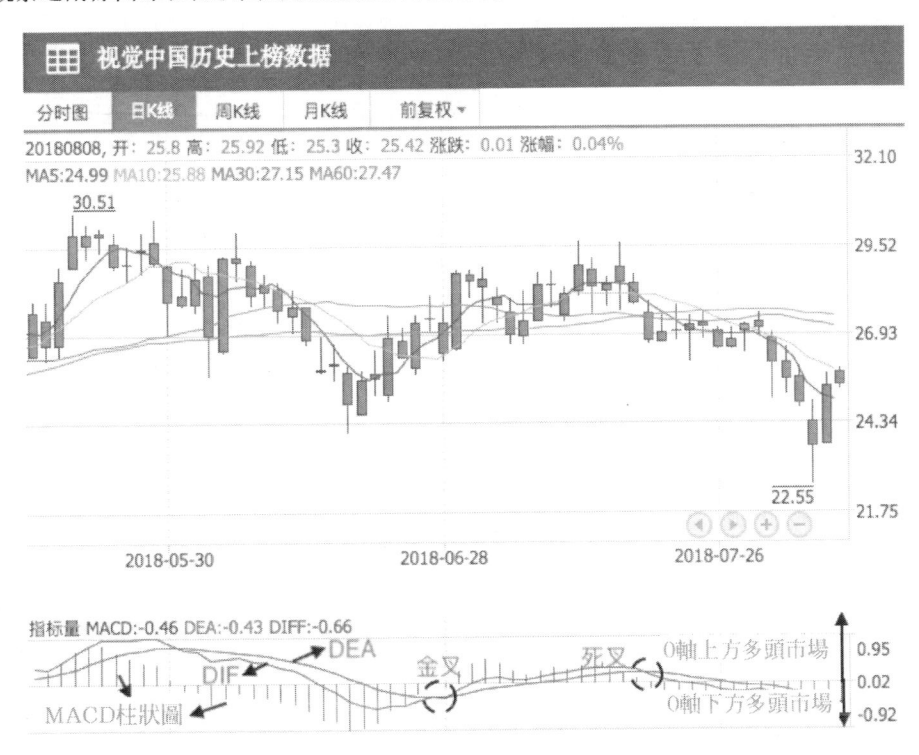

圖 9-13　MACD 指標

（圖片來源：視覺中國）

MACD 指標對應用法則如下：

（1）DIF 與 DEA 均為正值，即都在零軸線以上時，大勢屬多頭市場，DIF 與 DEA 均為負值，即都在零軸線以下時，大勢屬空頭市場；DIF 向上突破 DEA，即快線從下向上穿越慢線，實現黃金交叉，可作買；如果 DIF 向下跌破 DEA，即快線從上向下穿越慢線，實現死亡交叉，只可作為平倉信號。

（2）當 DEA 線與 K 線趨勢發生背離時為反轉信號。

（3）DEA 在盤局時，失誤率較高，但如果配合 RSI 指標及 KDJ 指標，可以適當彌補缺憾。

（4）分析 MACD 柱形圖，由正變負時往往指示該賣，反之往往為買入信號。

知識點 4：技術指標的應用——隨機指標（KDJ）

隨機指標 KDJ 是由喬治・萊恩首創的，是以最高價、最低價及收盤價為基本數據進行計算，得出的 K 值、D 值和 J 值分別在指標的坐標上形成的一個點，連接無數個這樣的點位，就形成一個完整的、能反應價格波動趨勢的 KDJ 指標。它主要是利用價格波動的真實波幅來反應價格走勢的強弱和超買超賣現象，在價格尚未上升或下降之前發出買賣信號的一種技術工具。當市場進入無趨勢階段時，價格通常在一個區間內上下波動，在這種情況下，絕大多數跟隨趨勢系統都不能正常工作，而隨機指標卻獨樹一幟。

KDJ 指標表現在圖形上是由三條曲線構成，如圖 9-14 所示。其中，D 線是三條曲線中波動幅度最小，且最為平滑的一條曲線；K 線的波動幅度和波動頻率要略大於 D 線，而 J 線是三條曲線中波動幅度最大，且波動最為頻繁的。KDJ 指標的應用正是通過觀察這三條曲線的波動幅度、交叉情況以及與 K 線圖之間的關係等方面來完成的。

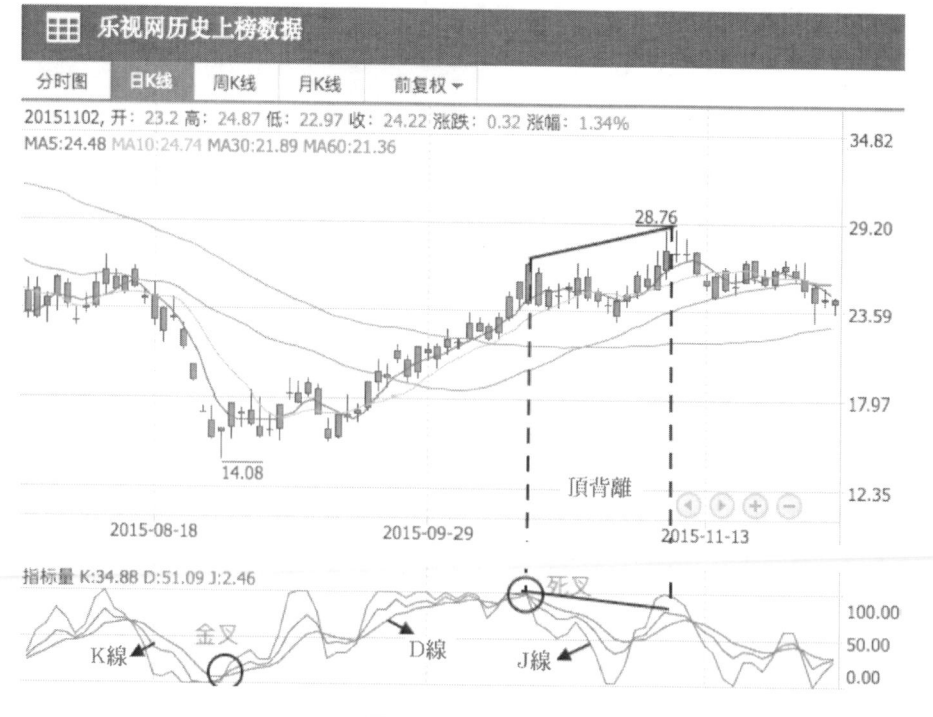

圖 9-14　KDJ 指標

（圖片來源：樂視網）

KDJ 指標的應用法則如下：

（1）指標的高低。觀察指標曲線 D、J 的取值，當 D 值在 80 以上時，市場呈現超買現象。D 值在 20 以下時，市場則呈現超賣現象；當 J 值在 100 以上時，市場呈現超買現象；J 值在 0 以下時，市場則呈現超賣現象。

（2）指標的交叉。觀察指標曲線 K、D 的交叉情況，當 K 線向上突破 D 線時，為買進信號，即為 KDJ 金叉。此種買入信號在 70 以上形成準確性較高；反之 K 線向下跌破 D 線，為賣出信號，即為 KDJ 死叉。此種買入信號在 30 以下形成準確性較高。該指標在 50 附近徘徊或交叉時，參考意義較小。

（3）指標的背離。觀察指標曲線 K、D 的趨勢，當其與蠟燭圖出現背離時，一般為趨勢反轉的信號。當 K 值大於 D 值，顯示目前趨勢是向上漲，當 D 值大於 K 值，顯示目前趨勢是向下跌。

（4）指標的形態。當 KD 指標在較高或較低的位置形成了頭肩形和多重頂（底）時，是採取行動的信號。這裡股票投資者同樣需要注意的是，這些形態一定要在較高位置或較低位置出現，位置越高或越低，結論越可靠。

（5）需要注意的是，KD 不適用於發行量太小，交易太小的股票；但對指數以及熱門大型股有極高的準確性。

【技能訓練】

實訓目的：能夠使用技術指標理論分析盤面。

實訓器材：同花順模擬交易軟件

實訓場地：多媒體教室。

實訓要求：以小組為單位根據具體的實訓內容完成盤面的形態分析並形成實訓報告。

實訓步驟：

步驟一，分小組（4~5 人/組），對小組成員進行合理分工；

步驟二，小組成員根據實訓內容進行討論和實操；

步驟三，各小組推選代表向全班展示小組實操成果；

步驟四，教師進行點評。

實訓內容：

1. 登陸同花順行情軟件，打開所選股票 K 線圖，為 K 線圖設定週期參數，注意觀察週期切換時圖形的變化情況。

2. 使用單根 K 線理論分析所選盤面，並驗證成功率。

3. 使用 K 線組合理論分析所選盤面，並驗證成功率。

4. 截圖並整理分析過程，形成分析報告。

參考文獻

［1］證券業從業人員一般從業資格考試專家組. 金融市場基礎知識［M］. 北京：中國金融出版社，2018.

［2］康建軍，等. 證券投資實務［M］. 北京：高等教育出版社，2018.

［3］王強. 證券投資實務［M］. 北京：中國財政經濟出版社，2015.

［4］王雪辰，李佳，蔣長浩. 證券交易［M］. 北京：清華大學出版社，2011.

［5］王軍旗，李麗霞. 證券投資理論與實務（第三版）［M］. 北京：中國人民大學出版社，2011.

［6］吳曉求. 證券投資學（第三版）［M］. 北京：中國人民大學出版社，2009.

［7］中國證券業協會. 證券市場基礎知識［M］. 北京：中國財政經濟出版社，2009.

［8］中國證券業協會. 證券交易［M］. 北京：中國財政經濟出版社，2009.

［9］中國證券業協會. 證券投資分析［M］. 北京：中國財政經濟出版社，2009.

附錄

附錄 A：某證券公司自然人證券帳戶註冊申請表

申請人填寫	帳戶持有人姓名		國籍或地區	
	移動電話		固定電話	
	聯繫地址			
	電子郵件地址		郵政編碼	
	有效身分證明文件類別	□身分證 □護照 □其他	身分證明文件有效期截止日期	□ 年 月 日 □ 長期有效
	有效身分證明文件號碼			
	職業	□黨政機關工作人員 □企事業單位職工 □農民 □個體工商戶 □學生 □證券從業人員 □無業 □其他		
	學位\學歷	□博士 □碩士 □大本 □大專 □中專 □高中 □初中及以下		
	帳戶類別	□滬市A股帳戶 □滬市B股帳戶 □滬市基金帳戶 □滬市其他帳戶 □深市A股帳戶 □深市B股帳戶 □深市基金帳戶 □深市其他帳戶		
	是否直接開通網絡服務功能	□是 □否	網絡服務初始密碼（六位數字或字母）	
	代辦人		代辦人電話	
	代辦人有效身分證明文件類別	□身分證 □護照 □其他		
	代辦人有效身分證明文件號碼			
	鄭重聲明	本人已經瞭解並願意遵守國家有關證券市場管理的法律、法規、規章及相關業務規則，認真閱讀了《證券帳戶註冊說明書》並接受說明書內容，承諾以上填寫的內容真實準確。 申請人或代辦人簽名： 日期： 年 月 日		

表(續)

	審核資料： □有效身分證明文件及複印件 □申請人或代辦人是否已簽名 □本表內容是否填寫全面、正確			
開戶代理機構填寫	帳戶類別	上海市場		深圳市場
^	A股帳戶			
^	B股帳戶			
^	基金帳戶			
^	其他帳戶			
^	經辦人： 復核人： 傳真：			開戶代理機構蓋章： 聯繫電話： 填表日期：
備註				

注意：

①填寫內容必須真實、準確、完整，字跡要清楚、整潔

②開戶申請人選擇開通網絡服務功能的，需填寫自設的初始密碼。從帳戶開立次日起，開戶申請人可訪問本公司網站（http://www.chinaclear.cn），點擊「投資者服務」項下「投資者登錄」，選擇「非證書用戶登錄」下的「按證券帳戶」登錄方式，使用證券帳戶號碼和初始密碼登錄，修改初始密碼後即可辦理證券查詢、股東大會網絡投票等網絡服務

附錄 B：資金帳戶開戶申請表（法人機構）

法人機構名稱			營業執照號碼		
深圳 A 股東代碼			上海 A 股東代碼		
深圳 B 股東代碼			上海 B 股東代碼		
開戶銀行			開戶行帳號		
法人機構基本資料					
機構地址				郵政編碼	
法人姓名		性別		身分證號碼	
家庭地址				郵政編碼	
E-mail		電話		手機	
第三聯絡人姓名		電話		手機	
代理人授權委託代理					
代理人姓名			代理人身分證號碼		
代理人通信地址					
郵政編碼			代理人電話		
代理期限	自本委託書簽訂之日起至向貴部書面撤銷本委託書之日止				
代理權限	證券交易委託（含新股申購、配股、交割）			□1. 是 □2. 否	
	資金存管			□1. 是 □2. 否	
	查詢			□1. 是 □2. 否	
	轉託管			□1. 是 □2. 否	
	指定或撤銷指定交易			□1. 是 □2. 否	
	銷戶			□1. 是 □2. 否	
聲明					

致＿＿＿＿＿＿＿＿＿＿＿＿＿＿營業部：
本人（帳戶所有者）鄭重承諾：
 1. 保證上述內容的真實與完整，並對所提供的資料產生的後果負責。
 2. 本人願意遵守證券交易法規及各項業務規則，若有違反或發生交易糾紛，願意按照有關規定與協議辦理。

　客戶簽字（簽章）　　　　　　　　　　　　　　　　代理人簽字（簽章）
　　年　月　日　　　　　　　　　　　　　　　　　　　年　月　日

附錄 C：客戶風險承受能力問卷（適用於自然人客戶）

一、基本情況

1. 您家庭的就業狀況是（　　）。
   A. 您與配偶均有穩定收入的工作
   B. 您與配偶其中一人有穩定收入的工作
   C. 您與配偶均沒有穩定收入的工作或者已退休
   D. 未婚，但有穩定收入的工作
   E. 未婚，目前暫無穩定收入的工作

2. 您的家庭年收入（　　）。
   A. 不高於 10 萬元
   B. 10 萬~50 萬元（含）
   C. 50 萬~100 萬元（含）
   D. 100 萬元上

3. 您是否有尚未清償的數額較大的債務，如有，其性質是（　　）。
   A. 沒有
   B. 有，親朋之間借款
   C. 有，信用卡欠款、消費信貸等短期信用債務
   D. 有，住房抵押貸款等長期定額債務

4. 投資經歷（　　）。
   A. 無投資經驗
   B. 1~3 年
   C. 3~5 年
   D. 5 年以上

5. 以下描述中何種符合您的實際情況（　　）。
   A. 取得經濟金融、投資或者會計相關的專業證書，如證券從業資格、期貨從業資格、註冊會計師證書（CPA）或註冊金融分析師證書（CFA）
   B. 有金融、經濟或財會等與金融產品投資相關專業學習或者學歷背景
   C. 現在或此前曾從事金融、經濟或財會等與金融產品投資相關的工作超過 1 年
   D. 我不符合以上任何一項描述

6. 您的投資經驗可以被概括為（　　）。
   A. 有限：除銀行活期帳戶和定期存款外，我基本沒有其他投資經驗
   B. 一般：除銀行活期帳戶和定期存款外，我購買過基金、保險等理財產品，但還需要進一步的指導
   C. 豐富：我是一位有經驗的投資者，參與過股票、基金等產品的交易，並傾向於自己做出投資決策
   D. 非常豐富：我是一位非常有經驗的投資者，參與過權證、期貨或創業板等高風險產品的交易

7. 有一位投資者一個月內做了 15 筆交易（同一品種買賣各一次算一筆），您認為這樣的交易頻率（　　）。

    A. 太高了　　　　　　　　　　B. 偏高

    C. 正常　　　　　　　　　　　D. 偏低

8. 如果您曾經從事過金融產品投資，平均月交易額大概是多少（　　）。

    A. 從未投資過金融產品　　　　B. 10 萬元以內

    C. 10 萬～30 萬元　　　　　　D. 30 萬～100 萬元

    E. 100 萬元以上

9. 當您進行投資時，您的首要目標是（　　）。

    A. 資產保值，我不願意承擔任何投資風險

    B. 盡可能保證本金安全，不在乎收益率比較低

    C. 產生較多的收益，可以承擔一定的投資風險

    D. 實現資產大幅增長，願意承擔很大的投資風險

10. 您認為自己能承受的最大投資損失是多少？（　　）。

    A. 不能忍受虧損　　　　　　　B. 10%以內

    C. 10%～30%　　　　　　　　D. 30%～50%

    E. 超過 50%

11. 您用於證券投資的主要資金預計在多長的時間內不會用作其它用途？（　　）。

    A. 短期——1 年以內（可購買 1 年期以內的產品）

    B. 中期——3 年以內（可購買 3 年期以內的產品）

    C. 中長期——在 5 年以內（可購買 5 年期以內的產品）

    D. 期限不限——（可以購買任意期限產品）

12. 您打算重點投資哪些種類的投資品種？（　　）。

    A. 債券、貨幣市場基金、債券基金、保本類收益憑證等固定收益類投資品種

    B. 固定收益類與股票、混合型基金、偏股型基金、股票型基金等權益類投資品種

    C. 固定收益類、權益類以及期貨、融資融券、信託等產品

    D. 固定收益類、權益類、期貨、融資融券、信託以及複雜或高風險金融產品

    E. 以上所有產品及其他產品

13. 假設有兩種不同的投資：投資 A 預期獲得 5%的收益，有可能承擔非常小的損失；投資 B 預期獲得 20%的收益，但有可能面臨 25%甚至更高的虧損。您將您的投資資產分配為（　　）。

    A. 全部投資於 A　　　　　　　B. 大部分投資於 A

    C. 兩種投資各一半　　　　　　D. 大部分投資於 B

    E. 全部投資於 B

二、分值設置

序號	1	2	3	4	5	6	7	8	9	10	11	12	13
A	5	1	1	1	8	1	1	1	1	1	1	1	1
B	4	2	2	2	6	2	2	2	2	2	4	4	2
C	3	3	3	3	4	3	3	3	3	3	8	8	3
D	2	4	4	4	0	4	4	4	4	4	10	10	4
E	1							5		5		10	5

三、風險評級標準

分級	保守型	謹慎型	穩健型	積極型	進取型
得分	12~20	21~28	29~40	41~50	51~72

1. 保守型基金投資人對應低風險等級基金產品。
2. 謹慎型基金投資人對應低風險等級和較低風險等級基金產品。
3. 穩健型基金投資人對應低風險等級、較低風險等級和中風險等級基金產品。
4. 積極型基金投資人對應低風險等級、較低風險等級、中風險等級和較高風險等級基金產品。
5. 進取型基金投資人對應低風險等級、較低風險等級、中風險等級、較高風險等級和高風險等級基金產品。

客戶（簽字）：
　　年　月　日

國家圖書館出版品預行編目（CIP）資料

中國證券投資實務 / 郭秀蘭, 王冬吾, 陳瑋 主編. -- 第一版.
-- 臺北市：崧博出版：崧燁文化發行, 2019.05
　　面；　公分
POD版

ISBN 978-957-735-814-1(平裝)

1.證券投資 2.中國

563.5　　　　　　　　　　　　　　108005763

書　　名：中國證券投資實務

作　　者：郭秀蘭、王冬吾、陳瑋 主編

發 行 人：黃振庭

出 版 者：崧博出版事業有限公司

發 行 者：崧燁文化事業有限公司

E - m a i l：sonbookservice@gmail.com

粉絲頁：　　　　　　　網址：

地　　址：台北市中正區重慶南路一段六十一號八樓 815 室
8F.-815, No.61, Sec. 1, Chongqing S. Rd., Zhongzheng
Dist., Taipei City 100, Taiwan (R.O.C.)

電　　話：(02)2370-3310　傳　真：(02) 2370-3210

總 經 銷：紅螞蟻圖書有限公司

地　　址：台北市內湖區舊宗路二段 121 巷 19 號

電　　話:02-2795-3656 傳真:02-2795-4100　　網址：

印　　刷：京峯彩色印刷有限公司（京峰數位）

　　本書版權為西南財經大學出版社所有授權崧博出版事業股份有限公司獨家發行電子書及繁體書繁體字版。若有其他相關權利及授權需求請與本公司聯繫。

定　　價：480 元

發行日期：2019 年 05 月第一版

◎ 本書以 POD 印製發行